목민심서

목민심서

9

이을호 지음 · 다산학연구원 편

한국학술정보

간행사

선생이 1998년 88세를 일기로 서세하신 후, 2000년 11월 <이을호 전서> 9책 24권이 출판되었고, 2010년 탄생 100주년을 기념하여 『현암 이을호 연구』가 간행되었다. 그리고 10여 년 사이에 몇 가지 학계의 여망을 수렴해야 할 필요성이 대두되었다. 초간본에서 빠트린 글들을 보완해야 할 필요성이 제기되었고, 현대의 독자들을 감안해서 원문 인용문 등도 쉽게 풀이하는 것이 좋겠다는 요청이 있었다. 그 가운데 가장 중요한 것은 선생의 저술들이 가지는 학술적 가치를 고려할 때 몇몇 주요 저술들을 단행본으로 손쉽게 접할 수 있도록 보완해달라는 것이었다. 이로 인해 <이을호 전서>를 <현암 이을호 전서>로 개명하고, 9책 24권 체제를 각권 27책 체제로 확대 개편하는 수정 증보판을 내놓게 되었다.

일반적으로 선생을 가리켜 다산학 연구의 개척자라 하기도 하고, 현대 한국학의 태두라 하기도 하지만, 이는 그 일면을 지적하는 것일 뿐, 그 깊이와 내용을 올바로 판단한 것은 아니다. 선생의 학술적 탐구가 갖는 다양한 면모와 깊이는 전체적으로 고찰하기가 어렵기 때문이다.

선생의 학문 여정을 돌아볼 때 고보 시절에 이제마(李濟馬, 1838~1900)의 문인으로부터 『동의수세보원』을 익힘으로써, 인간의 근원에 대한 이해, 곧 그때까지 유행하고 있었던 주자의 성리설(性理說)로부터 고경(古經)의 성명론(性命論)으로 전환하는 계기가 되었다. 또한 경성약전을 졸업하고 중앙의 일간지에 「종합의학 수립의 전제」 등 여러 논설을 게재하고 『동양의학 논문집』 등의 창간을 주도하면서 '동서양 의학의 융합'을 주장하였던 것은 일제하에 허덕이고 있었던 민생을 구하고자 하였던 구세의식의 발로(發露)였다.

27세 때, 민족자강운동을 펴다가 일경에게 체포되어 영어의 몸으로서 『여유당전서』를 탐구하였던 것은 다산이 멸망하는 조선조의 운명을, 새로운 이념으로 광정(匡正)하고자 하였던 그 지혜를 배워서, 선생이 당면하였던 그 시대를 구하고자 한 것이었다. 광복과 함께 학교를 열었던 것은 평소에 꿈꾸었던 국가의 부흥을 교육입국을 통하여 현실에 실현시키고자 함이었다.

학술적으로 첫 업적이라고 할 수 있는 국역 『수은(睡隱) 간양록(看羊錄)』은 우리의 자존심으로서, 일제에 대응하고자 하였던 존엄의식의 발로였다. 마침내 다산의 경학연구로 학문적 토대를 쌓아, 육경사서(六經四書)에 대한 논문과 번역 등 『다산경학사상연구』를 비롯한 많은 저술을 남긴 것은 조선조 500년을 지배한 주자학의 굴레로부터, 학문적 자주성과 개방성으로서 새로운 시대의 올바른 문화를 열고자 하는 열망을 학술적 차원에서 이룬 것이었다.

선생의 학문은 난국의 시대에 국가의 앞날을 우려하여, 우리의 의식으로서 새로운 사상적 전환을 이룩하고, 한국학의 독자성을 밝혀, 현대문화의 새로운 방향을 제시한 것이라 할 수 있다. 선생의 학문은 깊고 원대한 이상에서 성장해 결실을 맺은 것임을 알 수 있으니, 그 학문세계를 쉽게 말할 수 없다는 소이가 바로 여기에 있다.

선생이 가신 지 어언 15년의 세월이 흘렀음에도 선생의 저술에 대한 기대가 학계에 여전한 것은 오롯이 선생의 가르침과 학술로 거둔 성과다. 문인으로서 한결같이 바라는 것은 선생의 학술이 그 빛을 더하고 남기신 글들이 더욱 널리 퍼지는 것이다. 이 새로운 전집의 간행을 계기로, 선생의 학문이 더욱 널리 알려지고, 그 자체의 독자성이 심도 있게 탐구되어 대한민국의 학술사에서 선생의 위상이 새롭게 정립된다면, 이것이야말로 이 전서의 상재(上梓)에 참여한 문인들의 둘도 없는 소망이다.

2013년 납월(臘月)
문인 오종일 삼가 씀

일러두기

○ 『목민심서』는 1972년 현암사에서 간행한 『목민심서』와 1990
  년 KBS 교양교재로 간행되었던 『목민심서』를 종합하여 한 책
  으로 펴낸 것이다.

○ 이 책은 2000년에 간행한 <이을호 전서> 3권의 「다산학 제요」
  와 함께 수록되었던 것을 다시 독립시킨 것이다.

○ 모든 내용은 저자의 뜻을 존중하여 그 원형을 살렸으며, 서술
  과정에서 인용한 원문이나 어려운 한자 어휘들은 모두 한글화
  하고 원문은 각주 또는 괄호로 처리하였다.

○ 이 책의 교열 및 인용문의 번역자는 류근성이다.

현암 이을호 전서

목민심서
목 차

목민심서의 이해

4. 애민육조(愛民六條)·사랑의 손길

5. 이전육조(吏典六條)·관기(官紀)
숙정(肅正)의 길

12. 해관육조(解官六條)·목민(牧民), 그 영광(榮光)의 결실(結實)

13. 총결

다산의 목자상과 현대 공직자상의 모색

일반적으로 개혁사상이라고 한다면 적어도 두 가지 측면에서 접근해야 할 것으로 여겨진다. 그 하나는 개혁의 주체로서의 목자상(牧者像)이요, 또 다른 하나는 현실을 개혁해야 하는 주체로서의 현대 공직자상이라고 해야 할 것이다. 전자는 다산이 이미 그의 『목민심서』에서 밝힌 바 있거니와 후자는 우리들이 오늘 여기서 풀어야 할 과제가 아닌가 한다.

지난 1818년 가을에 다산은 강진 18년의 귀양살이를 끝냈고 공교롭게도 그해 늦은 봄에 다산사상의 정수라 할 수 있는 『목민심서』를 완성하였다. 그가 남긴 500여 권으로 헤아리는 방대한 저술 중에서도 왜 우리들은 그의 『목민심서』를 그의 대표작으로 간주하는 것일까? 왜냐하면 목민지도(牧民之道)─곧 목민윤리사상(牧民倫理思想)이야말로 다산사상의 진수로서 거기에 담겨진 목자상이야말로 개혁의 주체가 되기 때문이다.

다산은 『목민심서』 서문에서 목자상을 다음과 같이 서술한 바 있다.

군자의 도는 수기(修己)가 반이요, 다른 반은 목민(牧民)인 것이다.

여기서 군자란 사유(士儒)로서 요즈음 말로서는 공직자로서의 관료를 의미하는 것인데, 이를 다산은 목자라는 개념으로 정의한 것이다. 목자로서의 군자의 도는 수기목민(修己牧民)의 양면상을 함께 갖춘 전인적 인간이어야 함을 우리들에게 교시해 주고 있다.

이렇듯 '수기목민'으로 표현되는 전인적 인간상은 『목민심서』에서는 율기봉공(律己奉公)의 상으로 서술되고 있음을 주목해야 할 것이다. 왜냐하면 수기목민이라고 한다면 원론적 표현이라고 할 수 있지만 율기봉공이라고 한다면 구체적 표현으로 보다 더 실제적 내용이 거기에 함축되어 있기 때문이다.

이를 좀 더 구체적으로 따져보면 율기라고 할 때 그것은 청심과욕(淸心寡慾)의 덕을 쌓는 행위요, 봉공이라고 한다면 그것은 절용애민(節用愛民)의 도를 실천하는 자라 할 수 있다. 그중에서도 육안으로는 보이지 않는 율기의 청심과욕이야말로 목자상의 절대적 핵심조건이 되어 있음을 여기서 주목하지 않을 수 없다. 왜냐하면 청렴결백으로도 표현되는 청심과욕의 인격이 뒷받침되지 않는다면 절용애민의 봉공도 한낱 공허한 위선으로 전락되어 버리기 때문이다.

이러한 다산의 목자상의 원류를 잠시 살피고자 한다. 이를 밝히자면 수사학적 공자학에까지 소급하지 않을 수 없다. 『논어』에서 공자는 그의 제자 안연의 인(仁)에 대한 물음에 대답하기를 "극기복례위인(克己復禮爲仁)"이라 하였다. 여기서의 극기는 극욕(克慾)을 의미하며 그 극욕은 곧 청심과욕인 것이다.

『논어』「학이」편에서 공자는 또 "절용이애인(節用而愛人)"하라 한 것을 보면 인민을 사랑하는 도는 절용함에 있음을 말해주고 있다. 이것이 곧 목자 봉공의 요체이며 수기이안백성(修己而安百姓)하는 요순성대의 도인 것이다.

이처럼 율기봉공의 상으로서 이해되는 다산의 목자상을 이해함에 있어서 다음과 같은 「원목」의 한 구절을 빼놓을 수가 없다.

> 목민자(牧民者)가 백성을 위해서 있는 것인가, 백성이 목민자를 위해서 있는 것인가? 아니다. 그건 아니다. 목민자가 백성을 위하여 있는 것이다[牧爲民有乎 民爲牧生乎 否否 牧爲民有也].

목자의 존재이유를 따지는 이 글귀는 하행적인 관료체제에 대하여 일침을 가한 경구가 아닐 수 없다. 이는 개혁의 주체로서의 목자의 존재 이유는 곧바로 위민유(爲民有)의 정신에 있음을 강조하고 있음을 알 수 있다.

그러므로 『대학공의』에서 다산은 목민자(牧民慈)의 덕(德)을 강조하고 있음을 주목하지 않을 수 없다. 자덕(慈德)은 곧 인민을 갓난애처럼 보살펴주는 덕이요 가족적 혈연처럼 애육하는 자덕으로 인민을 애육해야 함을 의미한다. 여기서 민(民)은 능동적 주체가 아니라 애육의 대상일 따름이라는 사실을 간과해서는 안 될 것이다.

여기서 잠시 또 하나 따지고 넘어갈 것이 있다. 『목민심서』에 나타난 목민의 민의 개념은 통치자―목자―의 애육의 대상에 그친 비능동적 피치자에 지나지 않는다는 것이다. 그것은 맹자(孟子)가 이른바 "군자가 없어도 농군을 다스리지 못할 것이요, 농군이 없어도 군자를 길러 주지 못할 것이다"[1]라는 통치개념에서 나온 자로서 다산은 그의 「탕론」에서 민위귀(民爲貴)의 정신에 입각하여 하이상(下而

上)의 민본주의적 선출제도를 개진한 바 있다. 시대적 제약 때문에 여기서 일보 더 전진하지 못한 아쉬움을 안고 있기는 하지만 다산의 민(民)이 언제나 빈곤과 무기력한 존재로 일관한 민(民)에 머물지 않고 언젠가는 개혁의 주체도 될 수 있음을 우리들에게 암시한 대목으로 받아들여야 할 것이다.

그러나 우리는 여기서 다산의 『목민심서』 저술의 시대적 배경을 점검할 필요가 있다. 한 마디로 말해서 19세기 전반기 삼정(三政)— 전정(田政)·군정(軍政)·환정(還穀)—의 문란이 그 극에 달했던 농경국가 체제하의 개혁정신을 서술하고 있다. 그러므로 민은 극도의 빈궁과 왕정의 압제 하에서 신음만을 일삼던 시절이기에 주체적 민이란 생각할 수조차 없었을 것이다. 그러므로 애민이라 하더라도 빈곤에서의 탈피를 의미할 따름이었다. 그런 의미에서 절용애민도 조세의 감면이라거나 노역의 면제 등을 골자로 한 중농정책이 그의 태반을 차지하였고 제도적으로는 「여전론(閭田論)」의 창안이 전정(田政)의 도미를 장식하였다고 보아야 할 것이다.

그러나 여기서 자칫하다가는 놓치기 쉬운 목민사상의 일면을 지적하지 않을 수 없다. 그것은 그의 「원정(原政)」이라는 산문에서 잠깐 비친 바 있는 균오민(均吾民)의 사상이라고 할 수 있다. 비록 다산 당시의 사회현상에서는 나라 전체가 빈농으로 가득 차 있었던 시절이기는 하였지만 그의 「여전론(閭田論)」의 배경이 되어 있는 사농일치(士農一致), 유민방지(游民防止), 불로부득(不勞不得) 등에서 이미 그의 균민사상의 편린이 나타나 있기는 하지만, 어쨌든 정치는 바름

---

1) 『맹자』 「등문공상」 제3장. 非君子莫治野人 非野人莫養君子.

[正]이라는 정신에 근거한 정치 경제적 균민사상(均民思想)의 맹아는 오늘의 상공시대의 도래를 예견한 듯 우리의 관심을 끄는 일면이 아닐 수 없다.

이제 19세기의 농경국가는 20세기로 접어들면서 점차 현대화의 기본인 상공국가로 옮겨가고 있었음은 다시 말할 나위도 없다. 이러한 전이는 모든 부문에 걸쳐서 눈부신 변화를 가져오고 있지만 특히 다산의 목민사상에도 어떠한 변화를 가져와야 할 것인가 하는 문제 또한 오늘의 우리의 관심사가 아닐 수 없다.

먼저 그 변화의 배경을 잠깐 살펴보기로 한다면,

첫째, 빈곤에서 탈피한 부의 추구를 들 수 있을 것이다. 1960년대를 고비로 하여 비롯된 근대화를 위한 국가정책은 부의 축적이라는 절대적 목표를 위하여 돌진하였다는 표현이 적절할는지 모르지만, 어쨌든 그로부터 30년이 지난 1990년대로 접어들면서 오늘의 우리는 지금 물질적 풍요를 구가하는 현실에 직면하고 있음은 숨길 수 없는 사실이다. 그로 인하여 어느 틈엔가 보릿고개의 기아와 빈곤은 사라지고 인구 4,000만에 보유차량 700만 대라는 놀라운 성장을 거듭하고 있다.

그러나 비록 절대적 빈곤에서는 벗어났다 하더라도 다산이 걱정하던 균민정책은 어떻게 되었는가를 생각해보지 않을 수 없다. 국가의 부를 측정하는 GNP는 비록 상승을 거듭하고 있다 하더라도 부의 편재로 인한 부익부 빈익빈의 불균형 현상은 더욱 심화되고 있는 것은 아닐까—염려하지 않을 수 없다. 부의 추구과정에서 파생된 물질만능의 사회현상은 사회를 구성하고 있는 각 계층 간의 위화감이 조성됨으로써 인간의 도덕성이 상실되어 사회불안의 요인이 되고 있으니 이러한 현상은 농촌에 안주했던 목자로서는 꿈엔들 생각이나 했겠는가! 이는 바로 현대공직자들에게 주어진 현실인식의 첫 과제가 아닐 수 없다.

둘째, 이러한 물질적 부의 풍요로운 현상은 모든 사람들의 탐욕을 자극하여 목자 한 사람의 청심과욕(淸心寡欲)만으로는 구원할 수 없는 현상으로 발전하고 있다. 다산의 목자는 목민관으로서의 청백리라는 제한된 범위에서의 문제이지만 현대인의 탐욕은 현대문명을 생산해낸 만인의 문제인 것이다. 그러므로 현대를 이끌어 갈 공직자들에게는 어쩌면 청심과욕(淸心寡欲)이라는 미지근한 극기보다는 보다 더 강도 높은 자기관리(律己)가 필요할른지 모르겠다.

셋째, 농경사회에서 상공사회로 발전함에 따라서 농촌의 폐쇄적이요 보수적인 단일성에서 도시의 개방적이요 진보적인 다양성의 시대로 전이됨에 따라서 현대를 이끌어갈 공직자들은 무엇보다도 먼저 전이된 현대적 다양성을 이해하여야 할 것이다. 이는 단순사회(農村)에서 복합사회[都市]에로의 발전을 의미한다.

예컨대 육조[六曹,『목민심서』의 육전(六典)]의 정부조직도 20여 부서로 분화된 것을 필두로 하여 농촌의 가부장적 가족제도라거나 반상의 구별이 극심한 신분제도는 해체되어 버리고 현대사회는 새로운 계층의 분화가 촉진됨으로써 신분의 다양화가 이루어진다고 할 수 있다. 이러한 사회적 분화작용은 목자상(牧者像)에 집중되었던 전인적 인간상도 공직자상으로 전이됨에 따라서 그의 초점이 점차 대중화에 의하여 희석되기에 이른다고 할 수 있다. 이는 현대적 공직자의 역할도 계층의 분화에 따라서 분화되어야 한다고 해야 할 것이다. 그러므로 현대의 공직자는 목민관으로서 백성들에게 군림하는 자가 아니라 다양한 복합사회 안에서 추천되며, 그의 역할도 민중과 더불어 공유하는 자로 발전하지 않을 수 없다. 그러므로 현대 공직자는 국민 속에 존재하며 국민 속에서 성장한다고 해야 할 것이다. 그렇다면 현대 공직자상은 어떻게 이해되어야 할 것인가! 이를 잠시 살펴보기로 하겠다.

먼저 정치적인 측면에서 살펴본다면 다산의 목자는 왕권의 대행자로서 3권을 한 손에 거머쥔 절대 권력자이다. 근대 민주정치 사조가 들어오면서 목민관으로서의 지방관료의 역할도 분화되었고 그들의 권력도 법치제도가 확립됨으로써 약화되기는 하였지만 아직도 관료적 민비사조는 좀처럼 가시지 않고 있다. 그러나 시대의 대세는 머지않아 지방자치제도의 확립에 따라 목민관으로서의 지방자치 단체장은 민선에 의하여 선출될 전망이다. 이에 우리는 다산의 「탕론」을 상기하지 않을 수 없다. 이제 현대 공직자는 정치적으로는 왕권의 대행자가 아니라 민선에 의하여 국민 속에서 뽑혀 나온 국민의 대표자라는 사실을 명기해야 할 것이다.

위에서도 이미 언급한 바 있거니와 경제적으로는 이미 보릿고개로 상징되는 절대적 빈곤에서는 벗어나 부의 축적시대로 넘어가는 단계에 이르고 있다. 그러므로 현대 공직자의 경제적 역할은 생산성의 제고에만 전력할 것이 아니라 부의 관리라는 짐을 짊어지고 있다는 사실을 깨달아야 할 것이다. 이도 또한 다산은 이미 그의 균민사상에서 제시하고 있다. 나라의 부가 만일 부익부 빈익빈하여 만민의 부로 이어지지 않는다면 민심의 통일을 기하기 어렵다는 사실은 이미 널리 알려진 상식이다. 그러므로 현대를 이끌어 가는 공직자는 인권의 평등뿐만이 아니라 빈부의 평준화에도 인식을 새롭게 하지 않으면 안 되리라고 여겨진다.

이렇듯 빈부의 격차를 좁히는 경제정책은 사회복지 정책과 직결된 과제임은 다시 말할 나위도 없다. 고대에 있어서의 복지개념은 환과고독(鰥寡孤獨)을 다스리는 소승적 개념에 머물고 있지만 오늘에 있어서의 복지개념은 보다 더 광범위한 범위로 확산되어 있는 것이 사실이다.

여기서 다시금 다산의 목자상(牧者像)을 상기하면 청심과욕(淸心寡欲)의 인격과 절용애민(節用愛民)하는 이타(利他)정신이다. 이러한 목자상(牧者像)은 현대사회상으로 정립되어야 하지 않을까 여겨진다. 이미 선출된 국민의 대표인 현대 공직자는 물론이거니와 그를 뽑아준 국민도 한결같이 청심과욕(淸心寡欲)의 사회풍조를 조성해야 할 책임을 져야 할 것이다. 그렇게 함으로써 비로소 사치와 과소비라는 망국의 사회병리가 다스려지고 절용과 검약의 미풍양속이 조성되리라고 믿어진다.

사회정책의 부재에 따른 빈부관리의 소홀은 사회계층 간의 위화감을 조성함으로써 민심의 이탈을 가져올 뿐만이 아니라 윤리관념의 쇠퇴에 따른 인간성—도덕의식—의 상실이라는 두려운 결과를 가져오게 됨을 우리는 지금 실감하고 있다. 이는 물질적 부의 지상주의와 개인의 향락주의가 낳은 부산물이 아닐 수 없다. 전국민의 청심과욕(淸心寡欲)이 요청되는 까닭이 여기에도 있다.

지금까지 보아온 정치·경제·사회·윤리의 변화현상은 한 마디로 말해서 현대문명이 낳은 산물이라고 할 수 있다. 그러나 이러한 현대문명은 물질적 풍요를 우리들에게 가져다준 것이 사실이지만 그 반면에 이 하나밖에 없는 지구를 파괴하여 다가오는 21세기마저도 파국으로 이끌어갈지도 모르는 공해라는, 뜻하지 않은 부산물을 우리들에게 안겨주고 있는 것이다. 그러므로 현대 공직자의 직무는 수백 년 전 다산이 생각했던 농경사회를 다스리던 안이한 목자가 아니라 전 인류의 생존마저도 담당해야 할 인류의 지도자가 되어야 한다는 사실도 여기서 지적하고 넘어가지 않을 수 없다.

그러므로 살아 있는 개혁사상은 서가에 꽂혀 있는 『목민심서』 속에 들어 있는 것이 아니라 오늘을 살고 있는 우리들의 현실인식 속에서 약동하고 있음을 알아야 할 것이다.

목민심서의 이해

1. 민(民)의 개념(槪念)

오랜 옛날부터 동양의 유교정신 가운데에는 민(民)의 개념이 여러 가지 각도로 서술되고 있다. 그것은 물론 치자(官)와 피치자(民)의 관계로 파악됨은 다시 말할 나위도 없다. 『서전』에서 "하늘이 백성을 내실 적에 그중에서 그들의 군왕도 마련하고 법관도 마련하니라"라 했고, 『맹자』에서는 "백성의 윗사람이 되어 백성들과 함께 즐기지 않는 것은 잘못이다"라 하여 민상(民上)으로서의 목민관(牧民官)은 민(民)과 더불어 동고동락(同苦同樂)해야 함을 말하고 있다.

이러한 관민(官民)의 관계에 있어서 민(民)은 항상 약자의 입장에 있으니 마치 부모(官)와 적자[赤子, 民]와의 관계로 파악하고 있음은 그 까닭이다. "……비로소 백성의 부모가 될 수 있을 것입니다"라 하기도 하고 "꼭 이상 다섯 가지만 실천한다면 이웃나라 백성들이 제 부모나 다름없이 우러러볼 것이다"라기도 하여 민이 관을 부모처럼 우러러보게 되는 관민관계를 가장 이상적인 관민상(官民像)으로 여겼던 것이니 그러므로 관이 민을 대할 적에는 언제나 "여보적자

(如保赤子)" 제 갓난애를 보호하듯 보살펴 주도록 하였던 것이다.

그러한 입장에서의 민의 개념은 결코 능동적인 자각을 가진 민이 아니라 자칫하면 무력하고 무자각한 존재로서의 민이 되기가 쉽다. 『논어』에서 공자는 "민은 따르게 할 수는 있으나 알아서 깨닫게 할 수는 없다"고 한 것이 후일 우민정치(愚民政治)의 배경이 된 까닭이 여기에 있었다고 보아야 할 것이다.

그러나 민이란 언제까지나 무기력한 우민으로만 머물러 있을 수 없었기 때문에 민은 오히려 두려운 존재까지 그의 지위가 차츰차츰 변함으로써 "민심(民心)은 천심(天心)이다"라는 말이 생기게 되었던 것이니 이는 곧 민심이 천심으로 통하는 신통력으로까지 승화하게 되었음을 의미한다.

> 하늘이 듣고자 하되 우리 백성들의 귀를 통하여 듣고 하늘이 보
> 고자 하되 우리 백성들의 눈을 통하여 본다[天聽自我民聽 天視自
> 我民視].

고 하여 하늘과 같은 지존(至尊)도 지금까지 하민(下民), 천민(賤民)으로 여겼던 민(民)의 이목(耳目)을 통하지 않고서는 이 세상의 진실을 듣거나 또는 볼 수 있는 능력이 없음을 설파하였다. 그러므로 맹자는 드디어 다음과 같은 명언을 남기기에 이른 것이다.

"백성이 가장 존귀하고 국가는 그다음이고 군왕은 가장 가벼운 것이다"[1]라 하여 소위 관존민비사상을 뒤엎고 민존사상을 정립해 놓은 것이다.

---

1) 『맹자』「진심하」제14장. 民爲貴 社稷次之 君爲輕.

그러나 근세에 이르러 서구사조가 들어옴에 있어서 민의 개념은 관과의 상대적 개념에서 독립된 민의 개념으로 변하였고 따라서 민을 인민(people)이라 칭하기에 이르렀으며 그를 대표하는 사상이 다름 아닌 관료주의가 아닌 민주주의인 것이다. 그리하여 이러한 민주주의는 링컨에 의하여 by, of, for의 삼민주의로 정립되었고, 손문(孫文)에 의하여 민족, 민권, 민생의 삼민주의로 제창되기에 이르렀다. 이리하여 민의 개념은 피치자로서의 통치의 대상에서 주권자로서의 치자의 위치로 승화하기에 이르렀다고 보아야 할 것이다.

2. 목민(牧民)의 도(道)

그러나 관료와 인민은 결코 상대적인 상극관계가 아니라 상호 보완적인 상생관계임을 맹자의 다음과 같은 명언에서 찾아볼 수가 있다.

"만일 군자(치인)가 없으면 야인(野人, 인민)을 다스릴 수가 없고 야인(인민)이 없으면 군자(치자)를 먹여 살릴 수가 없다.

이렇듯 관민의 관계는 때의 고금이나 곳의 동서를 막론하고 인류사회에 영원히 존재할 것임은 다시 말할 나위도 없다. 그리하여 사농공상의 사민계급이 형성되더라도 사는 치자가 되고 농공상은 피치자가 되어 인류생존의 근간을 형성한 것이다.

그렇다면 인민 중에서 사인(士人, 치자)의 선출은 어떻게 되는 것일까? 여기에 다산의 「탕론」을 원문대로 뽑아 쓰면 다음과 같다.

> 5가(家)가 1린(隣)이고 5가에서 장(長)으로 추대한 사람이 인장(隣長)이 된다. 5린(隣)이 1리(里)이고 5린에서 장으로 추대된 사람이 이장(里長)이 된다. 5비(鄙)가 1현(縣)이고 5비에서 장으로 추대된 사람이 현장(縣長)이 된다. 또 여러 현장들이 다 같이 추대한 사람이 제후(諸侯)가 되는 것이요, 제후들이 다 같이 추대

한 사람이 천자가 되는 것이고 보면 천자는 여러 사람이 추대해
서 만들어진 것이다.[1]

라고 한 것은 오늘에 있어서의 하이상(下而上)하는 민주주의적 선거
를 방불하게 하는 자가 아닐 수 없고

대저 여러 사람이 추대해서 만들어진 것은 또한 여러 사람이 추
대하지 않으면 물러나야 하는 것이다. 때문에 5가가 화협하지
못하게 되면 5가가 의논하여 인장을 개정(改定)할 수가 있
고……[2]

운운하여 소환권마저 부여하고 있음을 또한 주목하지 않을 수 없다.
어쨌든 다산의 치자는 인민에 의하여 추대될 뿐만 아니라 인민에
의하여 치자의 자리에서 소환될 수 있다는 것은 실로 다산의 탁견이
아닐 수 없다.
이러한 치자를 다산은 목자라 하였고, 이러한 목자와 인민과의 관
계를 다산은 목민지도(牧民之道)라 하였다.
그렇다면 목자란 과연 어떠한 인간상으로 서술되었을까?

목민자(牧民者)가 백성을 위해서 있는 것인가, 백성이 목민자를
위해서 있는 것인가? 아니다. 그건 아니다. 목민자가 백성을 위
하여 있는 것이다.[3]

---

1) 「탕론」. 五家爲隣 推長於五者爲隣長 五隣爲里 推長於五者爲里長 五里爲縣 推長於五者爲縣長 諸縣長
之所共推者爲諸侯 諸侯之所共推者爲天子 天子者衆推之而成者也

2) 「탕론」. 夫衆推之而成 亦衆不推之而不成 故 五家不協 五家議之・改隣長……

3) 「原牧」. 牧爲民有乎 民爲牧生乎 否否 牧爲民有也

라 하였으니 목자로서의 치자의 존재이유는 오로지 위민에 있음을 우리는 여기서 확인하게 된다. 이로써 민이 마치 통치자를 위하여 존재하듯 한 전근대적 봉건사상은 여기서 완전히 불식되어 있음을 알 수 있다.

그렇다면 목자로서의 이상적인 인격을 다산은 어떻게 규정하였는가? 군자란 유교에 있어서 이상적 인격이라는 점에서 다산은 군자의 인간상을 다음과 같이 서술하고 있다.

> 군자의 길은 수신이 반이고 다른 반은 목민이다[君子之道 修身爲半 其半牧民也].

라 하였으니 목자로서의 군자는 수신하면서 치민(治民), 목민(牧民)하여야 함을 제시해 주고 있다. 그러므로 목민지도는 목자의 인격수양(修身)이 선행되고 목민의 통치는 그 뒤를 따르게 된다는 사실을 알 수가 있다.

3. 율기(律己)

위민관으로서의 목자(牧者, 담당자)는 무엇보다도 먼저 눈에 보이지 않는 스스로의 마음을 잘 가다듬어야 함은 다시 말할 나위도 없다. 이를 『목민심서』 율기육조(律己六條) 중에서 간추려보면 다음과 같다.

1) 칙궁(飭躬)

"절도 있게 행동하고 의복은 단정하게 입으며 장중한 태도로 백성을 대하는 것이 옛날 사람들의 법도였던 것이다. 틈이 나거든 정신을 가다듬고 안민의 방책을 생각하되 지성껏 최선을 다하라. 말은 많이 하지 말고 불쑥 성을 내지도 말라. 아랫사람에게 너그러우면 순종하지 않을 사람이 없다. 그러므로 공자는 '윗사람이 너그럽지 못하고 예를 드리되 공경할 줄 모른다면 난들 그를 어떻게 여겨야 할지' 하였고 '너그러우면 대중을 얻게 된다'고도 하였다. 관청에서의 체모는 되도록 엄숙해야 하니 그의 곁에 쓸데없는 사람이 있어서도 안 된다. '군자가 묵직하지 않으면 위엄이 없다' 하였으니 백성을 위하는(위민관) 사람이라

면 불가불 신중해야 한다. 술도 끊고 여색도 멀리하며 노래와
춤도 물리치고 단정하고 엄숙하되 제사를 모시듯 하여 행여나
유흥에 빠져 정사를 어지럽히거나 버려두는 일이 없도록 하라.
한가로이 놀면서 풍류를 즐기는 행동을 백성들은 좋아하지 않
는다.……"

이렇듯 마음을 가다듬기 위하여서는 무엇보다도 먼저 외형적인
태도부터 장중하게 가지고 흐트러진 생활에 빠지지 않도록 하여야
한다. 심신(心身)은 일여(一如)인 것이니 수심(修心)은 곧 수신(修身)
이 되는 것이다.

2) 청심(淸心)

물의 청탁은 곧 눈에 띄지만 마음의 청탁은 금방 알 수 없다. 그
것은 자기 자신이 스스로 마음의 거울에 비추어 이를 느낄 수밖에
없다.

청심은 곧 청렴결백의 근원이 아닐 수 없다. 청렴결백이란 바로
탁류와 섞이지 않는 한 줄기 밝은 빛이 되기 때문이다. 그러므로 다
산은 다음과 같이 이르고 있다.

"청렴이란 목자의 본무요, 선행의 원천이요, 모든 덕행의 근본
이니 청렴하지 않고서 목자가 될 수는 절대로 없다. 청렴이야말
로 다시없는 큰 장사인 것이다. 그러므로 큰 욕심쟁이일수록 반
드시 청렴한 것이니 사람이 청렴하지 못한 까닭은 그의 지혜가
짧기 때문이다. 그러므로 예로부터 깊은 지혜를 가진 선비로서
청렴을 교훈 삼아 탐욕을 경계하지 않는 이는 없었다.

목자로서 청백하지 못하면 백성들은 그를 도둑으로 지목하고 그가 지나가는 거리에서 더럽다 꾸짖는 소리로 들끓을 것이니 부끄러울 노릇이다. 뇌물을 주고받되 뉘라서 비밀이 아니라 하랴마는 한밤중의 거래도 아침이면 벌써 드러나는 법이다.……청렴한 관리를 귀하게 여기는 까닭은 그가 지나치는 곳에서는 산림 천석(泉石)이라도 모조리 맑은 빛을 받게 되기 때문이다.

청렴하면 은혜롭지 못하기에 사람들은 가슴 아프게 여기나 무거운 짐일랑 자기가 지고 남에게는 수월하게 해주면 좋을 것이요. 청탁하는 일을 않는다면 청렴해질 수 있을 것이다.

청백한 명성이 사방에 퍼지고 선정하는 풍문이 날로 드러난다면 인생의 지극한 영광이 될 것이다.

그러므로 청백리의 반대인 탐관오리를 도적에다 비유하였으니 그의 「감사론(監司論)」의 일구(一句)를 적기(摘記)하면 다음과 같다.

> 밤에 담구멍을 뚫고 문고리를 따고 들어가서 주머니를 뒤지고 상자를 열어 의복·이불·제기(祭器)·술그릇 등을 훔치기도 하고 가마솥을 떼어 메고 도망하는 자가 도적인가? 아니다. 이는 굶주린 자가 배고픈 나머지 저지른 것이다. 칼과 몽둥이를 품에 품고 길목에 기다리고 있다가 길가는 사람을 가로막고 소·말과 돈을 빼앗은 다음 그 사람을 찔러 죽임으로써 증거를 없앤 자가 도적인가? 아니다. 이는 단지 본성(本性)을 잃은 어리석은 자의 소행일 뿐이다.……이런 사람이 어찌 큰 도적이 아니겠는가? 큰 도적인 것이다. 이 도적은 야경(夜警) 도는 사람도 감히 따지지 못하고, 의금부(義禁府)에서도 감히 체포하지 못하고, 어사(御使)도 감히 공격하지 못하고, 재상(宰相)도 감히 말하지 못한다. 그래서 멋대로 난폭한 짓을 해도 아무도 감히 힐문하지 못하고, 전장(田庄)을 설치하고 많은 전지를 소유한 채 종신토록 안락하게 지내지만 아무도 이러쿵저러쿵 헐뜯지도 못한다. 이런

사람이 어찌 큰 도적이 아니겠는가? 큰 도적인 것이다. 그래서 군자(君子)는 이렇게 말한다. "큰 도적을 제거하지 않으면 백성이 다 죽을 것이다."[1]

3) 제가(齊家)

비단 목민관(위민관)뿐 아니라 모든 지도적 지위에 있는 사람에게 있어서 가장 중요하면서도 소홀하게 여기는 것이 다름 아닌 '집안 단속'이라 할 수 있다. 다산은 다음과 같이 말하고 있다.

한 지방을 다스리는 이도 먼저 제 집안을 잘 단속해야 한다. ……이사 오는 가족들의 몸치장은 검소해야 한다. 사치스런 의복을 민중들은 싫어하고 귀신들도 질투한다니 복(福)을 터는 짓이다. 집 안팎을 엄하게 단속하지 않으면 집안 법도가 문란해진다.……법을 마련하여 엄하게 다루려거든 우뢰처럼 두렵고 서리처럼 차갑게 하라. 청탁할 길이 없고 뇌물 넣어줄 방법이 없어야 가도가 바로 선 가정이랄 수 있을 것이다.……어머니 가르쳐 주시고 처자들은 타이름을 듣는 집안이라야 법도 있는 가정이라 할 수 있고 민중들도 그를 본받을 것이다.

4) 절용(節用)

위민은 곧 애민이니 논어에서 공자는 "절용이애인(節用而愛人)"하라 하였다. 그러므로 다산도 "목민관은 자애로워야 하고 자애롭자면 반드시 청렴해야 하고 청렴하자면 반드시 절약하여야 한다"고 하여

---

1) 莫夜鑿壙扣孔解御纉 探囊胠篋 以竊衣被敦也 或兩其錡釜而逃者 盜乎哉 非也 是唯餓夫之急食者也 懷刃袖椎 要於路以禦人 攘其牛馬錢幣 到其人而滅口者 盜乎哉 非也 是唯愚夫之喪性者也……若是者庸詎非大盜也與哉 大盜也已 是盜也 于撧不敢問 執金吾不敢捕 御吏不敢擊 宰相不敢言 賕賂橫行 暴戾而莫之敢誰何 置田野連阡陌 終身逸樂而莫之敢訾議 若是者庸詎非大盜也與哉 大盜也已 君子曰大盜不去 民盡劉.

자애—청렴—절용은 삼이일(三而一)로 파악되어야 함을 우리들에게 일깨워 주고 있다.

근검절약은 사치 남용의 대로서 전자야말로 목자의 으뜸가는 몸가짐이라 한다면 후자야말로 패가망신의 근본이라 이르지 않을 수 없다.

5) 낙시(樂施)

청렴결백하고 근검절약하다 보면 물심 간에 여유가 없다. 그러므로 자칫하면 냉혈적(冷血的)인 각박(刻薄)에 흐르기 쉽다. 그러나 아무리 어렵고 쪼들리는 형편이라 하더라도 덕을 심고 선행을 즐기는 마음가짐은 스스로 하기에 마련일 것이다. 이것이야말로 율기의 마지막 마음가짐의 참모습이라 이르지 않을 수 없다.

4. 애민지도(愛民之道)

위민(爲民)이란 애민(愛民)이요 애민이란 휼민(恤民), 양민(養民), 교민(敎民), 안민(安民)이요 이를 종합하면 목민이 될 것이다. 이때의 민은 주권자로서의 민이 아니라 보호를 받을 교육의 대상으로서 민이라 해야 할 것이다. 옛날에는 구호의 대상에 민의 사궁(四窮)이 있었으니 환(鰥), 과(寡), 고(孤), 독(獨)이 곧 그것이다. 그러나 오늘에 있어서의 궁민은 이에 그치지 않고 다양하다. 다산의 애민육조(愛民六條)를 근간으로 하여 잠시 이를 살펴보기로 하자.

1) 양로(養老)

옛날에는 경로의 입장에서 노인의 위치는 결코 낮지 않았지만 오늘에 있어서는 오히려 소외된 계층으로 전락하여 불우의 대명사가 된 것이다. 그러나 다산은 다음과 같이 말하고 있다.

양로(養老)의 예(禮, 행사)가 시들자 백성들은 효도할 줄을 모르게 되었다.

고 하였으니 효심을 잃은 백성(청소년)들의 범죄(범상의 난동) 또한 여기에 근원한다 이르지 않을 수 없다. 그러므로 다산은

목자는 양로의 예를 다시 거행하도록 해야 한다.

고 주장하였다. 그러면 어떻게 할 것인가?

양로의 예 때에는 반드시 말씀을 청하여야 하는데[乞言] 피해가 없나 묻고[詢瘼] 병이 나지 않았나 묻는[問疾] 것이 예이다. 때때로 노인들을 우대하여 혜택을 입혀드리면 백성들도 노인을 공경할 줄 알게 될 것이다.

이러한 예의 범주 안에 드는 것으로서는 노후연금제도가 있고 일시적인 것으로는 노인에게도 연소자에게처럼 할인제도가 있다. 그러나 노인의 우대는 그의 풍부한 경험과 지식에 대한 걸언(乞言)과 우대에 있다고 하지 않을 수 없다.

2) 자유(慈幼)

노인문제와 더불어 청소년의 문제도 그와 상대적으로 중요한 사회적 과제의 하나가 아닐 수 없다. 노인은 노인당으로 혹은 고아는 고아원으로 보내는 협의(狹義)의 과제가 아니라 청소년의 선도는 사회의 기강(紀綱)을 좌우하는 중요한 과제의 하나가 아닐 수 없다. 그

러므로 다산은 다음과 같이 말하고 있다.

> 어린이를 돌보아 주는 일은 국가정책의 중요한 부면이다.……백
> 성들이 곤궁하면 자식을 낳되 거두지를 못한다. 가르치고 길러
> 서 내 자식처럼 보호하라.

불우청소년 교육의 중요성을 여기서 엿볼 수가 있다.

3) 진궁(振窮)

궁민(窮民)이 어찌 사궁(四窮)뿐이랴마는 사궁이야말로 그중에서도
가장 대표적인 궁민이 아닐 수 없다. 다산은 특별한 정책을 다음과
같이 제시하고 있다.

> 홀아비, 과부, 고아, 외돌토리 이 넷을 사궁이라 하는데 이들은
> 남의 힘을 빌리지 않고서는 스스로 일어서지 못한다. 돕는다는
> 것은 일으켜 세우는 일이다.
> 과년하도록 혼인길이 막힌 사람은 관에서 서둘러 주어도 좋다.
> 혼인을 권장하는 정책은 오랜 전통을 지닌 것이니 목민관은 이
> 정책을 준수하여야 할 것이다.
> 매년 봄철이 다가오면 해 넘긴 미혼자들을 골라다가 늦봄이 되
> 기 전에 성혼(成婚)하도록 해준다. 홀몸의 남녀를 짝지어 주는
> 정책도 시행함 직하다.

성혼정책(成婚政策)은 인륜의 대사이니 합동결혼식의 주선도 민원
실의 중요한 임무의 하나라 이르지 않을 수 없다.

4) 관질(寬疾)

병마란 동서고금을 막론하고 인류 생존의 적이다. 이를 다스리는 시설이 중요하며 이 시설을 이용할 수 있는 보험의 혜택이 고루 미쳐야 함은 다시 말할 나위도 없다.

유행성 전염병이 나돌 때 어리석은 풍속에 꺼리는 일이 많지만 타일러 치료해 줌으로써 두려워하지 않도록 해야 한다. 악성 전염병이 크게 유행하여 많은 환자들이 죽게 되거나 천재가 많은 피해를 끼쳤을 때에는 관에서 구조해 주어야 한다.

고 하여 국민의 의료관리는 전적으로 관(목민관)의 책임임을 단적으로 제시하고 있다.

5) 구재(救災)

천재지변에는 홍수, 수마, 한재, 충해, 지진, 해일 등이 있고 기타 충돌사고, 폭발사고, 추락사고, 침몰사고 등 이루 다 셀 수 없을 만큼 많은 재앙이 있다. 그렇기에 인생은 고해라 이르고 민원실이 붐비게 되는지도 모른다. 다산은 구제의 원칙을 다음과 같이 제시하고 있다.

수재나 화재를 당하면 국가의 구호대책이 뒤따른다. 착실히 시행하고 대책에서 빠진 것은 목자가 알아서 도와주어야 한다. 대체로 재액이 있으면 불이거나 물이거나 자신이 물, 불 속에 빠진 듯이 서둘러야 한다. 느릿느릿하지 말라. 환난이 있을 것을

미리 짐작하고 이를 예방하는 것은 재앙을 만난 뒤에 은혜를 베
푸는 것보다 훨씬 나은 것이다.
둑을 쌓고 보를 막으면 홍수도 막아내고 수리도 일으키게 되니
두 가지 이익을 보는 셈이다. 재해를 없애주고 나서는 생업에
안정하여 모여 살게 해 주어야 한다. 이것이 목자가 해야 하는
선정이다.

이로써 목민관(위민관)은 인민들과 더불어 고뇌를 함께 나누는 민
의 동반자라 이르지 않을 수 없다.

5. 위민(爲民)은 구호가 아니라 실천이다

이상과 같은 논술을 통하여 얻어진 내용을 정리하면 다음과 같다.

① 위민(爲民)이란 애민(愛民)이요 양민(養民)으로서 위민지도(爲民之道)는 만물화육(萬物化育)의 대도(大道)인 것이다.

② 위민관(爲民官), 목민관(牧民官)은 율기안민(律己安民)의 전인적(全人的) 인격(人格)을 갖추어야 한다. 율기(律己)를 바탕으로 하는 안민(安民)이라야 진실로 위민(爲民)의 실(實)을 거둘 수 있기 때문이다.

③ 위민관(爲民官)은 자덕(慈德), 애정(愛情)을 갖추어야 한다. 그러므로 위민관(爲民官)은 항시 호선낙시(好善樂施)를 그의 본분으로 삼아야 하기 때문이다.

④ 위민관(爲民官)은 정(情)뿐이 아니라 지적인 면에서도 독서를 즐기는 지식인이 되어야 한다. 박학다식(博學多識)한 위민관(爲民官)이야말로 만민(萬民)의 사표(師表)로 추앙받을 수 있기 때문이다.

⑤ 결론적으로 위민관(爲民官)은 청심과욕(淸心寡欲), 청렴결백(淸廉潔白)한 실천행동인(實踐行動人)이어야 할 것이다. 위민(爲民)이란 구체적인 사실이요 결코 관념적인 구호가 아니기 때문이다.

자서(自序)

옛날 요임금의 뒤를 이은 순임금은 십이목(十二牧)에게 물어 그들로 하여금 목민하게 하였고, 문왕은 입정(立政)하자 사목(司牧)을 세워 목부(牧夫)가 되게 하였으며, 맹자(孟子)는 평륙(平陸)에서 추목(芻牧)함을 목민에 비유하였으니, 양민(養民)함을 목(牧)이라 일컫는 것은 성현(聖賢)들이 남긴 뜻인 것이다.

성현의 가르침에는 원래 두 길이 있다. 하나는 사도(司徒)가 만민(萬民)을 가르침으로써 각기 수신(修身)하도록 함이요, 다른 하나는 태학(大學)에서 국자(國子)를 가르침으로써 각기 수신하고 치민(治民)하도록 하는 것이니, 치민이란 곧 목민이다. 따라서 군자(君子)의 학은 수신함이 그 반이요, 나머지 반은 목민인 것이다. 성인이 난 지 오래되어 그 말씀도 없어지고 그 도(道)가 점점 어두워졌다. 오늘날의 사목(司牧)들이 오직 이익을 추구하는 데만 조급하고 어떻게 목민을 해야 하는 줄을 몰라서 백성들은 여위고 곤궁하고 병까지 들어 진구렁 속에 줄을 이어 그득한데도 사목하는 자들은 바야흐로 아름다운 옷과 맛있는 음식에 혼자 살이 찌고 있으니 어찌 슬프지 않겠는가?

나의 선친이 성조(聖朝)에 두 현의 감(監), 한 군의 수(守), 한 부의

호(護), 한 주의 목(牧)을 맡아서 성적이 좋았으니 비록 용(鏞)은 불초하나 따라다니면서 배우며 다소간 들은 바도 있었고, 따라 다니면서 보며 다소간 깨달은 바도 있었으며, 물러나와서 이를 시험해보니 다소간 증험도 있었으나, 이미 유락(流落)의 몸이라 다 소용이 없어졌다. 외딴 귀양살이 18년에 사서오경(四書五經)을 되풀이 연구하여 수기(修己)의 학을 강론하며 이미 배웠다고 하나 반만 배웠을 뿐이다.

이에 23사(史)와 우리나라의 여러 역사 및 자집(子集) 제서(諸書)를 갖고 옛날 사목들의 목민한 자취를 찾아서 분석하고 분류하여 이를 엮어 낸다. 또 멀리 떨어진 남쪽 지방에서 전부(田賦) 때문에 간악하고 교활한 벼슬아치들이 갖가지 폐단을 일으키고 있는데 내가 비록 비천한 데 처해 있지만 듣는 바는 아주 상세하니 이를 또한 그대로 분류하여 피상적인 견해나마 대강 기록해 둔다. 모두 12편인데 ① 부임(赴任), ② 율기(律己), ③ 봉공(奉公), ④ 애민(愛民), 이어서 육전(六典)이 있고, ⑪ 진황(賑荒), ⑫ 해관(解官)편이며, 각 편마다 6조씩 나누어 모두 72조가 됐고, 혹 몇 개조를 아울러서 한 권을 꾸미고, 혹 한 조를 나누어서 몇 권을 꾸미니 합계 48권으로 한 부가 되었다. 비록 시대에 근거하고 풍습에 따랐으되 위로 선왕(先王)의 헌장(憲章)에 부합되지는 못할 것이나 목민하는 일에는 조례가 두루 갖추어졌을 것이다.

고려 말에 처음으로 오사(五事)로 수령을 고과(考課)했고 조선조에서는 그것을 토대로 칠사(七事)로 늘렸는데 소위 수령이 감당할 것의 대략만을 들었을 뿐이다. 그러나 수령이라는 직책을 수행하는 데 법전(法典)이 없을 수 없고, 여러 조목을 들어 오직 직책을 다하지 못할까 두려워해야 하는데 어찌 스스로 생각하고 스스로 시행하기를 기대할 것인가? 이 책은 처음과 나중 두 편을 제외한 나머지 10

편만도 60조가 되나, 진실로 양식이 있고 직분을 다하고자 하는 생각만 있다면 아마도 갈피를 못 잡지는 않을 것이다.

옛날에 부염(傅琰)은 『이현보(理縣譜)』를 지었고, 유이(劉彛)는 『법범(法範)』을 썼으며, 왕소(王素)에게는 『독단(獨斷)』, 장영(張詠)에게는 『계민집(戒民集)』이 있으며, 진덕수(眞德秀)는 『정경(政經)』을, 호대초(胡大初)는 『서언(緖言)』을 냈으며, 정한봉(鄭漢奉)은 『환택편(宦澤篇)』을 저술했으니 모두 다 소위 목민의 책인 것이다. 이제 그런 책들은 거의 전하지 않고 오직 음사기구(淫辭奇句)만이 일세를 풍미하니 비록 내 책인들 어찌 전해질 수 있겠는가? 비록 그렇다고는 하나 『주역』에 이르기를 "전 사람의 말이나 지나간 행동을 많이 지식으로 삼아서 자기의 덕을 쌓는다"고 하였으니, 이 책은 본래 나의 덕을 쌓기 위한 것이지 하필 꼭 목민하기 위해서만이겠는가? 그것을 '심서(心書)'라 한 것도 목민할 마음만이 있지 몸소 실행할 수가 없기 때문에 이렇게 이름한 것이다.

순조(純祖) 21년 신사(辛巳) 늦봄에 열수(洌水) 정약용(丁若鏞)은 서(序)한다.

총론(總論)

1. 목민의 의미

다산 정약용(1762~1836)은 조선조 후기, 다시 말하면 영정시대 (1725~1800)에 배출된 많은 실학자들의 학풍을 대표하여 이를 집대 성한 학자로 알려져 있다. 그의 저술은 양적으로도 방대하여 500여 권을 헤아리며, 그의 학문의 내용 또한 철학·종교·윤리·정치·경 제·과학·역사·의학 등 다방면에 걸쳐 있기 때문에 그를 일러 한 국에 있어서의 백과사전학파에 속하는 학자라 일러도 조금도 지나 친 말이 아닐 것이다.

이렇듯 방대한 양과 폭넓은 학문적 업적을 남긴 다산이기는 하지 만 그의 사상을 한 마디로 요약한다면 무엇이라 해야 할 것인가? 그 것은 다름 아닌 '목민(牧民)'이다.

여기서 우리는 목민, 특히 '목(牧)'자의 고전적 의미를 알아보고 넘어가는 것이 좋을 것 같다. '목'이란 본래 기른다는 뜻이 있기 때 문에 목양(牧羊)·목우(牧牛)·목축(牧畜)이라 한다면 그것은 양을 친 다, 소를 먹인다, 가축을 기른다는 말이 된다. 그러므로 목민이라 한다면 그것은 곧 인민을 양육한다는 의미로 쓰였다고 할 수가 있다. 『맹자』에 나오는 다음과 같은 구절을 읽어보면 이 뜻이 더욱 분명해진다.

맹자가 평륙 지방에 들러 그곳 대부더러 말하기를, "이제 남의 소나 양을 그 임자를 위해서 길러주는 사람이 있다고 할 때 그는 이 일을 위해서 목장이나 목초를 구해야 할 것입니다. 그런데 목장이나 목초를 구하지 못할 때는 (그 소나 양을) 그 임자에게 도로 돌려주어야 할 것입니까, 그렇지 않으면 빤히 서서 죽어 가는 꼴을 그대로 보고만 있을 것입니까……(『맹자』, 「공손추 하」).

이 글은 목양·목우의 책임이 그 소나 양을 기르는 목자에게 있듯이 인민을 양육해야 할 책임 또한 인민을 다스려야 하는 대부(大夫)에게 있음을 간접적으로 추궁한 글로서 여기서 우리는 목민의 개념이 목양·목우의 개념에서 얻어진 것임을 알 수가 있다. 그러므로 '목'자를 동사로 쓸 때에는 '기른다', '양육한다'는 뜻으로 쓰이지만, 이를 명사로 사용할 때는 '기르는 사람', '양육할 책임을 진 자', 곧 인민을 직접 다스리는 벼슬아치라는 뜻으로 쓰인다. 『서경』이란 책의 「순전(舜典)」편에는 다음과 같은 기록이 있다.

정월 초하룻날 순임금은 종묘에서 제사를 지내시며……12목과 의논(議論)하여 말하기를 '식량은 철을 잃지 않아야 하느니라……'라 하시었다.

여기서 순임금이 의논할 대상으로 삼은 12목은 다름 아닌 열두 사람의 목자, 곧 목민관(牧民官)을 뜻함은 다시 말할 나위도 없다. 다시 또 『서경』의 「입정(立政)」편을 살펴보면 목(牧)이니 목인(牧人)이니 목부(牧夫)니 하는 기록이 많이 나타나고 있음을 볼 수가 있으니 이들도 또한 목양·목우·목축 이라는 원초적인 의미를 끌어다가 인민을 양육한다는 목민의 개념으로 원용하고 있음을 알 수가 있다.

이러한 사실들에 근거하여 다산은 그의 『목민심서』 서문에서 다음과 같이 말하고 있다.

> 옛날 요임금의 뒤를 이은 순임금은 12목에게 물어 그들로 하여금 목민하게 하였고, 문왕은 입정하자 사목을 세워 목부가 되게 하였으며, 맹자는 평륙에서 추목함을 목민함에 비유하였으니 양민하는 것을 목이라 일컫는 것은 성현들이 남기신 뜻인 것이다.

여기서 다산은 앞서 열거한 고전들 가운데에 나오는 '목'의 의미를 종합하여 목민이란 바로 '양민(養民)'을 뜻한다는 사실을 분명히 해주고 있다.

이처럼 양육한다는 의미를 가진 '목'이라는 글자에 '민'자를 합하여 목민이라는 단어를 만들어 가지고 어디에서 제일 먼저 썼던 것일까? 그것은 아마도 『관자(管子)』라는 책의 첫 편의 이름으로 쓰인 것이 그 효시가 아닌가 싶다.

"무릇 국토를 가지고서 목민하려는 자는 사시(四時)에 힘써야 하고 곡창을 잘 지켜야 한다"고 한 데에서 비롯한 것으로 이해된다. 그러나 이러한 근원적인 목민의 의미가 다산에 의하여 다듬어지는 과정에서 또 다른 개념이 덧붙여졌다고 볼 수 있으니, 그것이 다름 아닌 애민(愛民)과 휼민(恤民)의 개념이다.

공자나 맹자나 인(仁)이 무엇인가라는 물음에 대하여 똑같이 그것은 애인(愛人)이라 대답하고 있다. 그러한 '인(仁)'이 가지는 '애인'의 '인(人)'을 '민(民)'으로 바꾸면 애민이 된다. 그렇다면 양민의 다른 뜻은 곧 애민에 있음을 알 수가 있으며, 애민하기 위한 양민이라면 양민으로서의 목민은 그것이 또한 인(仁)의 실천이라 이르지 않을 수 없다. 그러한 의미에서 다산의 목민사상은 공맹사상의 인(仁)과 직결된다.

이른바 공자의 '애인으로서의 인의 사상'은 맹자에 이르러 '사궁(四窮)의 휼민(恤民)'사상으로 나타났다. 『맹자』의 「양혜왕 하」편을 보면 다음과 같은 글이 있다.

> 마누라 없는 늙은이를 환(鰥)이라 하고, 이녁이 없는 할멈을 과(寡)라 하고, 자식 없는 늙은 아비를 독(獨)이라 하고, 어려서 어버이 잃은 아이를 고(孤)라 하는데, 이 넷은 천하에 호소할 곳 없는 불쌍한 무리들입니다. 문왕은 정책을 세워 인정을 펴실 때 무엇보다도 먼저 이 네 부류들의 일을 걱정하여 주었으니……

여기서 우리는 이 환·과·독·고라는 네 부류의 궁민을 긍휼히 여겨주는 데에서 인정(仁政)이 비롯됨을 알 수가 있다. 다시 말하면 '인정'이란 다름 아닌 '휼민하는 정치'라고 할 수도 있다. 그러므로 양민하기 위한 목민은 애민인 동시에 휼민하는 것이다.

그러나 이렇듯 양민·애민·휼민 등 여러 가지 의미를 가진 '목민'을, 또 다른 각도에서 '목민윤리' 또는 '목민의 도'로 그 의미를 더욱 확대 심화시켜 체계화해 놓은 것은 아무래도 다산의 공적으로 돌려야 할 것이다.

다산의 대표적인 저술이 다름 아닌 『목민심서』임은 다시 말할 나위도 없다. 우리는 여기서 다산에 의하여 인간학적 또는 윤리학적 목민의 도가 뚜렷하게 천명되어 있음을 알게 될 것이다. 이 점에 대하여 다산은 그의 『목민심서』 서문에서 다음과 같이 서술하고 있다.

군자의 학은 수신(修身)이 반이요, 다른 반은 목민(牧民)이다.

이로써 다산은 목민을 단순한 양민의 개념에서 한 걸음 더 나아가 군자학의 한 요소로서 그 안에 끌어넣고 있다. 다시 말하면 여기서 목민—그것은 치인(治人)이라고도 한다—이란 독립된 개념으로서가 아니라 수신—그것은 수기(修己)라고도 한다—과의 상대적 개념으로 파악되어 수신과 목민, 곧 수기치인(修己治人)이라는 복합 단어가 형성됨으로써 수기와 치인 곧 수신과 목민은 어느 한쪽도 없어서는 안 될 군자학의 두 기둥을 이루게 되었음을 알 수 있다.

유교에 있어서의 군자란 이상적인 인간상을 가리킨 말이다. 그러므로 공자는 현인이라거나 성인마저도 통틀어 군자라 이르고 자신도 군자가 되기를 노력하였던 것이다. 그러므로 다산의 목민사상은 급기야 유교 안에서 가장 강도 높게 성숙된 사상이라는 사실을 우리는 잊어서는 안 될 것이다.

2. 목민윤리

단순히 양민·애민·휼민 등의 종합 개념으로 이해되던 목민이라는 단어가 목자와 인민과의 윤리적 관계로 파악된 것은 다산이 그의 『논어고금주(論語古今註)』에서 제시한 다음과 같은 글에 의하여 확인된다.

> 인(仁)이란 이인(二人)이 서로 어울리는 것이다. 어버이 섬기는 효를 인이라 하나니, 아비와 아들은 두 사람이다. 임금을 섬기는 충을 인이라 하나니, 군왕과 신하는 두 사람이다. 형을 섬기는 제를 인이라 하나니, 형과 아우는 두 사람이다. 목민하는 자(慈)를 인이라 하나니, 목자와 인민은 두 사람이다. 이로써 부부·붕우에 이르기까지 무릇 두 사람 사이에서 그의 도리를 극진히 다하는 것은 모두 다 인(仁)인 것이다.

이 글을 음미해보면 다산은 맹자의 오륜, 곧 부자·군신·형제·부부·붕우 외에 따로 목민의 윤리를 설정하고 있음이 분명하다. 다시 말하면 목민이란 애민의 개념으로 쓰이지만 그것은 목자와 인민과의 사이에서 맺어진 일대일의 윤리적 관계에서 비로소 이룩될 수 있는 인륜 도덕의 하나로 지적되고 있는 것이다. 그것이 다름 아닌 내리사랑으로서의 자(慈)덕인 것이다. 그리하여 다산은 목민자(牧民慈)라는 새로운 덕목을 내세워놓고 있다.

다산은 그가 『대학』을 풀이한 『대학공의』라는 저술에서 다음과 같은 획기적인 새로운 해석을 내세웠다.

"명덕(明德)이란 효·제·자이다"라 하여 전통적인 주자의 심성론적 해석에 찬성하지 않고 그의 독창적인 실천 윤리학적 해석을 내렸던 것이다. 이렇듯 『대학』의 명덕에 대한 실천윤리학적 풀이는 실로 획기적인 그의 학술적 공헌으로 평가된다.

이제 다산이 내세운 목민자의 윤리는 유학사상 어떠한 의미를 갖는 것일까? 이를 이해하기 위하여 우리는 효·제·자 삼덕의 발전사적 과정을 살펴보아야 할 것 같다.

첫째, '효'는 친친(親親)사상에 근거하고 있음은 다시 말할 나위도 없다.

친친이란 혈연으로 맺어진 가족윤리로서 범가족적 친애관계를 의미한다. 여기서 공자는 '상행윤리로서의 효'를 강조하였다. 공자가 『논어』 「학이」편에서, "효제(孝弟)란 인을 실천하는 근본인가 보다"라 한 것도 그가 소위 친친사상을 무엇보다도 소중하게 여겼기 때문인 것으로 이해된다. 여기서 공자는 비록 '효제'라 하여 '제'도 '효'와 아울러 병칭한 양 보이지만 『논어』 전편을 통하여 단독개념으로서는 '효'만을 강조하였지 '제'를 강조한 흔적은 보이지 않는 것으로 보아 여기서 병칭한 '제'는 그저 '효'에 부수된 종속개념에 지나지 않는 것으로 이해가 된다. 그러나 그러한 부수적인 종속개념으로서

'효'와 병칭되었던 '제'사상도 맹자에 의하여 비로소 독립된 개념으로 떨어져 나오게 되었던 것이니 그것이 다름 아닌 존현(尊賢)사상이다.

맹자는 공자가 세상을 떠난 후 백 수십 년이 지나자 공자의 인사상(仁思想)을 인의사상(仁義思想)으로 재정립하였다. 그것은 혈연적인 친친사상에서 존현사상이 분화되었음을 의미한다. 존현사상은 비혈연적인 사회사상을 배경으로 하여야만 성립될 수 있는 사상이다. 현인을 존경해야 하는 그 현인이 때로는 가정이라는 울안에서도 나올 수 있기는 하지만 맹자가 찾던 현인은 오히려 가족이라는 울 밖에 존재하는 자였던 것이다. 유교적인 입장에서 말하라 한다면 현인이란 혈연의 울 밖에 존재하는 사회적 군자라 해야 할는지 모른다. 그러한 의미에서 '제'사상은 존현의 덕으로서 안연이 이른바 "순임금은 누구며 나는 누구인가"라는 사회평등사상의 근거가 되고 있는 것이다.

이로써 공자의 '효'와 맹자의 '제'의 뒤를 이은 『대학』의 '자'사상이 다산의 목민자(牧民慈)로써 크게 부각되어 새로운 왕천하(王天下)의 도(道)로써 강조되었다는 사실에서 우리는 다산의 목민윤리의 유학사적 의미를 재평가해야 할 것이다.

목민자는 왕천하, 곧 왕도(王道)의 윤리인 것이다. 그런데 왜 '자덕'이 왕도의 윤리로서 강조되는 것일까?

본래 '자덕'은 『서경』의 「요전」에서 이른바 부의(父義)·모자(母慈)·자효(子孝)·형우(兄友)·제공(弟恭)이라는 오교 사상 중의 하나로, 비록 부의·모자·자효의 삼덕이 친친의 덕으로써 강조되어야 함에도 불구하고 공자는 친친의 효덕만을 강조하였고, 맹자는 형우·제공의 양덕 중에서 존현의 제덕만을 강조하였기 때문에 다산은 여기서 소외된 자덕을 다시금 끌어다가 목민자의 덕으로 강조하기에 이르렀다고 보아야 할는지 모른다.

그러므로 공자의 친친을 위한 '효덕'은 가정적이요, 맹자의 존현을 위한 '제덕'은 사회적이라 한다면, 다산의 목민을 위한 '자덕'은 국가적이라 해야 할는지 모른다. 그러므로 인류 문화의 발달사적 입장에서 살펴본다 하더라도 공자의 가정(효)에서 맹자의 사회(제)에로 발전하였고, 다시금 맹자의 사회(제)에서 다산의 국가(자)에로 발전하였으리라는 것이 합리적으로 이해가 된다면 유교사상 중에서도 특히 목민자를 강조한 다산이야말로 공자와 맹자의 뒤를 잇는 유자로서, 필연적인 역사적 사명이 그에게서 성취되었던 것으로 이해되지 않을 수 없으며, 또한 다산 자신이 그러한 역사적 사명의 자각에서 비로소 왕천하의 도로서의 목민자의 윤리를 강조하기에 이르렀다고 해야 할 것이다.

모름지기 우리는 또한 여기서 효·제·자 삼덕의 윤리적 성격을 이해하고 넘어가야 한다. 왜냐하면 그가 지닌 윤리규범으로서의 성격이 판이하게 서로 다르기 때문이다. 그것은 다름 아니라 친친의 '효'는 위로 바치는 상향윤리요, 존현의 '제'는 주고받는 평등윤리요, 목민의 '자'는 내려주는 하향윤리라는 점이다. 상향윤리는 종속(從屬)윤리라 할 수 있고, 평등윤리는 호혜(互惠)윤리라 할 수 있으며, 하향윤리는 포시(布施)윤리라 할 수 있다. 그런데 『대학』에서는 효·제·자를 놓고 다음과 같이 기술하고 있다.

> 효란 군왕을 섬기는 이유가 되고, 제란 어른을 섬기는 이유가 되고, 자란 대중을 부리는 이유가 된다.

군왕을 섬기되 아비를 섬기듯 하라는 말이 있다. 이는 유교의 충효사상을 단적으로 표현한 말로서 이에 근원하여 충효열(忠孝烈)이 유교의 삼강사상으로 성립되기에 이르렀던 것이다. 이에 근거하며 삼강사상은 종속윤리로서의 성격을 굳히게 되었음을 알 수가 있다.

후세에 이르러 삼강사상이 유교윤리의 근간을 이루자 소위 존현의 호혜윤리라거나 더욱이 목민의 보시윤리는 자취를 감추고 말았다. 그러던 차에 다산은 『대학』에서의 "자란 대중을 부리는 이유가 된다"는 구절에서 힌트를 얻었음인지 '자덕'의 중요성을 되살려 이에 목민자로서의 보시윤리를 강조하기에 이르렀다고 할 수도 있다.

『대학』에서도 "즐거울손 군자여 인민의 부모로다"라 하였고, 또 인민을 다루되 "갓난애를 보호하듯 하라" 한 것은 이러한 뜻을 설명한 것으로 간주된다. 부모의 자애로운 덕이 자손에게 미치듯 군왕(통치자)의 부모와 같은 보시의 덕이 인민에게 미치도록 해야 한다는 것이 다름 아닌 목민윤리의 '자덕'이다.

3. 목자상

유교에 있어서의 이상적인 인간상에는 세 가지 형태의 인간상을
논할 수 있다고 본다. 하나는 공자가 『논어』에서 자주 말하고 있는
군자(君子)의 상이요, 다른 하나는 맹자가 그의 『맹자』라는 저술에서
제시하고 있는 현인(賢人)의 상이요, 마지막으로 또 다른 하나는 다
산이 『목민심서』에서 보여준 목자(牧者)의 상이다. 이 밖에도 유가
(儒家)에는 성인(聖人)의 상이 있으나 이는 최고 인격으로서의 상징
적인 존재로서 받아들이고 있을 따름이다

유교의 사상은 『대학』의 8조목인 격물(格物)·치지(致知)·성의(誠
意)·정심(正心)·수신(修身)·제가(齊家)·치국(治國)·평천하(平天下)
에서 보여주는 바와 같이 격물에서 평천하에 이르는 모든 덕목의 실
천에 따른 전인적 인격을 요구하고 있다. 이 조목을 두 갈래로 크게
나누면 격물에서 수신까지는 수기(修己)의 범주에 들 것이요, 제가에
서 평천하까지는 치인(治人)의 범주 안에 든다. 그러므로 전인적 인
격은 수기와 치인이 균형 있게 대조화를 이룬 이상적 인간상이라 하

겠다. 어쨌든 이러한 수기치인의 전인적 인격을 공자는 군자라 했고, 맹자는 현인이라 했고, 다산은 목자라 이른 것이다.

그러나 이 세 가지 형태의 인간상이 가지는 영상에는 다소의 차이가 있다.

수기와 치인은 전인적 인격을 형성하는 절대적인 요소로서 이들은 결코 서로 분리해서는 생각할 수가 없다. 이것은 둘(수기와 치인)이면서도 결국 하나(전인적 인격)로 존재할 따름이다. 이는 마치 손(인격)은 하나이면서 안팎의 둘로 나뉘어져 있는 것과도 비유될 수 있다.

그러나 똑같은 손이라도 바닥으로 보는 손과 등으로 보는 손이 다른 것과 같이 군자와 현인은 그런 점에서 달리 느껴지는 것인지도 모른다. 공자의 군자상에는 수기의 영상이 짙게 나타나 있고 맹자의 현인상에는 치인의 영상이 짙게 풍기고 있는 것은 이를 보는 각도의 차이에서 오는 결과이다. 그러므로 공자의 군자는 수기군자의 상이요, 맹자의 현인은 현인왕자(賢王)의 상으로 우리들 앞에 나타난다. 그러나 다산의 목자는 수기와 치인이 균형을 이룬 전인상으로 파악되어야 한다는 사실을 우리는 여기서 유의해야 할 것이다. 다시 말하면 군자나 현인이나 목자나 다 한결같이 수기치인을 저변으로 하는 인간상이지만 군자는 수기에 치우치고 현인은 치인에 치우친 반면에 목자는 신독군자로서의 수기와 현인왕자로서의 치인이 어느 한쪽으로도 치우침이 없이 전인적 인격을 형성하고 있음을 의미한다. 이를 표시하면 다음과 같다.

```
                    ┌─ 수기 ── 신독군자(愼獨君子)
           목자상    │
                    └─ 치인 ── 현인왕자(賢人王者)
```

이렇듯 다산의 목자상은 신독군자와 현인왕자가 하나를 이룬 것으로 이해된다. 다시 말하면 군자와 현인이 하나가 된 새로운 인간상으로 이해된다는 것이다. 이처럼 새로운 인간상으로서 이해되는 다산의 목자상을 이해하기 위하여 우리는 몇 가지 접근 방법을 시도해 보아야 한다.

첫째, 다산은 그의 「원목(原牧)」이라는 글에서 목자의 존재 의의를 다음과 같이 설파하고 있다.

> "목자가 인민을 위하여 존재하는가? 인민이 목자를 위하여 살고 있는가? 단연코 그렇지 않다. 목자는 인민을 위하여 존재하고 있는 것이다."

이 글에는 분명히 철저한 위민(爲民)사상이 깃들여 있다. 이는 목민자로서의 하향윤리의 극치요 귀착지가 아닐 수 없다. 어쩌면 미합중국 대통령이었던 아브라함 링컨(1809~66)이 부르짖은 For The People의 선하를 이루는 것으로 평가해야 할른지 모른다. 다산의 위민사상은 이미 링컨보다도 약 반세기 50년을 앞서 있기 때문이다.

둘째, 목자는 비록 다스리는 자이기는 하지만 그는 결코 세습적인 왕자나 공·경·대부와 같은 귀족이 아니라 인민 중에서 그의 지략과 덕망에 의하여 뽑힌 자라는 사실을 「원목」에서 다음과 같이 서술하고 있다.

"태초에는 인민뿐이었으니 어찌 목자가 있었겠는가? 인민들은
우글우글 모여 살았는데 어떤 사람이 이웃과 싸우게 되자 승부
를 가리지 못하는지라 한 늙은이가 공정한 말을 잘하므로 그에
게 나아가 바른 판결을 받으니 온 이웃들이 모두 복종하여 그를
추대하며 존경하매 그를 일러 이정(里正)이라 하였다. 이에 몇
마을의 인민들끼리 서로 떼지어 싸우되 판결을 내리지 못하고
있던 차 한 노인이 준수하고 학식도 넉넉하므로 그에게 나아가
바르게 판결을 받으니 여러 마을이 모두 복종하여 그를 추대하
며 존경하매 그를 일러 당정(黨正)이라 하였다. 몇 당의 인민들
이 제 당끼리 뭉쳐 서로 떼지어 싸우되 가부 판결을 내리지 못
하고 있던 차 한 노인이 현명하고 후덕하므로 그에게 나아가 바
른 판결을 받으니 몇 당이 복종하며 그를 일러 주장(州長)이라
하였다. 몇 주의 장들이 한 사람을 추대하여 그를 장으로 삼고
그를 일러 국군(國君)이라 하였다. 몇 나라의 국군이 한 사람을
추대하여 그를 장으로 삼고 그를 일러 방백(方伯)이라 하였다.
사방의 방백이 한 사람을 추대하여 우두머리로 삼고 그를 일러
황왕(皇王)이라 하였으니 황왕의 근본은 이정에서 비롯한지라
목자는 인민을 위하여 있는 것이다."

이로써 목자로서의 최고 지위인 황왕의 자리도 최하위인 이정에
서 비롯한다는 사상은 By The People의 선하를 이루는 것으로 받아
들여도 좋을 것이다.

셋째, 다산은 목자상을 통하여 수사학적(洙泗學的) 인간상을 정립
하였다.

수사학적 인간상의 특성을 한마디로 말하라 한다면 그것은 모름
지기 실천윤리학적 인간상이라 해야 할 것이다. 송나라 주자에 의하
여 정립된 심성론적 인간상은 사변적이요 관념적인 인간상이라 한
다면, 수사학적 인간상은 실행주의적이요 행동주의적이란 점에서 대
조적이다.

유가에서 소위 이상적 인물로서 내세우는 왕자(목자)가 바로 요순 (堯舜)이요 공자의 학은 바로 요순에서 연원하고 있음을 다산은 다음과 같이 지적하고 있다

중니(仲尼)의 학은 요순에게 근원하고 있으므로……중니는 중용으로서 입교(立教)하고 그의 근원은 요순에게서 이루어진 것이다.

라 한 것을 보면 요순이야말로 공자의 생각에는 최고의 가장 높은 이상적 인간이라는 것이다. 그렇다면 요순이란 인물을 다산은 어떻게 이해하고 있는 것일까?『경세유표』의 서문에는 다음과 같은 기록이 보인다.

"세속적인 생각으로는 요순 시대의 정치를 말하기를 '요순은 모두 팔짱을 끼고 공손하게 앉아서 아무 말도 하지 않고 있지만 그의 덕화는 훈훈한 바람처럼 사람들의 품 안으로 스며든다'고 하였지만……내가 알기로는 분발하여 일으켜 세우면서 천하 사람들로 하여금 서둘러 소란하게 만들며 한시도 일손을 놓지 못하게 하여 잠시도 숨돌릴 틈도 주지 않은 사람은 요순 바로 그 사람이요, 내가 알기로는 빡빡하고 치밀하고 엄격하게 혹독하여 천하 사람들로 하여금 조심하며 움츠러들게 하고 두려워하게 하여 감히 털끝만큼의 거짓도 꾸미지 못하게 한 사람이 바로 요순 그 사람인 것이다. 천하에 요순만큼 부지런히 움직인 사람이 없건만 일하지 않는 제왕이라 하여 그를 무고하고, 요순만큼 치밀한 사람도 없건만 건성건성 세월을 보낸 제왕이라고 그를 무고하여, 자기가 뫼시는 임금이 매양 일을 하고자 하더라도 반드시 요순을 끌어당겨 이를 가로막으니 이 때문에 세상은 날로 부패하여 새롭게 되지 못하는 것이다." 라고 하였다. 이렇게 그린 요순의 임금됨은 가장 부지런하고 활동적이며 적극적인 의욕으로 인민을 다스린 임금이었던 것이다. 여기서 우리는 행동주의적인 목자상의 이상적 모델로서의 요순상을 읽을 수가 있다.

넷째, 다산은 목자상에서 전인적(全人的) 인격을 요구하고 있다. 여기서 전인적이라 함은 수기와 치인이 어느 한쪽으로 치우침 없이 조화를 이룬 상태를 의미한다. 다산이 즐겨 "공자의 도는 수기치인일 따름이다"라 하고 이를 일러 원초적인 공자학으로서의 수사학(洙泗學)이라 하는 까닭이 여기에 있다.

앞서도 지적한 바 있듯이 공자의 수기군자와 맹자의 현인왕자의 상이 한데 뭉쳐져서 다산의 목자상이 이루어졌다고 보는 것이 가장 온당한 해석이 될 것이다. 유교에는 덕위일체론(德位一體論)이 있다. 덕이란 인격이요, 위란 지위인 것이다. 한 사람의 인격은 반드시 어느 지위에 꼭 알맞은 인격을 갖추어야 함을 의미한다. 다시 말하면 제왕의 지위라 할지라도 그 제왕의 지위는 그의 지위에 알맞은 제왕으로서의 덕, 곧 인격을 갖추어야 함을 의미한다. 그러므로 수기군자 또는 신독군자가 스스로의 덕을 쌓는 것은 바야흐로 그의 인격에 알맞은 지위를 얻기 위해서인 것이요, 현인왕자는 이미 그러한 지위에 합당한 덕을 갖추고 있을 것을 전제하고 있는 것이다. 그러한 의미에서 본다면 수기군자는 덕에 치중하였고, 현인왕자는 위에 치중한 인간론이라 한다면, 다산의 목자는 그야말로 덕과 위가 하나를 이룬 인간상이라 해야 할 것이다.

덕위일체론의 입장에서 본 목자상은 목민관(지위)이 되기에 앞서 목자로서의 인격(덕)을 갖추어야 함을 의미한다. 다시 말하면 목민관 또는 목자로서의 정신적인 자세를 갖춘 자만이 목민관이 될 수 있음을 의미한다. 어쩌면 목민관은 수기군자로서의 기본적인 정신자세를 갖추어야 함을 의미한다고도 할 수 있겠다. 다산이 특히 『목민심서』를 저술하여 "이 책은 본래 나의 덕을 쌓기 위한 것이지 하필 꼭 목민하기 위해서만이겠는가"라 한 것도 이를 두고 이른 말이 아닐 수 없다.

그러므로 목민상은 행동주의적 실천에 의하여 구현되기는 하지만 그것을 이룩하기 위해서는 무엇보다도 먼저 눈에 보이지 않는 정신 자세가 똑바로 정립되지 않으면 안 되리라는 사실을 우리는 알아야 할 것이다.

4. 총평

목자가 애민하기 위해서는 무엇보다도 먼저 아주 깨끗한 청백리의 인격을 갖추어야 한다. 청렴결백한 마음가짐이 요구되는 것이다. 하나에도 청렴, 둘에도 청렴, 셋에도 청렴해야 한다. 이것이 『목민심서』의 전편을 꿰뚫고 흐르는 한줄기의 사상체계이다.

그렇다면 그러한 청백리가 되기 위해서는 어떻게 자기 자신을 가꾸어야 할 것인가? 구체적으로 말한다면 자기의 사(私)를 버려야 한다. 곧 자기의 사욕, 다시 말하면 사사로운 욕심을 버려야 한다. 어쩌면 자기의 사사로운 욕심을 억누르고 이를 이겨내야 할는지 모른다. 이를 공자는 극기(克己)라 했는데, 극기란 곧 극욕(克欲)을 의미하는 것이다.

극기의 문은 곧바로 공인(公人)이 되는 문이라고도 할 수 있다. 목민관은 곧 만민을 위한 공인이기 때문이다. 이러한 단순한 청백리의 원리가 바로 『목민심서』의 핵심이라 일러도 결코 지나친 말이 아니다. 그것이 소위 모든 정의로운 길로 나아가는 첫걸음이 되기 때문이다.

그러나 『목민심서』라는 저술이 지금으로부터 150년의 시차를 안고 있는 1820년대의 작품이라는 사실이다. 그러한 시차를 지금에 앞아서 살펴볼 때 현대적인 입장에서는 어떻게 보아야 할 것이냐 하는 문제에 부딪힌다. 그러므로 가급적이면 그의 원초적인 원리만을 받아들이고 시차에 따른 변화는 현재를 기준으로 하여 이해하도록 하지 않으면 안 되리라고 여겨진다.

『목민심서』는 전체적으로 12편의 내용으로 짜여 있는데, 그중 초반은 율기(律己)·봉공(奉公)·애민(愛民) 등 정신적인 문제에 치중하였고 중반부터는 6조인 이(吏)·호(戶)·예(禮)·병(兵)·형(刑)·공(工)전에 관한 행정 지침이 대부분을 차지하고 있다. 이러한 것들은 대부분 시차에 걸려서 현실적으로는 맞아떨어지지 않는 대목이 많기 때문에 그 이면에 흐르고 있는 변하지 않는 정신만을 간추리지 않을 수 없다.

그러므로 우리는 어떠한 개인의 사상이든지 혹은 어떠한 시대의 사상이든지 간에 이를 살펴보기 위해서는 변수와 불변수에 관하여 알아두어야 할 것이다. 불변수란 불역(不易)이라고도 이르거니와 이는 영구불변하는 원리를 의미한다. 또 변수란 곧 역수(易數)로서 시대에 적응하기 위하여 변화를 가져오지 않을 수 없는 상황을 이른다.

이러한 두 가지 입장에서 볼 때 다산의 애민사상 그 자체는 시대적인 시차에 의해서도 결코 변하지 않을 것이다. 다시 말하면 천 년 전이나 천 년 후나 조금도 다름없이 백성을 사랑해야 하는 애민사상은 불변수의 사상으로 남게 되겠지만 그 구현 방법에 있어서의 정책적인 방안은 변수로서 우리에게 남는다. 여기에 다산의 『목민심서』

를 읽는 우리의 새로운 입장이 깃들여 있다.

그렇기 때문에 『목민심서』를 애민사상의 한 고전으로서 우리가 지금 읽는다 하더라도 그의 변수적인 측면을 잘 살피고 이용하여 그것이 현대에 어떻게 잘 적응할 수 있느냐를 연구하여 이를 이해하도록 하여야만 그의 애민정신이 오늘에 이어질 수 있을 것으로 여겨진다. 그러므로 가능한 한 그러한 입장에서 『목민심서』를 읽도록 노력해야 할 것이다.

부임육조(赴任六條)·
목민의 첫걸음

1. 조심스러운 벼슬길 — 제배(除拜)

다른 벼슬은 하겠다고 나서도 좋지만 목민관만은 그래서는 안된다. 임관이 되거든 재정을 낭비하는 일이 없도록 하라. 부임 절차에 따르는 경비는 절약할 대로 절약하는 것이 좋다. 부임 여비를 국비로 받아 놓고서 게다가 딴 몫을 더 받는다면 이는 국가의 은혜도 아랑곳없이 백성들의 주머니를 터는 셈이니 할 짓이 아니다.

[原文] 他官可求 牧民之官不可求也 除拜之初 財不可濫施也 邸報下送之初 其可省弊者省之 新迎刷馬之錢旣受公賜 又收民賦 是匿君之惠而掠民財 不可爲也

[석의(釋義)] 목민관(牧民官)──목민(牧民)이란 양민(養民) 또는 치민을 의미한다. 목(牧)이란 본디 목축(牧畜)·목동(牧童) 등의 말에서 보여주는 바와 같이 소·양·말 등의 가축을 기른다는 의미를 간직하고 있기 때문에 목민(牧民)이란 백성을 양처럼 기르며 다스린다는 뜻이 있다.
나라 일을 맡은 벼슬아치 치고 직접·간접으로 백성을 다스리는 일에 관여하지 않는 이는 없을 것이다. 그러나 목민관이라고 하면 그 의미를 좁혀서 지방 일선 행정의 책임을 맡은 이를 가리킨다. 옛날의 수령(守令)이요, 오늘의 지방 관리에 해당된다.

그렇다면 왜 치민관(治民官)이라 하지 않고 목민관이라고 하는가? 이는 백성을 다스리는 치자(治者)는 목자(牧者)가 양을 치듯 백성을 거느려야 한다는 깊은 뜻이 거기에 깃들여 있다. 그러므로 다산은 그의 「원목(原牧)」이라는 글에서 "목자가 백성을 위해서 있는가, 백성이 목자를 위해서 살아야 하나"라는 명제를 내걸고서 "아니다. 단연코 아니다. 목자는 백성을 위해서 존재하는 것이다"라고 했던 것이다.

여기서 목민관이라 한다면 그것은 어떠한 특정한 품계를 가진 관직을 의미하는 것이 아니라 일선에서 목민의 도를 실천해야 하는 모든 벼슬아치를 총칭해서 하는 말이다. 그렇다면 구체적으로 어떠한 직책의 벼슬아치를 일러 목민관이라 이르는 것일까?

모든 관직을 크게 둘로 나눈다면 내직과 외직으로 나눌 수가 있다. 내직이라 하면 요즈음 말로는 중앙관서의 직책으로서 옛날 같으면 왕을 중심으로 하는 경관(京官)을 의미한다. 이들은 주로 국가의 정강 정책을 다루는 관리들이다. 그러나 외직이란 중앙에서 멀리 떨어진 지방관리로서 직접적인 대민정책을 처결하는 수령(守令)을 의미한다.

옛날 수령이라는 개념의 범주 안에 드는 벼슬로서는 관찰사·목사·도호 부사·군수·현령·현감·찰방 등이 있지만 한마디로 말해서 이들의 권한은 막강한 것이 되어서 옛날 제후와도 비김 직하고 달리 말한다면 왕권을 대신하여 백성들의 생사여탈을 마음대로 할 수 있는 권한을 쥐고 있었던 관리들이다.

그러므로 백성들의 흥망이 오로지 한 사람의 손에 쥐어져 있었던 것이 다름 아닌 목민관으로서의 수령이었던 것이다. 이렇듯 목민관으로서의 수령의 직책은 막중하기 때문에 아무에게라도 함부로 맡길 수 없을 뿐 아니라 내로라하면서 하겠다고 나설 수도 없는 자리 인 것이다.

근자에 와서는 수령이란 직위도 여러 갈래의 전문직으로 나누어 져 있음을 볼 수가 있다. 관찰사에 해당되는, 도지사에게는 행정적 직책이 부여되어 있지만 사법 검찰의 권한은 분리되어 있을 뿐 아니 라 교육도 떨어져 나갔고 세무행정도 분리되어 있다. 그러므로 도단 위뿐만 아니라 그들의 산하기관인 군단위도 이에 따라 분화되어 있 음은 다시 말할 나위도 없다. 그러므로 이들의 장은 다 같이 옛날 목 민관으로서의 수령의 직책을 일부 담당하고 있는 것으로 알아야 할 것이다.

목민관의 직책을 크게 둘로 나눈다면 하나는 용인(用人), 곧 사람 을 어떻게 골라서 부리느냐의 문제요, 다른 하나는 이재(理財), 곧 재 정을 어떻게 절약하면서 효율적으로 사용하느냐의 문제인 것이다. 용인의 문제는 잠시 뒤로 미루거니와 이재의 문제는 당장 부임과 더 불어 마음을 써야 할 문제에 속한다.

본시 공자는 『논어』「학이」편에서 "비용을 절약하면서 인민을 사 랑하라" 하였다. 이 말을 거꾸로 풀이한다면 인민을 사랑하는 길은 비용을 절약하는 데 있다는 것으로 된다. 인민을 사랑한다는 것이 애민이요, 애민하는 길이 바로 목민하는 길이라면 목민의 첫걸음은 바로 모든 비용을 절약하고 이를 아껴쓰는 데에서부터 비롯한다고 해야 할 것이다. 목민관의 부임길에 재정을 낭비하는 일이 없도록 경계한 소이는 바로 여기에 있는 것이다.

옛날 목민관들이 부딪히는 첫 시련에 두 가지가 있었으니 하나는 부임 여비에 관한 것이요, 다른 하나는 부임 후 거처하게 될 관아의 수리 문제였다. 그러나 부임 여비에 관해서는 실로 금석지감이 없지 않다. 옛날에는 서울에서 지방으로 내려가자면 멀고 가깝고 간에 말을 타고 수레를 끌며 며칠씩을 묵어야 하기 때문에 많은 노자가 필요했을 것이다. 영정 시대만 하더라도 원근 간에 돈으로 300냥을 지불했지만 이를 핑계 삼아 그 밖의 돈을 임지에서 거두는 폐습이 있어서 백성들을 몹시 괴롭혔던 것이다. 그러므로 목민관의 첫 내디딤에 있어서 임지에서 부임 여비조로 비용을 거두는 폐습을 단연 없애는 것도 그의 청렴의 도를 가늠하는 중요한 계기가 되었던 것이다.

근래에 와서는 전국이 하룻길이요 게다가 교통 운수의 수단이 옛날과는 실로 격세지감이 없지 않은 데다가 부임 여비의 항목조차도 없어진 시대가 되었으니 『목민심서』의 이 항목은 맹장처럼 불필요한 것이 되었다고 해야 할는지 모른다. 그러나 어두운 그늘은 어디에고 스며들게 마련이다. 알게 모르게 유관업체의 신세를 지는 일은 없는지, 아니면 알게 모르게 은근히 여비의 보조를 종용하는 일은 없는지, 어쨌든 부임 여비의 부족을 채우기 위하여 목민관의 부임길을 조금이라도 흐리게 해서는 안 될 것이다.

관아의 수리도 마찬가지다. 옛날의 수령은 왕을 대신한 지방장관으로서 그의 권위가 이만저만 대단한 것이 아니었기 때문에 아전들은 관아를 새로 수리하여 그의 비위를 맞추려 하였던 것이다. 이러한 겉치레 때문에 녹아나는 것은 불쌍한 농민들뿐이었다. 그러므로 부임하는 수령은 그의 부임 여비의 절약과 함께, 그가 업무를 수행하며 거처할 관아의 수리는 그만두게 하거나 아니면 부임 후로 미루도록 지시를 내림으로써 농민들의 갑작스런 부담을 덜도록 해야 할 것이다.

이 기회에 우리들이 반성해야 할 점이 있다면 그것은 다름 아닌 한국인의 겉치레라 할 수 있다. 내실보다도 외화를 앞세우는 버릇이 있다면 그것은 모름지기 깊이 반성해야 하지 않을까 여겨진다.

하찮은 하나의 실례일는지 모르지만 공공행사 때의 연회비 같은 것도 지나친 겉치레에 많은 비용을 쓰는 일이 적지 않고, 고관대작이 될수록 승용차의 겉치레가 실용성보다도 대중과의 위화감만을 조장하는 고급차 성행을 볼 수가 있다. 만일 고급관리나 지방장관이 일반대중이 타는 승용차를 애용한다면 민중들은 그를 일러 무엇이라 할 것인가. 민중은 마음속으로 '우리 장관'이라 생각하며 더욱 친근감을 느끼게 될 것이다.

2. 책을 한 수레 싣고 — 치장(治裝)

갖출 행장 중에 의복이나 사용 도구 같은 것은 옛것을 그대로
쓰되 새로 만들지 말라. 수행하는 사람이 많아서는 안 된다. 청
렴한 선비의 행장은 겨우 이부자리에 속옷 그리고 고작해야 책
한 수레쯤 싣고 가면 될 것이다.

[原文] 治裝其衣服鞍馬 竝因其舊不可新也 同行者不可多 衾枕袍襺之外
能載書一車 淸士之裝也

[석의] 치장(治裝)—여행(旅行)의 준비를 함. 행장을 차림.
선비—옛날에 학식(學識)과 덕행(德行)이 겸비한 인격자를 선비
라 하였다. 특히 벼슬을 즐기지 않거나 가볍게 여기던 학자를
가리킨 말이다. 요즈음은 아마도 지도자다운 자질을 가진 지성
인(知性人)이라고나 할까? 옛 노래에 "창랑수(滄浪水)가 맑거든
갓끈을 씻고 창랑수 탁하거든 발목을 씻지"(『초사(楚辭)』, 「어부
사(漁父辭)」)라 했듯이 세속(世俗) 탁류(濁流) 속에서 결코 갓끈
을 씻지 않던 청아(淸雅)한 풍모를 지닌 위인인 것이다. 공자가
즐겨 사군자(士君子)라 부르던 이상적 인간상이 바로 이 선비였
던 것이다.

이미 지적한 바와 같이 목민사상은 곧 애민사상인 것이다. 그러므

로 애민의 근본은 모든 비용을 절약하는 데서 비롯하며, 비용을 절약하자면 수령 자신이 모든 측면에서 검약하여야 할 것이다.

검약이란 사치와는 정반대되는 개념으로서 청렴결백한 목민관이 되고자 한다면 무엇보다도 먼저 자기 자신의 생활부터 검소해야 한다. 그러므로 검약이야말로 목민관의 첫 임무라 이르지 않을 수 없다.

여기서 치장이라 함은 서울에서 부임지까지 가는 도중에 있어서의 준비를 뜻하는 것으로서 옛날에는 많은 준비가 필요했겠지만 오늘의 형편으로는 옛날과는 달리 그다지 큰 문제를 안고 있지는 않다. 그러나 이 부임길은 목민관으로서 부임지에의 첫 발디딤인 만큼 첫인상으로 자리 잡게 된다.

그것은 그가 번지르르한 겉치레를 좋아하느냐, 아니면 수수하고도 검소한 생활을 좋아하느냐의 갈림길에서 그의 첫인상이 좌우되기 때문이다. 다시 말하면 사치와 검약의 판가름에서 첫인상이 얻어진다고 할 수 있다. 흔히 사치스러운 겉치레는 학식이 부족한 위인이거나 판단력이 모자라는 사람일수록 즐기는 경향이 많다. 그러나 백성들은 결코 그러한 겉치레에 속지 않는다. 오히려 말없는 백성들의 눈은 그들을 비웃고 있는 줄을 알아야 한다.

목민관의 검소한 생활태도는 물론 본인의 마음가짐에서 이루어져야 하겠지만 요즈음 세태로서는 오히려 그의 절반 이상의 책임이 살림을 맡아서 보살피는 부인에게 있다고 해야 할는지 모른다. 다시 말하면 부인의 성행에 따라서 좌우된다고 보아야 할는지 모른다. 흔히 부인의 사치 성행은 의복이나 패물의 기호에서 비롯되는 수가 많다. 그러므로 옛날에는 목민관으로서의 수령의 치장이 문제가 되었지만 오늘에 있어서는 오히려 관리들의 부인의 치장이 더욱 문제점으로 논의되어야 할는지 모른다. 만일 부임 과정에서 부인을 동반할 때 손수 검소한 생활을 위하여 가정부나 파출부도 두지 않는 간소한 생활태도를 보인다면 백성들은 마음속으로 "진정 우리 고을을 잘 다스려 줄 어른이 오셨구나" 하고 기뻐할 것임에 틀림이 없다.

한 사람의 인품이란 결코 그 사람의 머릿속에 든 것 없이 이루어질 수 없다. 머릿속에 든 것이란 독서인의 양식을 의미한다. 청렴한 목민관의 정신적 양식은 책을 읽음으로써 얻어진다는 하나의 평범한 진리를 우리는 알아야 할 것이다.

글 읽기를 좋아하는 선비에게는 물욕이 끼어들지 않는다. 물욕이 끼어들지 않는다면 그의 생활은 검소할 수밖에 없다. 그러므로 다산은 우리들에게 "청렴결백한 선비의 행장은 고작해야 책 한 수레쯤 싣고 가면 된다"고 일깨워주고 있는 것이다.

모든 탐관오리의 근원은 물욕에 있다는 사실을 우리는 잘 알고 있다. 물욕이란 눈에 보이는 사치스러운 재물욕뿐만 아니라 눈에 보이지 않는 명예욕이라거나 그것에 수반하는 권세욕도 그 안에 든다. 이러한 모든 욕심은 한 사람으로 하여금 탐관오리가 되게 한다. 선비들에게 책 읽기를 권하는 소이는 바로 그들로 하여금 물욕을 극복하고 탐관오리의 길에서 벗어나 청렴한 목민관의 길을 걷게 하기 위해서이다.

그렇다면 어떠한 서적을 준비하고 또 읽어야 할 것인가. 서적에는 교양서적과 전문서적의 두 가지가 있다. 그러므로 교양을 넓히기 위해서는 시문학·전기·기행문 등 폭넓은 교양 서적들을 틈틈이 읽는 것도 좋지만 목민관은 행정가로서 때로는 다소 전문성을 띠는 책들을 읽을 필요가 있을 것이다.

오늘의 우리의 시대를 일러 농공병진시대라 한다면 목민관으로서 그 지방의 산업을 다룸에 있어서 어찌 이에 따른 지식이 없이 그들을 다룰 수 있겠는가? 비록 전문가의 경지에는 이르지 못한다 하더라도 이에 대한 지식을 얻고 쌓기에 조금도 소홀히 하거나 게을리 해서는 안 될 것이다. 이처럼 목민관에게 있어서 독서가 절실히 필요한 것은 그의 인격을 가다듬고 그의 업무를 충실하게 이행하기 위해서이다.

3. 오가는 인사 — 사조(辭朝)

감독 상관에게 부임 인사를 드릴 때는 스스로 제 그릇이 아님을
말할 뿐, 보수가 많고 적음을 말하지 말라. 인사 담당관에게 인
사를 가서는 감사하다는 뜻을 비쳐서도 안 된다. 임명권자를 만
나고 나와서는 백성들의 기대에 수응해야 할 일을 걱정하고 국
가의 은혜에 보답해야 할 것을 마음 깊이 다짐하라. 영접 나온
지방 관속들과 대면할 적에는 장중하고 화평하고 간결하고 과
묵한 태도를 가져야 한다.

[原文] (旣署兩司 乃辭朝也) 歷辭公卿臺諫 宜自引材器不稱 俸之厚薄不
可言也 歷辭銓官 不可作感謝語 新迎吏隷 至其接之也宜莊和簡默 辭陛
出門 慨然以酬民望報君恩設于乃心 (移官隣州 便道赴任 則無辭朝之禮)

본시 말이란 사람의 마음이 밖으로 드러난 소리로서 하느님의 말
씀에 이르러서는 그것은 진리요 나아가서는 우리들의 앞길을 인도
해주는 계시자이기도 하다. 그러므로 말이란 함부로 해서는 안 되고
아무렇게나 지껄여도 안 되며 때에 따라, 또는 곳에 따라 선택하고
골라서 할 줄 알아야 한다. 부임 초 인사말을 신중하게 골라서 하도
록 한 것은 바로 이 때문이다.

서울의 중앙청 관리로 있다가 목민관인 지방관리가 되어 내려오게 되면 흔히 부임하기 전에 자기를 돌보아준 고급관리뿐만이 아니라 인사담당관을 만나 떠나는 인사를 드리는 것이 하나의 관례로 되어 있다. 그러나 이때 주고받는 인사말 중에 결코 고맙다는 뜻이 섞인 인사말을 나누어서는 안 된다는 것을 다산은 지적하고 있다. 오히려 재목이 아닌 사람을 천거해 주어서 국가에 누를 끼치는 일이 안 될까 걱정스럽다는 겸허한 태도를 보여야 한다. 이렇게 나누어지는 대화 속에는 목민관으로서의 책임을 느끼는 그의 마음속이 훤하게 나타나 보이지만 그렇지 않다면 오히려 그의 검은 마음속이 들여다보이는 것이다.

그가 감사하다는 말을 그 누구에게도 할 필요가 없는 것은 그가 그러한 자리를 얻기 위하여 그 누구에게도 청탁을 한 바 없기 때문이다. 그러므로 그의 마음은 밝고 깨끗하여 오직 청백리로서 자기의 직책을 어떻게 하면 완벽하게 수행할 수 있을 것인가 하는 것만을 생각하게 될 것이다.

그러므로 치장을 목민관의 겉모양이라 한다면, 인사말은 목민관의 보이지 않는 속마음이라 일러야 할 것이다.

뜻밖에 목민관으로 발탁되어 지방으로 내려오게 되었다고 생각하는 사람일수록 목민관으로서의 사명감에 투철한 관리가 될 수 있을 것이다. 진정 인민을 위하는 종의식을 갖고 자기의 임지로 떠날 수 있을 것이다.

임지로 내려가서 관속들이나 인민들을 만날 때에는 경솔한 행동이나 허튼 말 같은 것은 삼가야 함은 물론 태도는 장중하게, 얼굴은 화평하게, 일은 간결하게, 말씨는 과묵하게 하도록 하여야 한다.

공자는 『논어』에서 "군자가 장중하지 않으면 위엄이 없다" 하였다. 장중함은 경솔한 것의 반대이니만큼 경솔하지 않은 태도야말로 장중한 태도의 다른 반면이다.

유가에서는 "화(和)란 천하의 어디나 통할 수 있는 길이다"라고 하였다. 그러므로 화평한 얼굴빛은 만인의 마음과 서로 통할 수 있는 지름길이 될 것이다.

인민들은 복잡한 수속이나 어려운 이론 따위는 좋아하지 않는다. 그들이 모든 일에 있어서 오히려 간결한 것을 좋아하는 까닭이 여기에 있다.

끝으로 목민관이 갖추어야 할 덕목에 과묵이 들어 있다. 이는 목민관은 항상 말씨가 적어야 함을 의미한다. 과묵한 사람일수록 어쩌면 겉으로 보기에는 멍청한 듯해 보일는지 모르지만 사실인즉 침묵 속에 감추어진 그의 마음속 깊이는 아무도 헤아리기 어려울 것이다. 과묵 속에서 항상 스스로의 마음을 가다듬을 줄 아는 목민관이 되어야 함을 의미한다.

"내가 맡은 이 중차대한 사명을 어떻게 완수할 수 있을 것인가. 인민들이 내게 기대하는 여망을 어떻게 풀어 줄 것인가"를 생각하면서 부임길을 떠나야 하는 것이다.

4. 신관 부임의 여정 ── 계행(啓行)

부임 도중에도 장중하고 화평하고 간결하고 과묵하여 마치 말조차 못하는 사람인 체하라. 내려오는 길목에 근거 없이 꺼리는 일이 있음을 핑계하여 제 길을 버리고 돌아서 가려고 하거든 바른 길대로 가면서 요사스런 전설은 무시해 버리도록 하라. 관사에서 요괴가 나온다는 지방 관속들의 귀띔이 있더라도 그런 것쯤 대수롭게 여기지 말고 선동하는 풍습일랑 진정시키도록 하라. 부임 도중 여러 고을에 들를 적마다 선임자들의 이야기를 귀담아 듣고 다스리는 법도를 배워야 하며, 노름판으로 밤을 새워서는 안 된다.

[原文] 啓行在路 亦唯莊和簡黙 似不能言者 道路所由 其有忌諱 舍正趨迂者 宜由正路以破邪怪之說 廨有鬼怪 吏告拘忌 宜竝勿拘以鎭煽動之俗 歷入官府 宜從先至者 熟講治理 不可諧謔竟夕 (上官前一夕 宜宿隣縣)

[석의(釋義)] 계행(啓行)―여행 길을 떠남.
말조차 못하는 사람인 체―『논어』「향당」에 나오는 말. 공자도 그가 살던 마을에서 이러한 태도를 취했다. 공자는 "쓸모 있는 인간은 말을 더듬되 실행은 재빠르다"(『논어』, 「이인」) 하였고, "말을 삼가면 허물이 적어진다"(『논어』, 「위정」) 하였고, "말을 꾸며대며 얌전한 체하는 짓은 아마 사람다운 사람은 하지 않을

거야"(『논어』, 「학이」) 하였고, 또 공자는 "내가 회(回)를 데리고 이야기하면 진종일 아무 대꾸도 하지 않은 것이 마치 놈팡이와도 같이 보이나 나중에 지내는 것을 보면 뚜렷이 실행하고 있다. 회(回)는 놈팡이가 아니야"(『논어』, 「위정」) 한 것 등을 보면 과묵(寡黙)을 미덕으로 삼은 예는 이루 다 셀 수 없을 정도로 많다. 공자는 말이 행동에 앞서는 이를 가장 싫어하였다. 그러기에 자공(子貢)이 군자의 인격을 물은즉, "행동이 앞서야 하며 말이 그 뒤를 따라야 하느니라"(『논어』, 「위정」)라 한 것이다. 그러므로 '말조차 못하는 사람인 체'하는 것은 말이 실천에 앞설까 두려워서 하는 태도인 것이다. 공자가 "옛 사람들은 좀처럼 말문을 열지 않았다. 실행이 못 미칠까 두려워했기 때문이다"(『논어』, 「이인」)라고 한 것도 이를 두고 한 말이다.

부임 도중에도 부임 출발 때처럼 장중·화평·간결·과묵의 네 가지 미덕을 갖추게 하고 게다가 "마치 말조차 할 줄 모르는 사람인 체하라"는 주의를 곁들인 것은 목민관의 말이란 그의 인격을 가늠하는 열쇠가 되기 때문이다.

그러므로 공자는 "군자는 말은 더듬되 실행은 재빠르게 한다"고 하여 말보다도 실행을 앞세웠고 "말을 삼가면 후회하는 일이 적다"라 하기도 하였다. 이처럼 말을 더듬을 정도로 삼가게 한 것은 어떠한 일이건 간에 이를 실행하기란 항상 어려운 것이기 때문이다. 실행이 어렵기 때문에 과묵이라는 미덕을 항시 간직해야 한다는 것이다.

요사스런 전설이라거나 관사의 요괴에 관한 이야기들은 150년이라는 시차를 놓고 생각한다면 한낱 허황된 이야기에 지나지 않을는지 모르지만 이를 처리한 다산의 태도에는 새로운 뜻이 스며 있었음을 알아야 할 것이다. 그것은 다름 아닌 그의 과학정신과 합리주의적인 사고방식이다.

다산은 당대의 실학자로서 당시에 있어서의 요사스런 미신이라거나 해괴망측한 전설 따위를 받아들였을 리가 없다. 이제 현대에 있어서는 다산이 아니라도 이미 과학 문명 앞에 요괴의 정체는 밝혀진 지 오래이다. 그럼에도 불구하고 이 글귀가 어쩌면 다른 각도에서 우리들에게 새로운 경종이 되는 것은 무슨 까닭일까?

부귀영화를 꿈꾸는 모든 사람들이 시대의 흐름도 아랑곳없이 아직도 이름난 술객(점쟁이)의 문전에 저자를 이루는 것은 무슨 까닭일까? 이런 것들이 과학적인 진리와는 아무런 상관이 없고 합리적인 사고와도 무관한 사실을 번연히 알면서도 서둘러 그들의 문을 두드리는 까닭은 어디에 있을까?

이는 첨단과학이 온 세계를 풍미하는 현대 과학 문명 시대를 맞고 있으면서도 아직도 150년 전 다산의 과학정신과 그의 합리적 사고가 무엇인가를 깨닫지 못하고 있기 때문이라고 해야 할 것이다. 아직도 우리의 주변에는 이러한 요사스러운 술객의 문전에 남녀노소로 성시를 이루고 있음은 실로 해괴한 현상의 하나가 아닐 수 없다.

또 한 가지 여기서 짚고 넘어가고 싶은 것은 다름 아니라 벼슬아치들이 자리를 옮길 때 흔히 자칫하면 좌천 의식에 빠지는 수가 있다. 이는 요사스런 악령처럼 그를 괴롭힌다. 좌천이란 본래 중국 사람들이 왼쪽을 싫어한 데에서 나온 것이지만 만일 수령이 되어 가지고 좌천 의식에 사로잡힌다면 마치 요괴에 홀린 사람처럼 그 고을 행정은 엉망이 되고 말 것임은 너무도 뻔한 일이 아닐 수 없다.

실로 좌천이란 있을 수 없는 개념이다. 때에 따라서는 좌천되었다고 생각한 그 고을에 가서 행정의 실적을 올렸을 적에는 오히려 영전될 수 있는 계기가 그 안에 내포되었다고 할 수도 있다. 그럼에도 불구하고 영전을 위하여 관상을 본다 사주를 본다 하여 엉뚱한 술객의 말에 현혹되는 일이 있어서는 안 될 것이다. 이러한 풍조는 옛날의 요괴처럼 일소되어야 한다.

그다음으로는 자기가 부임하는 그 고을의 선임자들의 이야기를 듣는 노력을 아껴서는 안 될 것이다. 이렇듯 선임자의 이야기를 듣는 것은 후각자가 선각자의 깨우침을 받드는 것처럼 그의 앞길에 밝은 불빛을 밝혀주는 것이기 때문이다. 이러한 선행적인 준비가 없고 보면 어두운 밤길에서 넘어지거나 수렁에 빠지는 등의 시행착오를 일으키기 쉽다.

옛말에 "선악 간에 다 내 스승이 된다"는 말이 있다. 선은 본받고 악은 물리칠 수 있기 때문이다. 그러므로 부임 전의 준비로서 선임자들의 말을 널리 듣도록 하며 쓸데없이 환송연이다 축하연이다 하는 따위의 모임에 나아가 밤을 새우는 등 맑은 정신을 흐트리게 하는 일이 없도록 명심하여야 할 것이다.

5. 새로운 임지에서 — 상관(上官)

임지 도착 날을 따로 골라 받을 필요는 없다. 비가 오면 갠 날을 기다리는 것이 좋다. 임지에 도착하는 대로 부하들의 면접 신고를 받도록 하라. 면접이 끝나면 조용히 앉아서 정책 운영의 방법을 생각하도록 하라. 관대하거나 엄격하거나 간략하거나 치밀하거나, 그 어느 방법이건 간에 그 규모를 미리 짜놓고 그것이 현지 상황에 알맞도록 하되, 내 신념대로 밀고 나아가야 한다. 그 이튿날 향교에 나아가 문묘에 예를 드리고 사직단으로 가서 삼가 정성을 드리도록 하라.

[原文] 上官不須擇日 雨則待晴可也 乃上官受官屬參謁 參謁旣退 穆然 端坐 思所以出治之方 寬嚴簡密 預定規模 唯適時宜 確然以自守 厥明謁 聖于鄕校 遂適社稷壇 奉審唯謹

[석의(釋義)] 사직단(社稷壇)—옛날에 임금이 백성을 위하여 토신(土神)과 곡신(穀神)에게 제사지내던 제단으로서, 달리 말하면 왕이 백성을 낳고 길러주는 신에게 제사의 의식을 갖추던 곳이다. 사직(社稷)이란 국가란 의미로도 쓰이는 만큼 사직단은 국가의 신을 모신 곳이라고 할 수 있다. 그러므로 사직단은 당시에 있어서는 국민의 종교적 신앙의 중심이었다고 볼 수도 있을 것이다.

임지에 도착하자마자 부하 직원들의 면접 신고를 받는 것은 하나의 관례일 것이다. 그러나 그것이 지방민과의 첫 대면이라는 점에서 중요한 절차의 하나가 아닐 수 없다.

『대학』에서 이르기를 "너그러우면 대중을 얻는다"고 하였는데 관대한 태도는 그들의 마음을 얻는 지름길 됨을 의미한다. 부임 초부터 너무 각박하게 단속하고 사사건건 이러쿵저러쿵 따지면서 엄격하게 다루는 것보다도 관용적인 태도로 나아가는 것이 바람직하다고 본다.

그러나 사무적인 처리에 있어서는 엄격한 일면을 보여주어야 한다. 더욱이 부정이 있었을 적에는 아주 엄격한 태도로 일일이 따지는 치밀성을 부하 직원들에게 보여주기도 해야 한다. 그러므로 대인관계에 있어서는 관대하여야 하고 부정을 척결할 적에는 엄격하게 다루어야 하며 사무처리는 간략하게 하도록 하고 이를 치밀하게 검토하여야 할 것이다.

면접이 끝난 직후라도 긴급 사항은 곧바로 결재하는 것이 좋을 것이요 부임사는 되도록 간결한 것이 좋을 것이다.

다음으로 중요한 것은 목민관의 신념의 문제라고 할 수 있다. 자기 일에 자신이 없으면 남의 말에 흔들리기 쉽다. 목민관이 되고 보면 자신을 가지고 행정에 임함으로써 비로소 실적을 거둘 수 있음은 다시 말할 나위도 없다. 옳은 일에 신념을 가지고 밀고 나가지 않으면 백성들이 믿고 따라주지 않을 것임을 알아야 한다.

면접을 끝내고 마음다짐을 굳힌 후에는 관아 밖으로 나아가 여러 중요 기관을 예방하는 순서가 된다. 『목민심서』의 기록으로는 향교와 사직단을 들고 있지만 이들에 대한 현대적 의미는 따로 찾아보아야 할 것이다.

향교란 본래 지방에 있어서의 향학으로서의 교육기관이요, 그것은 사회교육의 기능도 갖추었고, 나아가서는 문화활동의 중심을 이루고 있었던 것이다. 그러나 오늘에 있어서는 그러한 기능들이 다 없어지고 오직 춘추석전의 제사 기능을 통하여 유림의 집합처로 되어 있을 따름이다. 따라서 향학 기능은 교육청을 중심으로 하여 분리되었고 사회교육 기능은 많은 사회단체들이 서로 나누어 갖게 된 것이 오늘의 실정이다. 그러므로 오늘에 있어서의 목민관의 예방은 향교보다도 차라리 각급 교육기관과 문화단체를 골고루 찾아보는 것이 좋을 것이다.

옛날 사직단은 국가의 신을 모신 곳이기 때문에, 사직단은 당시에 있어서는 국민의 종교적 신앙의 중심이었다. 그러므로 목민관의 사직단 심방은 국가의 신에 대한 중심이란 점에서 종교적 의미가 짙다. 오늘에 있어서는 종교의 자유 시대라는 점에서 이미 유명무실하게 된 사직단보다도 차라리 여러 종교단체를 예방하여 앞으로의 협력을 요청하는 것이 바람직할 것이다.

여기에 곁들여서 여성단체라거나 노인단체 등에도 들러 그들의 어려운 사정 같은 것을 묻기도 하고 도움될 말 같은 것을 듣기도 하는 것도 목민관의 폭넓은 활동의 일면이라 하겠다.

6. 취임 첫날 첫솜씨 — 이사(莅事)

이튿날 아침부터 일찍 자리에 앉아 사무를 처리해야 한다. 이날
로 유생들이나 지방민들로 하여금 그들의 고충을 진언하게 하
라. 들어온 지방민의 소장은 그날로 간결하게 처결해야 한다.
지방민들과 약속하는 몇 가지 조건을 성명서로 발표하고 바깥
문설주에 북 하나를 걸어놓게 하라. 관청 일은 기한이 있어야
한다. 기한이 미덥지 않으면 백성들은 명령을 장난으로 여길 것
이니, 기한이란 믿도록 만들어야 한다. 기한은 일력에 맞추어
기록해 두는 것이 좋다. 그 이튿날 지방 현황 지도를 그려 벽에
붙여 놓도록 하라. 인장과 서명은 분명해야 한다.

[原文] 厥明開坐 乃位官事 是日發令於士民 詢瘼求言 是日有民訴之狀
其題批宜簡 是日發令以數件事與民約束 遂於外門之楔特懸一鼓 官事有
期 期之不信 民乃玩令 期不可不信也 是日作適曆小冊 開錄諸當之定限
以補遺忘 厥明日召老吏 令募畵工作本縣四境圖 揭之壁上 印文不可漫滅
花押不可草率 (是日刻木印幾顆 頒于諸鄕)

[석의(釋義)] 소장(訴狀)—당시의 수령(守令)은 행정(行政) 사법권
(司法權)을 한 손에 쥔 절대 권력자였다. 그러므로 그들의 고소
장(告訴狀)은 거의가 민사소송(民事訴訟)에 관한 것이라고 할 수
있다. 가령 전토(田土)·노비(奴婢)·채무·살인 등 수령의 명판

(明判)과 재량(裁量)에 기대했던 것이 태반이다.

목민관으로서 지방민과 가까워지는 길은 서로 말문을 트고 말길을 열어 놓는 데 있다고 해야 할 것이다. 그러기 위해서는 어떠한 방법에 의해서든지 간에 지방의 부로들이 스스럼없이 나와서 진언할 수 있는 기회를 만들어 주는 것이 바람직할 것이다.

그러나 우리가 여기서 주의할 점이 있다면 그것은 다름이 아니라 지방 부로, 곧 지방유지들의 진언이 결코 개인적인 것이 되어서는 안 된다는 사실이다. 다시 말하면 공사가 아니면 목민관을 면접할 수 없다는 규율을 세워야 함을 의미한다. 그러므로 모든 진언은 집단화하여 이를 문서화하는 것이 바람직하다. 모든 유언비어는 모름지기 말길이 막힌 데에서 이루어진다는 사실을 명심해야 할 것이다.

모든 사무 처리는 속결주의를 취하되 조사·검토는 신중을 기하도록 해야 한다. 우유부단하여 결단을 머뭇거린다면 그의 피해는 민원을 내놓은 백성들에게 떨어진다는 사실을 알아야 한다.

얼추 관내 실정이 파악되면 관내의 유력한 인사들을 초청하여 분야별로 시정 방침을 브리핑하여 주고 그들의 협력을 구하도록 하는 것이 좋을 것이다. 꼭 성명서의 형식을 갖추지 않는다 하더라도 관내에 시정 방침을 홍보한다는 것은 매우 중요한 일이 아닐 수 없다.

시정 방침뿐만 아니라 관내에서 진행되고 있는 모든 사업들도 그의 규모나 일정을 널리 알리는 일을 게을리 해서는 안 된다. 목민관으로서는 관내 사업들의 일정을 항상 점검함은 물론 그의 진행 일정에 조금도 어긋남이 없도록 세심한 노력을 기울여야 한다.

모든 사무의 기한이 엄수되어야 한다는 사실은 사무 집행상 하나의 상식에 속하는 문제라고 할 수 있다. 그러나 민간에서 지켜야 할 사무적 기한은 언제나 그 기한을 지킬 수 있는 시간적 여유를 주어야 하며, 아울러 그 기한을 알리는 홍보가 빠짐없이 철저하게 이루어져야 한다. 만일 그렇지 못한 경우가 생기면 백성들은 놀라 허둥지둥하게 되며 그로써 민원의 씨앗이 되기 쉬울 것이다.

관내 지도는 자세할수록 좋을 것이다. 도로·하천·교량 등 지세와 점포·사찰·학교·중요기관 등의 시설과 어업·공업·토산물 등 산업 자원과 나루터·해수욕장·호텔 등 관광 요소 등 다양한 내용을 한 폭에 싣기는 어렵기 때문에 이를 몇 폭의 지도로 나누어서 작성하는 것이 훨씬 효율적일는지 모른다. 예컨대 지세도·산업도·교육도·관광도·기상도·인구도 등으로 세분하여 비치하도록 해야 함을 의미한다.

가랑잎은 떡잎부터 알아본다는 속담이 있다. 가랑잎이란 '넓은 잎나무가 저절로 떨어진 마른 잎'을 말하는 것이요, 떡잎이란 '씨앗에서 움이 튼 어린 식물에 맨 처음에 나오는 잎'을 가리킨 것으로서 한마디로 말하라 한다면 어떠한 일이건 간에 모든 일의 종말은 그의 시작에서 이미 싹이 튼다는 것을 뜻하고 있다. 다시 말하면 가랑잎으로 끝맺을 잎은 그의 싹이 이미 떡잎 속에 깃들여 있음을 의미한다.

청렴결백한 목민관이 되느냐, 아니면 탐관오리로서의 수령이 되느냐의 갈림길은 이미 그가 목민관으로서의 수임을 맡은 첫 출발에서 판가름이 난다.

그러므로 그는 수령으로서의 수임을 받자마자 말과 태도를 목민관답게 다듬어야 하며 실제 행동에 있어서도 근검절약하여 백성들로 하여금 그를 칭송하며 따르게 하여야 한다.

부하 직원들이나 지방의 부로들을 만나 접대할 적에는 항상 과묵하여 많은 말을 지껄이거나 아니면 속담 패설로 시시닥거려서는 안 될 것이다. 더욱이 회로애락이 지나치게 드러남으로써 흐트러진 모습을 보여서도 안 된다.

목민관의 고요하고도 화평한 모습은 봄바람처럼 인심을 훈훈하게 해 줄 것이다. 그리하여 부로들의 말문을 열어줌으로써 맺힌 마음의 응어리를 풀어주도록 해야 한다. 온화한 목민관이어야만 그 앞에서 사람들의 말길이 트이게 될 것이다

목민관의 임무가 제아무리 바쁘더라도 고요한 새벽녘이라거나 아니면 집무의 여가를 타서라도 고요한 마음으로 책을 읽도록 해야 한다. 책 읽는 소리가 끊이지 않아야만 항상 맑은 기운이 정당에 가득하게 될 것이기 때문이다.

진실로 목민관의 떡잎은 그의 부임길에 이미 깃들여 있음을 알아야 할 것이다.

율기육조(律己六條) ·
먼저 그 마음의
자세(姿勢)를

1. 청아(淸雅) 장중(莊重)한 몸가짐 — 칙궁(飭躬)

절도 있게 행동하고 의복은 단정하게 입으며 장중한 태도로 백성을 대하는 것이 옛날 사람들의 법도였던 것이다. 틈이 나거든 정신을 가다듬고 안민의 방책을 생각하되 지성껏 최선을 다하라. 말은 많이 하지 말고 불쑥 성을 내지도 말라. 아랫 사람에게 너그러우면 순종하지 않을 사람이 없다. 그러므로 공자는 "웃사람이 너그럽지 못하고 예를 드리되 공경할 줄 모른다면 난들 그를 어떻게 여겨야 할지!"(『논어』, 「팔일」) 하였고, "너그러우면 대중을 얻게 된다"(『논어』, 「요왈」)고도 하였다. 관청에서의 체모는 되도록 엄숙해야 하니, 그의 곁에 쓸데없는 사람이 있어도 안 된다. "군자가 묵직하지 않으면 위엄이 없다"(『논어』, 「학이」) 하였으니, 백성을 위하는 사람은 불가불 신중해야 한다. 술도 끊고 여색도 멀리하며, 노래와 춤도 물리치고, 단정하고 엄숙하되 제사를 모시듯 하며, 행여나 유흥에 빠져 정사를 어지럽히거나 버려두는 일이 없도록 하라. 한가로이 놀면서 풍류를 즐기는 행동을 백성들은 좋아하지 않는다. 단정히 앉아서 아무것도 하지 않는 것만 같지 못하다. 치적도 이미 드러나고 대중의 마음도 이미 흐뭇해지면 문화제 같은 놀이로 백성들과 즐기는 것쯤이야 그전 사람들도 즐겨하던 일이었다. 두어 사람만 데리고 부드러운 얼굴로 찾아가 그들의 고충을 캐어묻는다면 기뻐하지 않을 사람은 없을 것이다. 정당에서 글 읽는 소리가 새어나온다면 청아한 선비랄 수밖에. 만일 시만 읊조리며 바둑이나 즐기면서 저 할 일을 모조리 부하에게 떠맡기는 따위의 행동은 절대로 안 된다. 관례에 따르는 사무는 간소화하고 대체만을 쥐고 앉아 있는 것도 한 방법이기는 하지만 다만 시대의 풍조가 청아하고 순박하며 지위와 명망이 아울러 높은 사람만이 그럴 수 있을 것이다.

[原文] 輿居有節 冠帶整飭 蒞民以莊 古之道也 公事有暇 必凝神靜慮 思量安民之策 至誠求善 毋多言毋暴怒 御下以寬 民罔不順 故孔子曰居 上不寬 爲禮不敬 吾何以觀之 又曰寬則得衆 官府體貌務在嚴肅 坐側不 可有他人 君子不重則不威 爲民上者不可不持重 斷酒絶色 屛去聲樂 齊 遬端嚴如承大祭 罔敢游豫以荒以逸 燕游般樂匪民攸悅 莫如端居而不動 也 治理旣成 衆心旣樂 風流賁飾 與民皆樂 亦前輩之盛事也 簡其騶率 溫其顔色以詢以訪 則民無不悅矣 政堂有讀書聲 斯可謂之淸士也 若夫哦 詩睹棋委政下吏者 大不可也 循例省事 務持大體 亦或一道 唯時淸俗淳 位高名重者 乃可爲也

[석의(釋義)] 문화제—전 국민이 함께 즐길 수 있는 예술 및 문화적 행사를 통칭한 말이다. 그중에는 전국적인 행사도 있겠지만 지방적 특색을 지닌 것도 있고 지방적인 것 중에는 어느 특정 인물에 관한 것—춘향제(春香祭), 역사적 전통에 관한 것—신라 문화제, 지방적인 것—남도 문화제 따위가 있다. 특정한 명절—3.1절·추석절 등을 범국민적인 행사로 꾸며 외국인의 사육제(謝肉祭)처럼 지낼 수도 있을 것이다. 어쨌든 온 국민이 함께 즐길 수 있는 민족 문화의 향연(饗宴)을 뜻하는 것이다.

인간이란 본래 상반된 두 가지 요소에 의하여 조절되는 이중 구조를 가진 생명체이다. 다산은 이를 영지(靈知)와 형구(形軀)로 나누면서 '영지'는 도심(道心)의 근본이 되고, '형구'는 인심(人心)의 근본이 된다고 하였다. 이를 달리 말한다면 '도심'은 이성(理性)의 도덕적 판단 능력이요, '인심'은 감성(感性)의 사욕(私欲)이라 이를 수 있다.

그러므로 이 '도심' 인욕을 억누르는 마음가짐을 『논어』에서는 극기(克己)라 하였는데, 다산은 이를 칙궁(飭躬)이라 하였다. '극기'는 마음가짐이요 '칙궁'은 몸가짐이라 할 수 있다.

그러나 마음—정신—이 없는 몸뚱이만은 있을 수 없고 몸에 의지하지 않는 마음만의 존재는 생각할 수 없기 때문에 마음가짐은 곧 몸가짐이요 몸가짐은 곧 마음가짐의 다른 일면이 아닐 수 없다.

그러므로 우리는 여기서 마음—정신—과 몸—육체—은 둘이 아니요 하나라는 사실을 알게 되었다. 그러나 도심, 이성 또는 도덕적 판단력, 양심 같은 것들이 내 자신의 물욕·명예욕·권력욕·식색욕과 같은 것들을 극복하지 않고서는 올바른 정신자세를 가눌 수 없다는 사실을 지적하지 않을 수 없다.

이러한 정신자세를 가누기 위하여서는 사람들은 누구나 자기성찰(自己省察) 또는 자기반성(自己反省)의 과정을 밟아야 한다. 그리하여 모든 욕심을 극복하고 고요히 맑은 마음을 찾아내기 위하여 옛 성현들의 글을 읽기도 하고 행적을 살피기도 해야 하는 것이다. 소위 청백리로서의 청심과욕(淸心寡欲)이란 이를 두고 이른 말이다.

사람의 마음이란 형체도 없고 질량도 없고 소리도 없고 냄새도 없지만 그것은 그 사람의 얼굴이나 행동이나 나아가서는 그 사람의 하는 일에 그대로 나타난다. 그러므로 마음가짐은 남은 보지 못하지만 나만이 간직하고 있는 세계인 것이다. 옛 성현들이 홀로 있을 때를 삼가라[愼獨] 하였고, 네 자신을 속이지 말라[毋自欺] 하였고, 생각이 사특해서는 안 된다[思無邪] 한 것은 다 이를 두고 이른 말이 아닐 수 없다. 그러므로 다산이 목민관으로 하여금 술을 끊고 색을 멀리하며 온갖 풍류와 놀이를 경계하게 한 것은 행여나 마음이 흐려지거나 부질없는 욕심이 싹틀까 봐 이를 경계하도록 한 것이다.

여기서 우리가 생각할 수 있는 것은 물욕을 멀리하는 목민관은 오로지 인민만을 위하고 인민만을 사랑하는 마음으로 가득 차게 될 것임이 분명하다.

그러므로 그의 정성은 하늘에 닿게 될 것이니 이를 일러 우리들은 지성감천(至誠感天)이라 이른다. 그는 오로지 그가 거느리는 백성과 더불어 즐거움을 함께할 따름일 것이니 이를 일러 여민동락(與民同樂)이라 이르는 것이다. 아브라함 링컨의 삼민(三民)에 이어서 여민(與民), 곧 인민과 더불어 슬픔이나 즐거움을 다 함께 하는 개념이 여기서 일깨워진다. 모든 문화행사를 통하여 백성과 더불어 고락을 함께하는 목민의 깊은 뜻이 여기에 스며 있다.

2. 탁류(濁流) 속의 맑은 빛 — 청심(淸心)

청렴이란 목자의 본무요, 갖가지 선행의 원천이요, 모든 덕행의
근본이니, 청렴하지 않고서 목자가 될 수는 절대로 없다. 청렴
이야말로 다시 없는 큰 장사인 것이다. 그러므로 큰 욕심쟁이일
수록 반드시 청렴한 것이니, 사람이 청렴하지 못한 까닭은 그의
지혜가 짧기 때문이다. 그러므로 예로부터 깊은 지혜를 가진 선
비로서 청렴을 교훈 삼고 탐욕을 경계하지 않는 이는 없었다.
목자로서 청백하지 못하면 백성들은 그를 도둑으로 지목하고,
그가 지나가는 거리에선 더럽다 꾸짖는 소리로 들끓을 것이니
부끄러울 노릇이다. 뇌물을 주고받되 뉘라서 비밀히 아니하랴마
는 한밤중의 거래도 아침이면 벌써 드러나는 법이다. 보내어 준
물건이 비록 작은 것이라도 은혜가 맺힌 곳에 사정은 이미 오고
간 셈이다. 청렴한 관리를 귀하게 여기는 까닭은 그가 지나치는
곳에서는 산림·천석(川石)이라도 모조리 맑은 빛을 받게 되기
때문이다. 한 고을 물산으로서 진귀한 것이면 반드시 민폐가 된
다. 단장 한 개라도 가지고 가지 않는다면 '청렴하다' 할 수 있
을 것이다. 그러나 꿋꿋한 행동이나 각박한 정치는 인정에 맞지
않으니, 사람다운 이는 그렇게 하지 않는다. 청백하면서 치밀하
지 못하거나 재물을 쓰고도 결실을 못 보는 따위의 짓은 칭찬거
리가 못된다. 관청에서 사들이는 물건값이 너무 싼 것은 싯가대
로 주는 것이 좋다. 잘못된 관례는 기필코 뜯어고치되 혹시 못

고치더라도 나만은 범하지 말라. 귀중품을 사들일 때는 통장이 있는 게 좋다. 날마다 쓰는 물품 출납부는 주목할 것도 없이 슬슬 넘기는 것이 좋다.

목자의 생일날 부하들이 성찬을 바치더라도 받아서는 안 된다. 재물을 희사하는 일이 있더라도 소리 내어서 말하지 말고, 하는 체 내색하지도 말고, 남에게 말하지도 말고, 전 사람의 잘못을 들추지도 말라. 청렴하면 은혜롭지 못하기에 사람들은 가슴 아프게 여기나 무거운 짐일랑 자기가 지고 남에게는 수월하게 해주면 좋을 것이요, 청탁하는 일을 않는다면 청렴하다 할 수 있을 것이다. 청백한 명성이 사방에 퍼지고 선정하는 풍문이 날로 드러난다면 인생의 지극한 영광이 될 것이다.

[原文] 廉者 牧之本務 萬善之源 諸德之根 不廉而能牧者 未之有也 廉者 天下之大賈也 故大貪必廉 人之所以不廉者其智短也 故自古以來凡智深之士 無不以廉爲訓以貪爲戒 牧之不淸 民指爲盜 閭里所過醜罵以騰 亦足羞也 貨賂之 行誰不秘密 中夜所行 朝已昌矣 饋遺之物 雖若微小 恩情旣結 私已行矣 所貴乎廉吏者 其所過山林泉石悉被淸光 凡珍物産本邑者 必爲邑弊 不以一杖歸 斯可曰廉者也 若夫矯激之行刻迫之政 不近人情 君子所黜非所取也 淸而不密 損而無實 亦不足稱也 凡買民物其官式太輕者 宜以時直取之 凡謬例之沿襲者 刻意矯革 或其難革者 我則勿犯 凡布帛貿入者 宜有印帖 凡日用之簿 不宜注目 署尾如流 牧之生朝 吏校諸廳或進殷饌 不可受也 凡有所捨 毋聲言毋德色 毋以語人 毋說前人過失 廉者寡恩 人則病之 躬自厚而薄責於人 斯可一矣 干囑不行焉 可謂廉矣 淸聲四達 令聞日彰 亦人世之至榮也

[석의(釋義)] 목자(牧者)—수기치인(修己治人)의 전인적(全人的) 인격(人格)을 갖춘 이를 가리킨다. 그러므로 그는 군자(君子)인 동시에 현인(賢人)이기도 한 것이다. 목민관이란 목자가 치인(治人)의 자리에 앉은 이를 말하는 것이어니와 목자가 그 자리를 떠나면 한 사람 군자일 따름이다. 그런 뜻에서 목자란 우리들이 추구하는 한 이상적 인간상이라고 해야 할는지 모른다.

청백리(淸白吏)가 되느냐, 아니면 탐관오리(貪官汚吏)가 되느냐는 잠깐에 갈라지는 자로서 백지장 한 장 차이밖에 되지 않는다. 왜냐하면 이성이 탐욕을 이기면 청백리의 길이 트이지만, 탐욕이 이성의 지시를 거역하면 결국 탐관오리가 되고 말기 때문이다. 다시 말하면 청백리와 탐관오리의 차이는 그가 이성의 지시를 따르느냐 아니면 탐욕의 유혹에 빠지느냐에 따라서 결정지어지기 때문이다.

목민관에게 있어서는 하나도 청렴이요, 둘도 청렴이요, 셋도 청렴이니만큼 청렴이란 목민관의 제일의적인 요건이 아닐 수 없다. 그러므로 다산은 청렴이란 천하의 근본이라고까지 말하고 있다.

탐욕이란 청렴의 반대 개념으로서 코앞에 일만 생각하는 사람들만이 빠지기 쉬운 함정이다. 생각이 짧거나 멀리 볼 줄 모르는 위인들은 끝내 탐욕의 구렁에서 헤어나오지 못하고 패가망신하는 사례를 우리는 수없이 보아오건만 청백리의 길은 아득하고 멀기만 하다. 왜냐하면 도도한 탐욕의 탁류 속에서 한 줄기 맑은 물줄기를 찾기란 그리 손쉬운 일이 아니기 때문인지도 모른다.

청렴하다는 것은 그의 마음이 맑고 깨끗함을 의미한다. 게다가 검소하고 어쩌면 모나기까지 해야 한다. 맺고 끊는 차가움이 있어야 한다. 그러기 때문에 지나칠 정도로 청렴하다 보면 은혜로운 덕이 부족하게 될 수가 있다.

다시 말하면 탐욕스런 수령은 큰 도적이 될 우려가 있지만 청렴결백한 수령에게서는 따뜻한 은혜를 입기가 어렵다. 그러므로 무엇이나 지나치면 하나의 병폐로 나타나기 때문에 다산은 지나친 청백리의 행정이 자칫하면 각박한 행정으로 바뀌지나 않을까 걱정하기도 한다. 우리나라 속담에 "바늘로 찔러도 피 한 방울 나오지 않는다"는 냉혈적인 행정이 되지 않도록 경계한 것은 청렴의 그늘진 일면을 지적했을 따름이지 청렴 그 자체의 덕을 손상하는 지적은 결코 아니다.

실로 인생의 지극한 즐거움은 어디에 있으며 어디서 찾아야 할 것인가? 목민관의 행적이 사방으로 퍼져 나와 맑은 기운이 영내에 가득하다면 이 아니 즐거운 일이겠는가? 그것은 오직 눈앞에 놓여진 작은 이익을 탐내지 않고 먼 앞길을 내다보는 슬기로운 목민관만이 가지고 느낄 수 있는 즐거움이 아닐 수 없다. 뿐만 아니라 그의 영달의 길도 영문사달(令聞四達)함으로써 트이게 된다는 사실을 알아야할 것이다.

실로 청렴이야말로 장사 중에서도 큰 장사라는 소이가 여기에 있는 것이다.

3. 법도(法度)의 울타리 ― 제가(齊家)

자신을 가다듬은 후라야 집안을 단속하게 되고, 집안을 단속한
후라야 나라를 다스리게 되는 것은 어디서나 통하는 진리이거
니와 한 지방을 다스리려는 이도 먼저 제 집안을 잘 단속해야
한다. 국법에 어머니를 공양하는 가족 수당은 지출하지만 아버
지 공양을 위한 비용은 셈해 주지 않으니, 그럴 만한 이유가 있
는 것이다. 청백한 선비의 부임 길에는 가족을 따르게 해서는
안 된다. 가족이란 처자를 가리킨 말이다. 형제끼리 서로 보고
싶을 때는 가끔 오고 가되 오래 머물러서는 안 된다. 이사 오는
가족들의 몸치장은 검소해야 한다. 사치스런 의복을 민중들은
싫어하고 귀신들도 질투한다니 복을 터는 짓이다. 사치스런 음
식은 살림을 망치고 물자도 바닥날 것이니 재앙을 불러들이는
길이다. 집 안팎을 엄하게 단속하지 않으면 집안 법도가 문란해
진다. 가정에서도 그렇거늘 하물며 관청에서랴. 법을 마련하여
엄하게 다루려거든 우뢰처럼 두렵고 서리처럼 차갑게 하라. 청
탁할 길이 없고 뇌물 넣어 줄 방법이 없어야 가도가 바로 선 가
정이랄 수 있을 것이다. 사랑하는 계집이 있으면 아내는 그를
미워하려니와 아차 한번 잘못을 저지르면 소문은 퍼져 골 안에
가득할 것이니 미리 사욕을 끊고 후회함이 없도록 하라. 어머니
가르쳐 주시고 처자들은 타이름을 듣는 집이라야 법도 있는 집
안이라 할 수 있고, 민중들도 그를 본받을 것이다.

여기서 말하는 '집안'이라는 개념은 혈연(血緣)으로 맺어진 하나
의 생활 집단으로 한 집안에서는 나를 중심으로 하여 부모·형제·
부부 등의 윤리 관계가 서로 얽혀 있다. 이러한 육친관계는 그들이
비록 한 울안에서 살지 않는다 하더라도 결코 단절할 수 없는 천륜
(天倫)인 것이다.

여기서 소위 집안을 단속한다는 것은 바로 부자·형제·부부라는
인륜관계를 어떻게 조절하느냐는 문제에 속한다. 왜냐하면 이들의
윤리적 인간관계는 비록 피로 맺어진 천륜이라 하더라도 거기에는
인정과 이해가 서로 얽혀 있기 때문이다. 그러므로 수령이 되어 지
방으로 떠나야 하는 목민관으로서는 무엇보다도 먼저 이러한 가족
관계를 어떻게 처리해야 하느냐 하는 문제에 직면하게 된다.

첫째, 청백리가 되자면 가족, 곧 집안을 잘 단속해야 한다는 점에
있어서는 예나 지금이나 조금도 다르지 않은 것 같다. 옛날에도 뇌
물이나 청탁은 가족들을 통하여 이루어지는 수가 많기 때문에 많은
가족들을 데리고 부임하는 것을 못마땅하게 여기었다. 그러므로 윤
리관계가 다소 소홀하게 되더라도 어머니의 부양비는 지급하되 아

버지의 봉양비는 지급하지 않음으로써 청탁을 받아들이기 쉬운 아버지의 동행을 가급적이면 막으려 하였고 그러한 점에서 형제간의 방문도 장기간 체류하는 일이 없도록 경계하였던 것이다.

근래에 와서는 육친(六親) 중에서도 부자·형제보다는 차라리 부부라는 핵가족 개념이 가정의 개념의 중심이 되어 가고 있기 때문에 부녀자를 통한 청탁이나 뇌물이 오고 갈 승산이 크다고 말할 수 있다. 그러므로 청백리로서의 목민관이 되려면 자기 자산만 청백하다고 해서 되는 것이 아니라 부모·형제·처자들, 곧 집안을 잘 다스려야만 된다는 사실을 우리는 이로써 알 수가 있다.

둘째, 집안을 단속하는 측면에서 볼 때 가족들의 사치풍조는 목민관으로 하여금 부정을 저지를 수 있게 하는 간접적인 요인이 된다는 사실을 지적해야겠다. 부녀자들의 사치 중의 첫째는 의복 사치요, 둘째는 음식 사치이다.

다음으로는 집안을 장식하는 가재도구를 빼놓을 수 없으며 다양한 액세서리로서의 금·은·보석을 또한 빼놓을 수가 없다. 게다가 고급 승용차에 이르러서는 사치 중에서도 고급 사치라 이르지 않을 수 없다.

청백리의 미덕은 근검·절약에 있음은 다시 말할 나위가 없다. 그러므로 설령 재력이 넉넉하여 다소 사치스런 의복이나 가재도구를 차릴 수 있다 하더라도 만인의 사표가 되어야 할 목민관으로서는 그러한 여유는 저축으로 돌리고 자신의 생활은 항상 서민대중과 더불어 검소하게 꾸려나가도록 함으로써 청백리로서의 목민관의 신상에 누가 되지 않도록 노력해야 할 것이다.

목민관으로서 무엇보다도 먼저 집안을 잘 단속하여 가도를 바로 잡아야 하는 소이가 여기에 있는 것이다.

4. 피할 사람 만날 손님 — 병객(屏客)

대체로 관청에 손님이 있는 것은 좋지 않다. 서기 한 사람만이 안심부름까지 겸하도록 하라. 지방 사람이나 이웃 고을 사람을 불러다 만나는 것은 좋지 않다. 대체로 관청 안은 엄숙하고 참신해야 한다. 친척이나 친구가 관할 지역 안에서 살면 단단히 약속하되 서로 의심스럽거나 헐뜯거나 하는 일이 없이 좋은 정분을 갖도록 하는 것이 좋다. 중앙의 고관이 사신을 보내어 뇌물로 인연을 맺기를 청하더라도 들어주어서는 안 된다. 가난한 친구나 궁한 친족이 멀리 찾아오거든 반겨 맞아 후히 대접한 후 돌려보내는 것이 좋을 것이다. 잡인 출입금지는 엄중히 해야 한다.

[原文] 凡官府不宜有客 唯書記一人兼察內事 凡邑人及鄰邑之人不可引接 大凡官府之中宜蕭蕭淸淸 親戚故舊多居部內 宜申嚴約束以絶疑謗以保情好 凡朝貴私書以關節相託者 不可聽施 貧交窮族自遠方來者 宜卽延接厚遇以遣之 閽禁不得不嚴

[석의(釋義)] 병객(屏客)—손을 물리침. 즉 면회사절(面會謝絶)의 뜻

지방장관이라 부르는 수령의 지위는 막강한 것이 되기 때문에 그를 찾는 많은 부류의 사람(손님)이 있는 것은 당연하다. 권문세가(權

門勢家)의 문전에는 항상 찾아드는 손님으로 저자를 이룬다는 말이 있는 것은 이 까닭이다. 수령의 관아도 결코 예외는 아닐 것이다. 그러므로 찾아드는 손님들을 어떻게 맞이해야 하는가를 목민관으로서의 수령은 깊이 생각하지 않을 수 없다.

지방장관인 수령을 만나려고 하는 인사의 종별은 각계각층을 망라하고 그 안에는 사사로운 친지나 친척도 끼어 있게 마련이다. 그리하여 그들이 수령을 만나고자 하는 목적 또한 각양각색이 아닐 수 없다. 그러나 이들이 만나고자 하는 목적의 내용이 적어도 공용(公用)이냐 아니면 사사(私事)냐 하는 점만은 엄격하게 구분되어야 한다. 다시 말하면 사사로운 청탁은 언제 어디서나 배격되어야 함에도 불구하고 그것이 하물며 관아의 면접실에서 이루어진다면 어찌 될 것인가? 근래에 우리 주변의 관청에는 버젓이 '청탁 사절'이라는 팻말이 고급관리의 책상 위에 놓인 것을 볼 수 있는데 이는 관청 안은 언제나 엄격하고 깨끗하고 맑아서 거기에는 털끝만큼이라도 사사로운 청탁이 끼어들 수 없게 하기 위함임을 알 수가 있다. 이러한 방문객은 이미 비서에 의하여 그의 면접이 거절되어야 함은 너무도 당연한 처사가 아닐 수 없다.

목민관으로서의 수령은 공사(公事)가 아니면 어떠한 계층의 인사와도 만나서는 안 된다. 공사가 아닌 손님의 면접은 거의 다 청탁이요, 아니면 빙공영사(憑公營私)의 농간이 끼어 있기가 쉽기 때문에 일체 면회사절로 임해야 마땅한 것이다.

그러나 이러한 엄격한 면회사절의 장벽을 뚫는 방법에도 가지가지가 있음을 알아야 할 것이다.

첫째는 대문짝만 한 중앙요로의 명함을 내밀고 들어오는 불청객을 들 수가 있다. 이는 소위 힘으로 청탁하는 유형에 속한다. 이는 모름지기 목민관의 첫 시련의 벽이라고 할 수 있다. 여기서 심약한 목민관은 자칫하면 굴복하거나 그들의 농간에 속아 넘어가기가 쉽다. 그러나 슬기로운 목민관은 이 고비를 넘겨야 한다.

둘째는 취미를 같이한다든지 학교의 동문이 된다든지 고향이 같다든지 하여 인간적인 친의가 두터운 사람의 자진 방문을 들 수가 있다. 그러나 이러한 사람들의 자진 방문은 공사의 처리에 방해가 될 뿐 아니라 스며드는 그들의 말속에 뜻하지 않은 함정이 들어 있는 수도 있다는 사실을 경계해야 한다. 그러므로 이들에게는 관기를 바로잡기 위하여 공사가 아닌 경우에는 가급적이면 찾아주지 말기를 간곡하게 부탁하면서 오해 없도록 이해를 구하는 것이 좋을 것이다.

셋째는 곤궁한 친구나 가난한 친척이 찾아오는 수가 있다. 이들은 의지할 데 없는 불쌍한 부류에 속하므로 동정의 여지가 없지 않지만 그러나 그것은 어디까지나 사사로운 인정의 문제에 속한다. 그러므로 그들을 각박하게 물리치지 말고 따뜻하게 대접하면서 가능한 한 후하게 대접하여 보내는 것이 바람직하다.

단적으로 말한다면 목민관이란 어디까지나 관할지역의 민생을 위하여 주야로 노심초사하는 것이 그의 본무이지 사사로운 인정에 끌려 종일토록 손님 치닥거리에 골몰하는 것이 결코 그의 책무는 아닌 것이다. 설령 민주 행정을 표방하여 관아의 문을 활짝 열어 놓는다 하더라도 한 사람의 수령이 만인을 상대할 수는 없는 만큼 그것은 결국 민원실의 기능에 속하는 문제라 해야 할 것이다. 그러므로 목민관은 모름지기 손님을 멀리함으로써 맑은 정신을 가다듬어 인민을 위한 정책을 세우는 데 전심전력해야 할 것이다.

5. 백성의 그 피와 땀을 — 절용(節用)

목민관 노릇을 잘하려면 자애로워야 하고, 자애롭자면 반드시 청렴해야 하고, 청렴하자면 반드시 절약해야 할 것이니, 재용의 절약은 목민관의 으뜸가는 임무인 것이다. 절약이란 제한을 둔다는 것이다. 제한을 두자면 법식이 있어야만 한다. 법식대로 하는 것이 재용을 절약하는 근본이다. 의복과 음식은 검소한 것을 법식으로 삼되 조금이라도 법식을 넘어서면 재용의 절제를 잃게 될 것이다. 공무를 띤 손님 접대도 먼저 법식을 정하고 미리 모든 준비를 담당 직원에게 맡기되 설령 남는 것이 있더라도 따지지 말라. 공출되는 물건일수록 더욱 절약해 써야 한다. 사재의 절약은 부인들도 잘하지만 공금의 절약은 백성들도 잘못한다. 공금을 사재 다루듯 한다면 아마도 현명한 목민관일 것이다. 전임되어 가는 날 반드시 장부 정리가 되어 있어야 한다. 장부 정리는 평소의 준비가 있어야 할 것이다. 천지가 만물을 낳되 사람으로 하여금 소용대로 쓰게 한 것이니, 한 가지 물건이라도 버리지 말아야만 "재물을 잘 다룬다"고 말할 수 있을 것이다.

[原文] 善爲牧者必慈 欲慈者必廉 欲廉者必約 節用者牧之首務也 節者限制也 限以制之必有式焉 式也者節用之本也 衣服飮食以儉爲式 輕踰其式斯用無節矣 (祭祀賓客雖係私事 宜有恒式 殘小之邑 視式宜減) (凡內饋之物咸定厥式 一月之用咸以朔納) 公門之饋 亦先定厥式 先期辦物以

受禮吏 雖有贏餘勿還追也 凡吏奴所供其無會計者 尤宜節用 私用之節
夫人能之 公庫之節民鮮能之 視公如私 斯賢牧也 遞歸之日 必有記付 記
付之數 宜豫備也 天地生物 令人享用 能使一物無棄 斯可曰善用財也

재용의 절약이란 목민관의 임무 중 가장 으뜸가는 것으로서 아무리 강조해도 지나치지 않을 것이다. 목민―애민―청렴―절약으로 이어지는 선은 목민관의 하나의 공식이 되어 있기 때문이다. 다시 말하면 목민관은 청렴해야 하고 청렴하자면 절약해야 하고, 절약하는 것은 곧 애민하는 길이기 때문이다.

절약이란 낭비의 반대 개념으로서 낭비는 사치를 수반하는 반면에 절약은 검소의 미덕을 낳는다. 절약은 의복이나 음식이나 가재도구나 일상생활용품에 이르기까지 검소한 절도를 지킬 줄 아는 목민관만이 해낼 수 있는 미덕이다.

절(節)이란 마디를 의미한다. 마디란 넘어서는 안 되는 한계인 것이다. 그러므로 모든 절이란 일정한 한계를 초과해서는 안 된다는 것을 의미한다. 흔히 우리는 남의 눈치를 보기 위해서, 혹은 남에게 자랑하기 위해서, 혹은 체면을 세우기 위해서, 혹은 윗사람에게 잘 보이기 위해서 한계를 넘어서는 경우가 많다. 이러한 일들이 허영에서 오는 과용인 줄 번연히 알면서도 이러한 관습에서 벗어나지 못하는 것은 스스로 용기가 부족하거나 아니면 신념이 부족한 까닭이라고 본다.

다산은 우리에게 범하기 쉬운 두 가지 인정의 아픈 곳을 찔러 주고 있다.

첫째는 공출된 물자는 공것인 양 절약해 쓸 줄 모른다는 점을 지적하고 있다. 절용이라고 할 때는 흔히 금전만을 생각하기 쉬우나 공용으로 쓰이는 모든 물자도 그 안에 든다. 나라의 물자도 우리는 아껴 쓸 줄 알아야 한다.

그러한 의미에서 근래에 도입된 새로운 절약의 개념에 에너지 절약이 있다. 가정에서 공장에서 그리고 거리에서 소모되는 에너지는 막대한 것이요 그것의 소비량은 국가의 발전과 더불어 증가일로에 있지만 그것이 아는 듯 모르는 듯 헛되게 낭비되는 부면이 지극히 방대한 양으로 헤아려진다는 사실도 우리는 잘 알고 있다. 우리들이 이에 협력하여 낭비를 덜게 하자면 일상생활에서 물 한 방울 전기 한 등에도 신경을 써야 하는 것이다.

둘째는 공금을 사용하되 사사로운 집안 살림하듯 알뜰하게 하라고 지적하였다. 물자와 마찬가지로 공금에 있어서도 사재보다는 허술하게 쓰기가 쉽기 때문에 이렇듯 공용도 사사로운 살림을 치르듯 한 푼에도 피가 나는 절약을 한다면 낭비란 발붙일 곳도 없게 될 것임은 다시 말할 나위도 없다.

아껴 쓰는 절용만이 청백리로 통하는 유일한 길임을 알아야 할 것이다.

6. 선심(善心)의 덕(德)과 특혜(特惠)
— 낙시(樂施)

절약만 하고 쓸 줄을 모르면 친척도 배반할 것이니, 덕을 심는
근본은 선심 쓰기를 즐기는 데 있는 것이다. 가난한 친구나 곤
궁한 친족들은 제 힘을 헤아려 두루 돌보아 주도록 하라. 내 집
광에 남아도는 물건이 있거든 남에게 주어도 좋거니와 공유 재
산으로 몰래 남의 사정을 돌보아 주는 것은 예가 아니다. 제 봉
급을 절약하여 지방민에게 돌려주거나 제 집 농사를 지어 친척
들의 부족 식량을 채워 준다면 아무도 원망하지 않을 것이다.
귀양살이들의 어려운 고비를 보살펴 주는 것도 인정 있는 사람
의 할 일이다. 전란 통에 떠돌며 갈 곳 없는 무리들을 달래어
거두어 주는 것은 의로운 사람의 할 노릇인 것이다. 권문 세도
가를 지나치게 후히 대우해서는 안 된다.

[原文] 節而不散 親戚畔之 樂施者 樹德之本也 貧交窮族 量力以周之
我廩有餘 方可施人 竊公貨以賙私人 非禮也 節其官俸以還土民 散其家
穡以瞻親戚則無怨矣 謫徒之人旅瑣困窮 憐而瞻之 亦仁人之務也 干戈
搶攘 流離寄寓 撫而存之 斯義人之行也 權門勢家 不可以厚事也

목민관은 모름지기 자애로운 마음으로 백성들의 어려운 사정을

보살피는 것이 그의 본무라 하겠는데 또다시 개인적으로 가난한 친구나 곤궁한 친척을 보살펴야 한다는 것은 무엇을 뜻하는 것일까? 이를 공·사로 따진다면 공이 아니라 사에 속하는 일인 것이다.

오늘날과 같이 직업에 귀천이 없고 지식과 능력이 있다면 어떠한 직업이건 간에 서슴지 않고 갖게 되기 때문에 지금은 옛날과 달라서 청빈낙도를 즐기는 가난한 선비는 찾아보기 힘들 것이다. 더구나 그러한 선비가 있다 하더라도 목민관인 수령의 관문을 두들기는 멍청한 사람은 없으리라고 본다. 그러나 오늘에 있어서의 양상은 달라져서 어쩌면 생활비나 노자의 도움을 청하기보다는 차라리 직장이나 이권의 청탁이 고작일는지 모른다. 그러므로 사재를 털어서 가난한 친구나 곤궁한 친척을 돕는 일은 지금은 수령의 소관이 아니라 차라리 신흥재벌의 소관으로 옮겨졌다고 보아야 할는지 모른다.

그러나 요즈음에 있어서도 하행성 자애의 덕이 필요한 것은 예나 지금이나 조금도 다르지 않다. 자기가 쓰고 먹고 남는 재물을 가지고 친구나 친척을 도울 뿐 아니라 그 범위를 넓혀서 어려운 이웃을 돕는 정신으로 이어진다면 선을 베풀어야 하는 정신은 고금이 다를 것 없음을 알게 될 것이다.

다산은 이들에게 남을 도울 수 있는 하나의 철칙을 제시해 주고 있다. 그것은 다름이 아니라 아껴 쓰면서 근검절약하는 사람만이 남을 도울 수 있는 여력을 갖추게 된다는 사실이다. 자신만을 위하여 잘 입고 잘 먹고 사는 사람 치고 남을 도울 수 있는 여유를 갖지 못할 뿐 아니라, 설령 그러한 여유가 있다 하더라도 그것을 자신을 위하여 쓸 따름이요 남을 위하여 쓰겠다는 마음은 털끝만큼도 없을 뿐 아니라, 그런 사람에게서 그런 선심을 기대할 수 없음은 너무도 자명한 일이 아닐 수 없다.

어쨌든 예나 지금이나 목민관에게 기대하는 것은 모든 사람에게 은혜를 베풀어야 하는 내리사랑이라 할 수 있다. 그것은 다시 돌아오기를 기대하는 사랑이 아니라 오직 먼 훗날을 위하여 은혜로운 덕을 심어놓을 따름인 것이다. 돌아보기를 기대하는 사랑은 타산적인 주고 받는 사랑이다. 여기서 오로지 주는 내리사랑이라 하는 것은 사랑하는 은혜를 베풀어주는 그 자체만을 즐거움으로 여기는 사랑일 따름인 것이다.

그러므로 지혜로운 목민관은 권문세도가의 문전에 후한 뇌물을 보내어 스스로의 출세를 꾀하는 그러한 어리석은 일은 하지 않을 것이다. 오직 하후상박(下厚上薄)만이 낙시(樂施)의 길임을 알고 목민관의 자리를 지킬 것이다.

목민관의 자리는 만민과 더불어 있는 자리이기 때문에 아무나 함부로 하겠다고 나설 수 없는 자리임은 이미 위에서 지적한 바 있다. 그러나 일단 목민관의 자리에 앉게 된다면 무엇보다도 먼저 올바른 정신적 자세를 가누어야 한다.

먼저 자신은 어떠한 일이 있더라도 청렴결백한 청백리가 되어야 하겠다는 각오가 서야 할 것이다. 청렴이야말로 목민관이 으뜸가는 책무이기 때문이다.

청렴하자면 자신의 사욕을 버려야 한다. 다시 말하면 모든 사욕을 극복하여야 맑은 정신으로 돌아갈 수가 있다. 이를 극기(克己) 또는 칙궁(飭躬)이라 하는 것은 스스로의 자의적인 노력을 곁들이지 않으면 결코 도달하기 어려운 경지이기 때문이다.

그러나 자신의 주변상황은 항상 탁한 물결이 그를 유혹하거나 아니면 함정에 빠지도록 강요하기도 하는 것이다. 그러므로 주변 인물들로서 가족들을 단속한다거나 친지나 친족들을 경계해야 함은 이 까닭이다. 자신을 가다듬음과 동시에 주변상황을 항상 경계해야 하는 까닭이 여기에 있다.

윗물이 맑으면 아랫물은 저절로 맑아지게 마련이다. 자신이 앞장서서 청렴한 행정을 시행하지 않는 한 부하들은 결코 따라오지 않는다. 솔선수범해야 한다는 사실은 이를 두고 한 말이다.

하늘이 비를 내려 만물을 소생시키듯 널리 은혜를 베풀어 대중을 구제하는 것만이 목민관의 천직임을 명심하는 자라야 그의 맑은 이름이 천추에 남게 될 것이다.

봉공육조(奉公六條)·
일상적(日常的)인
집무(執務)

1. 상명(上命)과 민의(民意)를 잇는 구름다리
— 선화(宣化)

시장 군수도 국가 정책의 선전 교화에 책임이 있는 것인데 지사만의 책임인 양하는 것은 잘못이다. 시정 방침이 시군에 도착하면 민중을 모아놓고 직접 구두로 설명하여 그 참뜻을 알게 하는 것이 좋을 것이다. 국경일의 경축사나 죄수의 대사령은 시군 관계관에게 바로 그 사실을 자세히 설명해 주고 백성들로 하여금 빠짐없이 알게 하라. 국민장의의 절차는 옛 법의 정신을 따라야 하므로 옛날 예법도 연구해 둘 필요가 있는 것이다. 국민장의 때 가무 음곡을 금하고 휴무하는 경우도 다 법례를 따르도록 해야 한다. 중앙 관서의 명령이라도 민심이 이를 받아들이지 않기 때문에 실행할 수 없거든 병을 핑계하고 벼슬을 그만두는 것이 좋다. 국가의 표창을 받게 되면 목자의 영광이지만 가끔 꾸중을 듣는 수도 있으니 목자는 항상 조심해야 한다.

[原文] 郡守縣令本所以承流宣化 今唯監司謂有是責 非也 綸音到縣 宜聚集黎民 親口宣諭 俾知德意. 教文赦文到縣 亦宜撮其事實 宣諭下民 俾各知悉 (凡望賀之禮 宜肅穆致敬 使百姓知朝廷之尊) 望慰之禮一遵儀注 而古禮不可以不講也 國忌廢事 不用刑不用樂 皆如法例 朝令所降 民心弗悅 不可以奉行者 宜移疾去官 璽書遠降 牧之榮也 責諭時至牧之懼也

[석의(釋義)] 선화(宣化)—선정(善政)을 폄. 덕화(德化)를 선포(宣布)함.

중앙관서를 나라의 두뇌라 한다면 지방의 수령은 나라의 눈이요 귀요 입이다. 나아가서는 나라의 손발이기도 한 것이다. 그는 인민들이 어떻게 살고 있는가를 눈여겨 보아야 하며 인민들의 미음의 소리(民聲)도 들을 줄 알아야 된다. 아울러 그는 그가 맡아서 다스리는 모든 사람들에게 정부의 뜻을 전하고 나라의 발전상을 알리고 변화하는 정책을 전달해야 하는 책임을 지고 있는 것이다. 어떠한 정책이건 간에 알리지 않고 시행을 강요한다면 그것은 인민을 속이는 것이 되고, 그것이 만일 인민의 생활과 직결되는 것이라면 결과는 인민을 학대한 것이 된다. 공자도 "인민을 가르치지 않고 싸움터로 보낸다면 그것은 인민을 죽음터로 몰아넣는 것과 같다" 하였는데 이는 극단적인 예이지만, 어쨌든 행정은 교화를 바탕으로 하는 행정이어야 함을 우리들에게 암시해주는 말이 아닐 수 없다.

이 글에서는 알리는 방법으로서 수령의 구두 전달을 종용하였으나 이는 원시적 방법임을 면치 못한다. 요즈음도 때에 따라서는 강연의 형식으로 구두 전달해야 하는 기회가 없지 않겠지만 신문이나 라디오, 텔레비전 등의 대중매체를 이용하는 길이 훨씬 간편하고 효과적임은 다시 말할 나위도 없다. 책자·전단 같은 유인물을 작성하여 널리 알리는 방법도 고려되어야 할 것이다. 그러나 이러한 대중매체를 통한 홍보에 있어서도 지사나 시장, 군수가 친히 대중의 앞에 서도록 하는 것이 바람직하고 그럼으로써 효과적인 성과를 거둘수 있을 것이다. 국가의 시책을 대중에게 알리는 과정에 있어서 극히 드문 사례이기는 하지만 인민들이 받아들이기 어려운 것이 있을 경우에는 어떻게 할 것인가? 이에 다산은 칭병사퇴(稱病謝退)를 종용하고 있다. 실로 용기 있는 목민관이 아니고서는 결행할 수 없는 용단인 것이다. 언제나 사직서를 품 안에 안고 공자의 가르침처럼 옳지 않은 부와 귀는 내게 있어서는 한낱 뜬구름 같다고 생각하는 목민관만이 결단을 내릴 수 있을 것이다.

여기서 다산은 또 한번 청렴한 목민관은 소신 있는 태도로 행정에 임해야 함을 촉구하고 있다. 소신대로 밀고 나아가다가 벽에 부딪히면 깨끗이 물러날 줄 아는 목민관이 되어 주기를 다산은 여기서 또 한번 기대해 보는 것이다.

2. 굽히지도 빼앗지도 말라 ― 수법(守法)

법이란 나라의 명령이다. 법을 지키지 않는다면 나라의 명령을
받들지 않는 셈이다. 그 나라 국민으로서 어찌 감히 그럴 수 있
을 것인가? 굳게 지키며 굽히지도 빼앗지도 말라. 문득 욕심이
움직이거든 물러앉아 하늘의 뜻에 귀를 기울이라. 대체로 국법
이 금하는 것과 형법에 실린 것들은 조심조심 두려워하면서 감
히 범하는 일이 없도록 해야 한다. 돈에 유혹되지도 말고 협박
에 굴하지도 말라. 그것이 지켜내는 방법인 것이다. 비록 상사
의 독촉이 있더라도 받아들이지 않는 대목이 있어야 한다. 해독
이 없는 법은 준수하면서 변경하려 하지 말고, 합리적인 관례는
준수하면서 없애 버리는 일이 없도록 하라. 지방 관례는 그 지
방의 법인 것이다. 그것이 이치에 맞지 않거든 이를 다듬어서
쓰도록 하라.

[原文] 法者 君命也 不守法是不遵君命者也 爲人臣者其敢爲是乎 確然
持守 不撓不奪 便是人慾退聽 天理流行 凡國法所禁 刑律所載 宜懍懍危
懼毋敢冒犯 不爲利誘 不爲威屈 守之道也 雖上司督之 有所不受 法之無
害者 守而無變 例之合理者 遵而勿失 邑例者一邑之法也 其不中理者 修
而守之

'극기'나 '칙궁'에 의하여 자율적으로 목민관의 올바른 자세를 가

누어야 하지만 한 나라를 유지하고 고을을 맡아서 다스리자면 거기에 따른 타율적 규범으로서의 법률이나 관례가 있게 마련이다. 자의적인 도덕률과는 달리 법의 규범은 타율적이기 때문에 이를 지키지 않는다면 그것은 죽은 공문서가 되고 마는 것이다. 그러므로 수령은 수법자로서 나라의 법도를 굳건히 세워야 할 무거운 책임을 지고 있는 것이다.

그럼에도 불구하고 어찌하여 법이란 지켜지기 어려우며 또는 법을 어기게 되는 것일까? 그 이유로는 두 가지가 있으니 하나는 이해 관계 때문에 어기게 되는 경우요, 또 다른 하나는 강력한 권력의 위협에 따른 위법 행위라 이를 수가 있다.

소위 우리 주변에서 아직도 완전히 가시지 않고 있는 부정부패란 거의가 자기 자신의 이익을 위하여 나라의 법이나 관례를 어기는 데서 우러나오고 있다. 그러므로 법을 지키기 위해서는 자신의 이욕을 억누르는 자율적 극기의 노력이 수반되지 않으면 안 된다.

흔히 법은 서민 대중보다는 오히려 법을 만들어내는 권력가들의 손에 의하여 깨어지는 수가 많다. 그것은 권력에 의한 위법 행위이다.

비록 상사의 명령이라 하더라도 그것이 만일 공법에 어긋나는 일이라면 의연한 태도로 이를 물리치고 굴복하지 않아야만 맹자가 이른바 '대장부'라 이를 수 있을 것이다. '대장부'란 따로 있는 것이 아니라 이욕에 유혹되지 않고 권력에 굴하지 않는 자인 것이다. 그러므로 결코 법은 권력의 시녀가 되어서는 안 된다. 오히려 법이란 지나친 권력의 횡포를 막아주고 또 건제해주는 것이어야 한다.

수령은 입법자가 아니라 수법자(守法者)인 것이다. 그러므로 수령은 백성들을 접할 때는 온유한 태도로 대하지만 법을 지킬 때는 추상같이 엄격해야 할 것이다.

지방민을 다스리는 관례는 대부분 인민들에게 불리한 조건으로 된 것이 많다. 국가 대 서민과의 계약 조문은 국가에 보다 더 유리하게 되어 있고 보험회사 대 가입자 간의 계약 관계는 피가입자에게 무척 불리하게 제정되어 있는 것이 하나의 상례로 간주되고 있다. 이런 것들은 급격한 철폐보다는 차라리 그 불합리한 측면을 수정하도록 꾸준히 종용하는 것이 좋을 것이다.

여기서 흔히 관계에 있는 몇 가지 법도를 살펴보면 다음과 같다.

하나는 가까운 친구끼리 같은 관계에서 상하 관계를 갖게 되는 경우가 있다. 맹자가 이른바 "관계에서는 관등이 우이다"라 지적했듯이 친구끼리라 하더라도 아랫사람이 윗사람에게 각별히 예의를 갖추는 것이 좋을 것 같다.

준법정신은 예나 지금이나 목민관이 갖추어야 할 기본적인 요건의 하나이기는 하지만 현대국가를 유지함에 있어서도 준법정신만은 절대적인 국민의 의무로 간주되고 있다. 자유 속에서도 법만은 엄격하게 지켜져야 하는 소이는 여기에 있다.

3. 공손하고 깨끗한 대인관계(對人關係)
── 예제(禮際)

예의를 갖추어 접촉할 때 군자는 이를 신중히 다루어야 한다. 공손함도 예의에 알맞아야 치욕을 면한다. 지방관과 지방 순찰관과 만나는 예의범절은 제정된 의례에 나와 있다. 감사는 법을 집행하는 관리다. 비록 그가 옛 친구라 하더라도 의지하는 마음을 갖지 말라. 하급 감영의 심판관은 상급 감영에 대하여 정성껏 공경하며 예를 극진히 갖추어야 하고 소홀히 해서는 안 된다. 상사가 부하 직원의 죄를 다스릴 때는 비록 사리에 어긋난다 하더라도 순종하며 어기지 않는 것이 좋을 것이다. 과실은 목민관에게 있는데 상사가 그로 하여금 그의 부하 직원을 다루게 하거든 죄수를 다른 관하로 옮겨 달라 하라. 상사의 명령이 공법에 어긋나고 민생들에게 해독을 끼칠 때만은 의연한 태도로 굽히지 말고 굳이 소신대로 나가야 한다. 예의는 불가불 공손해야 하고 의리는 불가불 결백해야 하는데 예의와 의리가 다 같이 갖추어진 데다가 온화한 모습으로 법도에 알맞으면 그를 군자라 하는 것이다. 이웃 지방과 서로 화목하며 예의로써 접촉하면 후회하는 일이 적을 것이다. 이웃 지방과는 서로 형제의 의가 있으니 그에게 설령 잘못이 있다 하더라도 서로 맞설 것은 없는 것이다. 서로 교대되면 동료의 우의가 있으니 뒤에서 당하기 싫던 일은 앞사람에게 하지 말아야(『대학』) 원망이 적을 것이다. 전관에게 흉허물이 있더라도 이를 감추어 주고 드러내지 말라. 전관에게 죄과가 있더라도 이를 메워 성립되지 않게 하라. 그리고 정책이 가혹했다거나 너그러웠거나 명령이 잘되고 못된 것이라거나 했던 것들은 실정에 맞추어 변경하면 허물이 있었더라도 바로잡아질 것이다.

[原文] 禮際者君子之所愼也 恭近於禮遠恥辱也 外官之與使臣相見 具有禮儀見於邦典 (延命之赴營行禮非古也) 監司者執法之官 雖有舊好不可恃也 營下判官於上營 宜恪恭盡禮不可忽也 上司推治吏校 雖事係非理 有順無違焉可也 所失在牧 而上司令牧自治其吏校者 宜請移囚 唯上司所令 違於公法 害於民生 當毅然不屈 確然自守 禮不可不恭 義不可不潔 禮義兩全 雍容中道 斯之謂君子也 鄰邑相睦接之以禮 則寡悔矣 鄰官有兄弟之誼 彼雖有失無相猶矣 交承有僚友之誼 所惡於後無以從前 斯寡怨矣 前官有疵 掩之勿彰 前官有罪 補之勿成 若夫政之寬猛令之得失 相承相變以濟其過

[석의(釋義)] 군자(君子)―사군자(士君子)라는 단어가 뜻하는 바와 같이 학식과 덕행(德行)이 겸비한 선비를 뜻한다. 『논어』「향당」편에서는 공자를 가리켜 군자(君子)라 하였지만, 공자가 소인(小人)과의 대조적인 의미로 쓴 군자는 그가 그리던 이상적 인간상(人間像)을 가리킨 말이다. 그러므로 공자학을 달리 군자학이라 하는 소이가 여기에 있다.

군자에는 두 가지 뜻이 있다. 하나는 덕(德)을 갖춘 인격자요, 다른 하나는 벼슬자리에 앉은 벼슬아치이다. 전자는 덕(德)이요, 후자는 위(位)를 기준으로 한 호칭이다. 그러나 고대에 있어서는 덕위일체(德位一體)를 이상으로 삼았기 때문에 덕(德)과 위(位)는 한 군자의 양면상에 지나지 않는다고 보아야 할 것이다. 이렇듯 공자가 추구하던 군자상은 맹자에 의하여 현인(賢人)이라고 부르게 되었다. 그리하여 공자의 군자는 수기군자(修己君子) 또는 신독군자(愼獨君子)가 되고 맹자의 현인(賢人)은 치국(治國) 평천하(平天下)를 일삼아야 하는 현자(賢者)가 된 것이다. 다산의 목자(牧者)는 수기치인(修己治人)의 전인적(全人的) 인격을 갖춘 사람이라는 점에서 공자의 군자상과 맹자의 현인상을 한 몸에 지닌 사람이라 해야 할 것이다.

‘예’라는 개념은 실로 폭넓고 다양한 의미를 가지고 있다. ‘예’란 본래 인간이 하늘의 뜻을 헤아리며 하늘을 경외하며 하늘에 호소하는 정성을 의식화한 데서 비롯하였지만 그러한 종교적 성격을 의식이 제도화함으로써 국가의 법이나 제도로 되기도 하고 관혼상제와 같은 사회적 관습이나 의례로 발전하기에 이른 것이다.

　그러나 예법의 본질적 기능은 조화를 이룩하자는 데 그 목적이 있으니 하늘을 우러르는 ‘경천’의 예는 하늘과 인간과의 조화를 이루는 길을 트는 의식이요, 인간끼리 주고받는 예는 인간과 인간과의 관계를 조화하자는 데 그 목적이 있는 것이다. 그러므로 이러한 ‘예’가 가지는 조화의 기능은 국가를 안정시키는 제도가 되기도 하고 사회의 혼란을 막는 질서가 되기도 하고 인간과 인간 사이에 막혔던 윤리적 길을 터주는 구실을 하게 되는 것이다.

　그러므로 ‘예’란 법에 우선하여 신중하게 다루어야 하는 인간생활의 중요한 규범이라 이르지 않을 수 없다.

　법이나 ‘예’나 다 같이 인간생활을 규제하는 법도이기는 하지만 법은 외적이요 강제적인 반면에 ‘예’는 자의적이요 선택적인 일면이 있는 것이다. 그러므로 ‘예’는 지나쳐서도 안 되려니와 모자라서도 안 되는 것이다. 그러므로 『논어』에서도 “예에 알맞아야 치욕을 면할 수 있다”고 한 것이니 ‘예’에 알맞다는 말은 ‘예’에 지나치지도 않고 ‘예’에 모자라지도 않음을 의미한다. 공경도 지나치면 ‘예’가 아니라 이른 것도 이를 두고 한 말이다.

　우리들은 흔히 평소에 친의가 있기 때문에 허물없이 지내던 친구가 높은 벼슬아치가 되어 오면 관아로 찾아가서 잡담을 나누면서 ‘예’를 결하는 경우가 있다. 적어도 사석이 아닌 공석에서는 ‘예’로써 깍듯이 대우해야 함은 물론 설령 사석에서라도 지나친 실례는 없도록 하는 것이 그를 아끼고 자신을 돋보이게 하는 길이 될 것이다.

상사를 받드는 '예'는 각별히 어긋나서는 안 되겠지만 비록 싱사라 하더라도 공법에 어긋나는 명령을 내려보냈을 때는 의연한 태도로 이를 받아들이지 않는 용기를 갖추어야 하는 것이다. 위에서도 이미 수차 언급한 바 있듯이 목민관에게는 옳지 않거나 의롭지 않거나 바르지 않은 일에 대하여서는 그것이 비록 하극상(下克上)의 비례(非禮)를 범하는 일이 있더라도 단연코 이를 거부함으로써 애민의 길이 어떠한 것인가를 보여 줄 책임이 있는 것이다. 이는 상사라고 해서 무조건 유유낙낙하는 것만이 그를 존경하는 길이 되는 것이 아니라 오히려 상사로 하여금 법을 어기지 않고 올바른 상사가 되게 하는 것이 진실로 상사를 돕는 길이라는 사실을 알아야 할 것이다.

후임자로서 전임자에 대하여 갖추어야 할 '예'로서 후임자는 전임자의 잘못을 지나치게 샅샅이 뒤져서는 안 된다는 사실을 우리들에게 말해 주고 있다. 샅샅이 캐내지 말 뿐 아니라 설령 잘못이 있다 하더라도 그 잘못을 메울 수 있는 여유를 줌으로써 억지로 죄를 얽어맸다는 말은 듣지 않는 것이 좋을 것이다. 이는 전후임 간에 갖추어야 할 최소한의 예의이다.

법은 차갑고 '예'는 온화한 것이니 목민관은 이 두 면을 함께 갖추어 나가도록 노력해야 한다.

4. 서류작성의 문안(文案)과 격식(格式)
— 문보(文報)

공문서의 문안은 정신을 가다듬고 생각하여 손수 손질하되 부하 직원의 손에 내맡기지 말도록 하라. 그 문안 격식이 논문 서식과는 다르기 때문에 갓 나온 서생의 첫눈에는 어리둥절하게 보이는 수가 많다. 세금을 바치는 서류, 인원을 파견하는 서류, 중앙청 고시에 관한 서류, 상사의 명령을 영수한 서류 등은 담당 직원이 관례에 따라 처리해도 좋다. 폐단을 알리는 서류, 이일 저일 청구하는 서류, 상사의 잘못을 막아내자는 서류, 송사의 승패를 가려내는 서류 등은 그 문장이 또렷또렷해야 하고, 애끓는 성의가 사람의 마음을 움직이게 되어야 한다. 인명에 관한 서류는 뭉개버릴 염려가 있다. 도둑에 관한 서류는 비밀히 봉함하도록 해야 한다. 농사 상황에 관한 서류, 기후변동에 관한 서류 등에는 보고의 완급이 있는데, 요는 제 시기를 맞추어야 탈이 없을 것이다. 채무 상환의 기한에 관한 서류에 잘못이 있으면 이를 바로잡고, 연부 상환에 관한 서류에는 농간이 끼지 않도록 잘 살펴야 한다. 월말 보고 서류에 깎아 버려도 좋은 것은 상사와 의논하여 없애 버리도록 하라. 이웃 고을로 보내는 서류는 말투를 잘 다듬어서 생트집을 잡히지 않도록 하라. 통첩 서류가 정리되지 않으면 반드시 상사의 독촉과 꾸지람을 듣게 될 것이니, 이는 공무를 집행하는 자의 도리가 아니다. 상하 간에 통첩 서류는 한 권 장부에 기록하게 하여 이를 점검하도록 하고, 그중에 기한이 있는 것은 따로 작은 책자를 만들도록 하라. 직접 보고하는 서류는 더욱 격식을 밝혀 신중한 태도로 조심해야 한다.

[原文] 公移文牒 宜精思自撰 不可委之於吏手 其格例文句異乎經史 書生始到多以爲惑 上納之狀 起送之狀 知會之狀 到付之狀 吏自循例付之可也 說弊之狀 請求之狀 防塞之狀 辨訟之狀 必其文詞條鬯誠意惻怛 方可以動人 人命之狀 宜慮其擦改 盜獄之狀宜秘其封緘 農形之狀 雨澤之狀 有緩有急 要皆及期 乃無事也 磨勘之狀 宜正謬例 年分之狀 宜察奸竇 (數目多者開列于成冊 條段少者疏理于後錄) 月終之狀其可刪者 議於上司圖所以去之 (諸營之狀 亞營之狀 京司之狀 史館之狀 竝皆循例 不足致意) 鄰邑移文 宜善其辭 令無俾生釁 文牒稽滯 必遭上司督責 非所以奉公之道也 凡上下文牒 宜錄之爲冊以備考檢 其設期限者 別爲小冊 若邊門掌鑰直達狀啓者 尤宜明習格例 兢然致愼

관료조직에 있어서의 상하관계는 모든 서류에 의하여 의사를 조절하고 질서를 바로잡는다. 그만큼 서류는 행정상 중요한 의미를 갖는다. 그럼에도 불구하고 갓 나온 벼슬아치들은 이를 잡무인 양 소홀히 다루는 일이 적지 않다. 그러므로 목민관으로서는 모든 서류의 중요성을 깊이 인식해야 할 것이다.

첫째, 모든 서류는 손수 작성하는 것을 원칙으로 삼아야 할 것이다. 물론 통상적인 관례에 따른 서류는 일정한 틀에 따라 작성되기 때문에 그런 것들은 담당 직원에 의하여 작성된다 하더라도 나무랄 것이 없다. 그러나 그 서류가 민생의 이해와 휴척에 관한 것이라면 어찌 부하 직원에게만 내맡김으로써 자신은 이를 모르는 척할 수 있겠는가? 모름지기 고요히 앉아서 생각을 가다듬고 문맥을 손질하여 읽는 자의 심금을 울릴 수 있는 글을 만들도록 심혈을 기울이는 것만이 목민관의 참된 도리일 것이다.

둘째, 상부에서 하달된 중요한 서류는 일일이 점검하는 노력을 아끼지 않아야 할 것이다. 그러나 점검한다고 해도 많이 알지 않고서는 점검이 수박 겉 핥기가 되기 쉽다. 목민관은 비록 전공은 아니라도 많은 전문지식을 갖추어야 하는 이유가 여기에 있다. 위에서도 지적한 바 있듯이 목민관의 독서는 이래서 절실히 필요하다.

점검하는 과정에서 서류의 내용과 아울러 시기의 정체 여부도 면밀히 가려내도록 해야 한다. 가령 농사철에 관한 것이라면 시기와 밀접한 관계가 있기 때문이다.

셋째, 공문서의 양식은 원칙적으로 일정한 격식을 따라야 할 것이다. 공문서로서의 서류는 철학적 논문도 아니요 문학적 산문도 아니다. 다만 어떠한 사실을 정확하게 기록하여 읽는 자로 하여금 이를 이해하기 좋게 만들면 되는 것이다. 그러므로 거기에는 딱딱한 이론이나 읽기 좋은 미사여구가 필요 없다. 무미건조한 듯한 문장 속에 전달하고 싶은 말만 뚜렷하게 부각되면 되는 것이다.

넷째, 상사에게 현황을 보고할 때에는 지나치게 격식에 치중하지 말라. 더더구나 숫자의 나열에 치중해서는 안 될 것이다. 그 안에는 미래를 내다보는 비전이 들어 있어야 한다. 이렇듯 미래를 내다보는 목민관의 비전을 보이자면 목민관의 창의성이 발휘되어야 함은 다시 말할 나위도 없다.

5. 농간(弄奸) 적폐(積弊)의 일소(一掃)
― 공납(貢納)

재물은 백성들에게서 나오고 이를 받아들이는 이는 목민관이다. 담당 직원들의 농간을 밝혀낸다면 백성들에게 관대하게 해주더라도 국가의 손해될 것은 없지만, 담당 직원들의 농간을 밝혀내지 못한다면 징수를 급히 서둘러도 국가의 이익이 될 것은 없다. 세금의 징수는 국가의 긴급 수용에 충당하자는 것이다. 다액 납세자의 것을 먼저 집행하고, 아울러 세리들이 노략질을 못하게 막는다면 기한에 당도할 수 있을 것이다. 사병 징집은 언제나 국방부에서 감독한다. 공정하게 운영되어야 국민의 원망을 사지 않을 것이다. 지방 토산물의 공출은 상부에서 배정한다. 전에 있던 것은 정성껏 해 주지만 새로운 요구는 이를 막아 내야만 폐단이 없을 것이다. 잡부금 징수를 백성들은 몹시 괴로워한다. 얻기 쉬운 것은 그대로 응해 주지만 받아들이기 어려운 것은 사절해야만 허물이 없을 것이다. 상사로서 사리에 맞지 않는 일을 각 시군에 억지로 배정하거든 목민관으로서는 이해 관계를 조목조목 따져 가면서 기필코 받아들이지 않도록 해야 한다.

[原文] 財出於民 受而納之者牧也 察吏奸則雖寬無害 不察吏奸則雖急無益 田租田布 國用之所急須也 先執饒戶無爲吏攘 斯可以及期矣 軍錢軍布 京營之所恒督也 察其疊徵禁其斥退 斯可以無怨矣 貢物土物 上司之所配定也 恪修其故捍其新求 斯可以無弊矣 雜稅雜物 下民之所甚苦也

輸其易獲辭其難辦 斯可以无咎矣 上司以非理之事强配郡縣 牧宜敷陳利
害 期不奉行 (內司諸宮其上納愆期 亦且生事不可忽也)

농경국가에 있어서의 세곡의 납부는 국가 재정의 절대적인 원천
이 된다. 그러므로 목민관으로서는 이를 신중히 다루어야 한다. 그
중에서도 가장 중요한 것은 징수과정에 있어서의 농간의 방지인 것
이다.

아직 금납제가 제도화되기 이전에 있어서는 모든 것이 물납제로
되어 있다. 그러므로 그 종류도 다양하여 곡물이 주가 되기는 하지
만 그 밖에도 포목이 있고 소금이 있고 토산물이 있다. 그러므로 물
납에 있어서는 그 양을 속이고 그 수를 속이고 질적인 등급을 속이
는 등 농간의 방법도 다양했던 것이다. 그러므로 세곡과 군포와 토
산물 등을 받아들임에 있어서 가장 중요한 일은 실무자들의 속임수
를 적발해내는 일이 아닐 수 없다.

세무행정의 농간을 단속하는 문제는 그것이 금납제로 바뀌어짐에
따라서 그의 형태가 다소 달라지기는 하였지만 농간의 여지를 안고
있는 것은 고금이 다를 바 없다. 그러므로 세리들의 철저한 단속은
오늘에 있어서도 세무 행정상 요청되는 중요한 문제의 하나가 아닐
수 없다.

그런 중에서도 여기서 다산이 제시한 문제 중에서 고액 납세자에
대한 징수가 우선되어야 소액 납세자에 대한 노략질을 방지할 수 있
다는 지적을 주목하지 않을 수 없다. 흔히 세액의 절대량을 채우기
위해서 무리한 징수를 하게 될 때 고액 납세자를 대상으로 한다면
거뜬히 치러낼 수 있음에도 불구하고 그 대상을 소액 납세자로 옮긴

다면 대다수를 상대로 하기 때문에 노력이 배가하게 될 뿐 아니라 영세 농민의 가산을 터는 결과를 빚기가 쉬운 것이다. 그렇게 함으로써 민원의 소지를 낳게 한다면 목민관 사신의 덕을 손상하게 될 것임은 너무도 자명한 일이 아닐 수 없다. 그러므로 지금에 있어서도 고액 납세자 우선 원칙은 세무행정의 기본정책이 되어야 할 것이다.

소위 세정·환곡·군정 등 삼정의 문란이 아직 싹트기 전인 다산 시절에 있어서도 다산은 군정의 운영은 공정하게 다루어야 함을 지적하였다. 소위 군포(軍布)의 징수과정에 있어서의 농간이 없도록 주의를 환기시켜 주고 있는 것이다. 예나 지금이나 백성들은 잡부금의 징수를 한결같이 괴롭게 받아들인다. 그러나 잡부금 중에서도 국민들이 납득할 수 있는 명분이 서 있는 잡부금은 자진 납부하도록 종용해도 좋을 것이다. 그의 좋은 예로서 적십자 회비라거나 나병환자 구호비라거나 긴급 재해 구호를 위한 부담금과 같은 것이 있는데 비록 그것이 잡부금의 범주 안에 드는 것이라 하더라도 기꺼이 납부하는 풍조를 조성하는 것은 바람직하다.

그러나 여기서도 다산은 상사의 무리한 요구는 단호히 거부할 것을 주장하고 있다. 다시 말하면 사리에 맞지 않는 상사의 요구는 조리 있게 따지면서 이를 물리칠 줄 알아야만 제 구실을 할 수 있는 목민관이 될 것임을 거듭 강조하고 있는 것이다.

입이 있어도 말을 못하는 백성들의 억울한 실정을 따뜻하게 어루만져 주는 길은, 세리들의 농간을 적발하여 세정을 바로잡는 데 있다.

6. 솔선(率先) 헌신(獻身)을 — 요역(徭役)

상사의 출장 명령은 순순히 받아들여야 한다. 일이나 병을 핑계
삼아 스스로 편할 것을 꾀한다면 군자의 도리가 아니다. 국가
기관의 제사 때 제관이 되거든 목욕 재계하고 행사를 치러야 한
다. 국가 고시의 시험관으로 뽑혀 가게 되면 오로지 공정한 마
음만을 간직하라. 고관들의 청탁이 있더라도 굳이 받아들이지
말아야 한다. 인명에 관한 재판 때 검사관이 되기를 기피한다면
국법은 이를 용서하지 않을 것이니 어겨서는 안 된다.
사건 조사는 하지도 않고 문서만을 꾸며서 상사에게 보고하는
따위의 짓을 옛날에는 하지 않았다. 세곡 운반선의 출발을 독촉
하고 조창에 직원을 파견하여 잡비를 절약시키며 횡포한 짓들
을 못 하게 한다면 백성들의 환호성이 골목마다 가득할 것이다.
세곡 운반선이 자기 경내에서 침몰되면 시급하게 구호 대책을
세우도록 하라. 칙사를 맞고 보낼 때나 파견관을 모시고 다닐
때는 성심껏 공경하여 생트집이 생기지 않도록 해야 한다. 외국
표류선이 동정을 물어 올 때는 아무리 어렵더라도 지체하지 말
고 시각을 다투어 쫓아가 보도록 하라. 제방을 수리하고 성을
쌓을 때는 직원을 보내어 감독하되 백성들이 기꺼이 일을 하게
하며 인심을 얻도록 힘을 쓰면 성사가 잘될 것이다.

[原文] 上司差遣㴷宜承順 託故稱病以圖自便 非君子之義也 (上司封箋

差員赴京 不可辭也) 宮廟之祭差爲享官 宜齊宿以行事也 試院同考差 官
赴場宜一心秉公 若京官行私 宜執不可 人命之獄 謀避檢官 國有恒律 不
可犯也 推官取便僞飾文書以報上司 非古也 漕運督發 差員赴倉 能蠲其
雜費 禁其橫侵 頌聲其載路矣 漕船臭載在於吾境 其拯米晒米 宜如救焚
勅使迎送差員護行 宜亦恪恭毋俾生事 漂船問情 機急而行艱 勿庸遲滯
爭時刻以赴 修隍築城 差員赴督 悅以勞民務得衆心 事功其集矣

목민관의 임무를 크게 둘로 나눈다면 수령칠사(守令七事)라 하는
기본적인 본무가 있고 본무 밖에 치러야 할 잡다한 여러 가지 일들
이 있다.

'수령칠사'로 말하면
① 농상의 산업이 잘 되어야 한다(農桑盛).
② 인구는 증식되어야 한다(戶口增).
③ 학교는 흥성해야 한다(學校興).
④ 군정은 잘 다듬어져야 한다(軍政修).
⑤ 부역은 고르게 시행되어야 한다(賦役均).
⑥ 사송은 간결해야 한다(詞訟簡).
⑦ 간흉한 무리들이 없어져야 한다(奸猾息).

는 것들로서 수령의 업적평가는 이 '칠사'를 기준으로 하는 것이 항
례로 되어 있다.

그러나 이 '칠사'에만 안주하고 있을 수만은 없는 것이 수령의 직
책이다. 그러므로 이러한 기본적인 '칠사' 밖에 또 다른 일들을 어떻
게 받아들이느냐에 따라 수령의 봉사 정신의 강도가 결정된다. 모름
지기 다산은 이렇듯 본무 밖에 부딪히는 일들에 대해서도 성심성의
를 다하여 힘써 노력하기를 종용하고 있다. 여기서 다산은 목민관은
어디까지나 군림자가 아니라 봉사자가 되어야 함을 우리들에게 보

여 주고 있다. 군림자는 모든 일들을 모르는 척 무사안일로 꾀할 수 있지만 봉사자는 어떠한 어려운 일이라 하더라도 이를 도맡아서 처리하기를 주저해서는 안 될 것이다.

그러므로 봉사자로서의 목민관은 백성들을 위하는 일이라면 어떠한 일이든지 이를 사양하지 않을 것이다. 또 사양해서도 안 된다. 공자는 『논어』에서 "어려운 일은 자기가 도맡고 공은 뒤로 미루어야 한다"고 가르쳤다. 솔선수범은 모든 일에 헌신해야 하는 목민관의 기본 자세이기도 한 것이다.

봉사자에게는 보수가 따르지 않는다. 물질적인 보수가 따른다면 그것은 하나의 사무적인 직책이 되고 만다. 그러므로 봉사는 어디까지나 명예직이어야 한다. 명예직이므로 도리어 그것은 신성한 것이다. 이해타산을 떠나서 오로지 몸과 마음만을 바치는 일이므로 봉사자의 정신은 언제나 맑고 깨끗하며 마냥 즐겁기만 할 것이다.

봉사활동은 정신 또는 육체적 고통이 따르게 되므로 그것은 종교적 고행과도 상통하는 점이 있다. 그러므로 이러한 고행을 통하여 삶의 보람을 느끼며 일하는 즐거움을 갖지 않는다면 봉사자의 행동은 결코 오래가지 못할 것이다.

여기에 열거된 여러 가지 사례들은 오늘의 현실과는 너무도 거리가 먼 것들인지도 모른다. 그러나 그런 것들이 비록 많은 시차를 우리들에게 보여주고는 있지만 그것을 어떻게 받아들이고 또 처리해야 하느냐 하는 목민관의 기본자세에는 조금도 다름이 없을 것이다. 그것은 곧 목민관의 헌신하는 봉사자로서의 자세라고 일러야 할 것이다.

◇   ◇   ◇

이 장에서 우리는 목민관으로서의 몇 가지 기본적인 자세를 간추려 볼 수 있다.

첫째, 목민관은 정책 수립자가 아니라 국가 정책의 실천자라는 것이다. 그러므로 목민관은 모름지기 국가 시책이 일선에 골고루 침투되도록 해야 하며 국가의 혜택도 골고루 미치게 되도록 해야 할 것이다.

둘째, 모든 행정은 공정·신속하게 처리되어 정체되는 일이 없어야 한다. 그러므로 서류의 작성은 법식에 따라 정확하게 작성되어야하며 일일이 점검하여 소홀함이 없도록 해야 할 것이다.

셋째, 법을 존중하며 이를 엄격하게 지키도록 해야 한다. 상사의 명령이나 지시사항이라 하더라도 법에 어긋나는 일이라면 이를 받아들이지 않는 용기가 절실히 요청된다. 사리에 어긋나는 일은 이를 척결하여 결코 어물어물 비리와 타협하는 일이 있어서는 안 된다.

넷째, 모든 일은 친히 이를 집행하는 것을 원칙으로 삼아야 한다. 모든 일을 부하 직원에게 일임하고 흐늘흐늘 놀기를 좋아한다면 이는 결국 봉사자로서의 목민관의 구실을 포기하는 행위라 이르지 않을 수 없다.

실로 목민관의 할 일은 태산과 같이 많다. 그러므로 목민관의 길은 이러한 일상적인 일거리들을 새벽부터 저녁까지 처리하며 살아가야 하는 고행자의 길이다.

애민육조(愛民六條) · 사랑의 손길

1. 순풍(淳風) 미속(美俗)의 지름길
── 양로(養老)

양로의 예가 시들자 백성들은 효도할 줄 모르게 됐다. 백성의
목자는 이 예를 다시 거행하도록 해야 한다. 재력이 부족하면
경로 잔치의 범위를 넓혀서는 안 된다. 80 이상으로 하는 것이
좋을 것이다. 양로의 예 때는 반드시 말씀을 청해야 하는데, 피
해가 없나 묻고, 병이 나지나 않았나 묻는 것이 예이다. 예법에
따라 절차는 간결해야 하고, 향교에서 거행하도록 하라. 때때로
노인들을 우대하여 혜택을 입혀 드리면 백성들도 노인을 공경
할 줄 알게 될 것이다. 연말 이틀 전에 노인들에게 음식을 돌리
도록 하라.

[原文] 養老之禮廢而民不興孝 爲民牧者不可以不擧也 力詘而擧羸不可
廣也 宜選八十以上 養老之禮必有乞言 詢瘼問疾以當斯禮 依於禮法 簡
其文節 行之於學宮 (前哲於此修而行之旣成 故常猶有遺徽) 以時行優老
之惠 斯民知敬老矣 歲除前二日以食物歸耆老

[석의(釋義)] 애민(愛民)──백성을 사랑한다는 것은 유교 정치 사
상의 기본 정신이다. 그것은 공맹 사상의 핵심이기도 하다. 그
러나『경국대전』에 나오는 수령 7사와는 무관하기 때문에 흔히
행정의 울 밖에 내던져지기 쉬운 것들이 여기서 문제 삼아지고
있다. 다시 말하면, 정치·경제 정책의 권외에 방치되어 버리기

쉬운 것들이라고 할 수 있다. 현대에 있어서는 이런 것들은 사회 사업의 테두리에 드는 것들이 많다. 이런 문제들은 이를 다루는 법인 단체나 그렇지 않으면 보험 제도에 의하여 국민 복지 향상이 다루어지고 있다. 그렇다고 해서 복민관으로서 이 문제에 대하여 결코 무관심할 수는 없다. 그것은 궁민 구호(窮民 救護)라는 당면 문제뿐만 아니라, 국민 교화(國民 敎化)라는 넓은 의미에 있어서도 이 부면의 문제는 목민관으로서 등한히 할 수는 없는 중요한 직책의 일면이 아닐 수 없다.

향교(鄕校)—향교는 옛날에 있어서는 유일한 지방 교육 기관으로서 고려 시대에 비롯하여 조선 왕조로 계승되었는데, 공자를 제사하는 문선왕묘(文宣王廟), 곧 문묘(文廟)를 중심으로 하여 강당인 명륜당(明倫堂)이 있고, 중국 및 우리나라의 명현(名賢)들을 모신 동서(東西) 양무(兩廡)·동서(東西) 양재(兩齋)가 있다. 부(府)·목(牧)·군(郡)·현(縣)에 각각 1교씩 설립되어 많은 준재(俊才)들을 양성하였다. 여기서 수학한 후 1차 과거에 합격한 이는 생원(生員)·진사(進士)의 칭호를 받았고, 다시 성균관으로 가서 과시(科試)에 응하여 높은 관원이 된다. 오늘에 있어서의 향교는 공자묘(孔子廟)를 모신 옛 제도의 잔영(殘影)에 지나지 않지만 옛날 향교란 유일한 지방 교육 기관으로서 지방 사회 교화에 크나큰 영향을 끼쳤다.

애민정책 중에서도 가장 먼저 챙겨야 하는 것이 다름 아닌 노인문제이다. 맹자가 말한 사궁(四窮) 중에서도 마누라 없는 늙은이를 제일 먼저 손꼽는 것은 이 까닭인 것이다.

옛날에 노인을 공경하며 우대하는 의미에서 소위 '양로의 예'를 치루었다. '양로의 예'란 일정한 나이에 이른 노인들을 향교나 성균관과 같은 곳에 모아놓고 음식을 갖추어 위로잔치를 베푸는 행사를 말하는 것으로서, 요즈음 말로 표현한다면 아마도 경로잔치라 해야 할 것이다.

이러한 잔치를 베푸는 이유는 시들기 쉬운 경로의식을 높이는 데 있다. 그러므로 다산은 '양로의 예'가 시들게 되자 부모를 모시는 효도의 미풍이 차츰 시들해졌다고 지적하고 있는 것이다.

옛날의 '양로의 예'는 하나의 경로의식이었지만 요즈음의 경로잔치는 하나의 위로의 모임이라는 점에서 격세지감이 있다. 노인은 위로의 대상이라기보다는 공경의 대상이 되어야 한다. 늙고 병든 폐인을 위로한다고 하는 것보다는 차라리 오랜 인생의 경험을 쌓고 세상을 슬기롭게 살아온 그들의 지혜를 존경하며 배워야 한다는 데에 경로잔치의 깊은 뜻이 깃들어 있다.

그러므로 옛날에는 '양로의 예'를 통하여 노인들의 말씀을 들으며 그들의 어려운 사정들을 보살피도록 되어 있었던 것이다 이를 걸언순막(乞言詢瘼)이라 하는데 요즈음은 이러한 깊은 뜻은 점차 사라져 가고 있다.

그러나 현대적인 입장에서 노인의 문제는 더욱 복잡한 양상으로 제도화되어 가고 있다. 그것의 제일차적인 것이 연금제도이다. 현재는 국가 공무원의 연금은 어느 정도 정착되어 가고 있으나 일반 국민들에게까지 광범위하게 실시되기까지는 아직도 요원한 감이 없지 않다. 이 연금제도를 전 국민이 혜택을 입게 될 때 비로소 노인의 노후복지문제는 전반적으로 해결되었다고 할 수 있을 것이다.

이러한 약점과 아쉬움을 보완하기 위한 것이 다름 아닌 노인의 할인제도라 하겠다. 버스나 목욕탕이나 이발소나 기차 승차권이나 고궁 사찰 등의 관람료와 같은 것은 거의 50%의 할인이거나 아니면 무료인 경우도 있다. 그러한 제도는 그 안에 경로의 뜻이 들어 있기는 하지만 지각 없는 업주들에 의하여, 반액 인생으로 천대받는 경우도 없지 않아 실로 서글픈 일이 아닐 수 없다.

노인문제에 수반하여 상기하지 않을 수 없는 제도의 하나가 양로원이다. 우리나라에 있어서 양로원의 출발은 무의무탁한 남녀 노인들을 한자리에 모아놓고 그들에게 최소한의 의식을 제공하는 것이 고작이었다. 그들의 재정 상태가 빈약하기 때문에 국가의 보조에 의지하고 구호물자를 타다 써야 하며 나아가서는 외국 자선단체의 선심을 기대하면서 근근히 그 명맥을 유지하는 곳이 적지 않다. 그나마도 없는 것보다는 낫다고 할 수 있는 사회사업으로서의 한 기관이기는 하지만 이제 와서는 그들이 갖추어야 할 기본 시설과 이를 운영할 수 있는 기본 재단이 없는 한 새로운 문제를 안고 있는 기관의 하나가 아닐 수 없다.

그러므로 이러한 양로원의 취약점을 보완이라도 하려는 것처럼 경향 각지에서 노인당·노인회관과 같은 노인의 집합장소가 건립되고 노인회 같은 것이 조직되어 노인의 문제를 노인 스스로 해결하려는 능동적인 노력을 경주하고 있음은 반가운 현상의 하나가 아닐 수 없다. 그리하여 노인들의 역량을 적극적으로 활용하여 사회의 교화사업에까지 확충함으로써 옛날에 있었던 걸언(乞言)이 현대적으로 이루어져야 하겠다.

나아가서는 소위 무료 양로원이라는 개념에서 벗어나 유료 노인아파트를 건립하여 경제력이 있거나 노후연금을 타거나 아니면 자녀들이 직접 모실 수 없는 노인들을 수용하여 그들의 일상생활을 편안하고 즐겁게 꾸려나가도록 하는 것도 바람직한 새로운 제도의 하나가 아닐 수 없다. 이는 소위 독신료(獨身寮)의 개념을 노인료로 바꾸어 놓은 것으로 이해하면 될 것이다.

미풍양속이란 것이 따로 없다. 그것은 자기의 부모를 사랑하며[愛親] 노인을 공경[敬長]함으로써 이루어진다.

2. 어버이처럼 어린이에게 — 자유(慈幼)

어린이를 돌보아 주는 일은 국가 정책의 중요한 부면이다. 옛날부터 다듬어진 법도가 있다. 백성들이 곤궁하면 자식을 낳되 거두지를 못한다. 가르치고 길러서 내 자식처럼 보호하라.
흉년이 들어 살 길이 막히면 아이 버리기를 물건 빠뜨리듯 한다. 부모처럼 그들을 거두어 기르라. 우리나라에는 수양자법이 있으니 조례에 자세하다. 기근이 든 해가 아니라도 아이를 버리는 수가 있다. 수양해 줄 사람을 골라서 식량을 도와주도록 하라.

[原文] 慈幼者先王之大政也 歷代修之以爲令典 民旣困窮 生子不擧 誘之育之 保我男女 歲値荒儉 棄兒如遺 收之養之 作民父母 我朝立法許其收養 爲子爲奴 條例詳密 若非饑歲而有遺棄者 募民收養官助其糧

어린이의 문제는 비단 돌볼 부모가 없는 고아의 문제라는 좁은 의미에서보다는 차라리 청소년의 문제라는 보다 더 폭넓은 각도에서 다루어야 하지 않을까 여겨진다.

여기서 고아라고 하면 흉년 고아를 첫째로 삼는다. 그러나 근자에 와서는 흉년 고아는 거의 찾아볼 수 없을 만큼 농촌은 전천후 영농이 이루어지고 있는 것이다. 그러나 또 다른 각도에서 고아란 생기게 마련이다. 그 원인으로서 우리는 간음·전란·천재·사고 등을 들 수가 있다.

근래에 와서 성도덕이 문란해지자 불륜의 씨앗으로 태어난 고아가 있다. 이들은 부모가 기르지 못하면 고아원으로 보내지거나 아니면 거리의 불량 소년으로 버려지게 마련이다.

다음으로는 전쟁 고아라는 것이 있다. 피난 과정에서 부모를 잃게 된 이산 고아의 수도 결코 적지 않다. 외국군의 주둔에서 생겨진 국제 결혼에서 얻어진 파경의 고아가 있다. 그 밖에 수재나 화재로 인한 고아가 있는가 하면 자동차 사고와 같이 뜻밖에 생긴 외톨이 고아도 있다.

이런 아이들이 갈 곳은 과연 어디에 있다고 해야 할 것인가? 맹자는 "내 집 어린이를 귀엽게 여기듯 남의 아이도 그렇게 사랑하라" 하였다. 다산이 이러한 고아들을 그들의 부모처럼 사랑하고 내 자식처럼 귀엽게 기르라 한 것은 바로 맹자의 귀띔에 그 바탕을 두고 있는 것이다.

옛날 우리나라에도 소위 '목양자(收養子)법'이라는 것이 있었다. 그 법에 의하면 "자식으로 삼거나 종으로 삼거나 하라" 하였다. 자식으로 삼을 경우에는 대를 이을 수 있는 그 집안의 종손으로까지 삼도록 하였다. 이것은 근래에 와서 부쩍 늘고 있는 외국인에게 알선된 고아의 수양례를 상기하게 한다. 이처럼 우리는 그들을 버려둘 것이 아니라 그들을 내 자식처럼 길러야 할 의무를 지고 있는 것이다.

어린이들에 대한 국가의 관심은 날로 고조되고 있다. 5월 5일 어린이날이 제정된 것은 이미 오래된 일이요, 그 후 어린이헌장이 반포되었고 이에 따른 어린이헌장탑도 여기저기 세워지고 있다. 뿐만 아니라 서울을 위시하여 지방에도 어린이 이름을 딴 어린이 공원을 조성하여 어린이에 대한 관심을 더욱 드높여주고 있는 것이다.

이제 청소년의 문제는 한낱 고아들을 돌본다는 좁은 의미에서가 아니라 국가의 제2세들을 어떻게 구김살 없이 계도하느냐의 문제로 확산되고 있다. 다시 말하면 청소년 선도의 문제인 것이다. 여기에는 두 가지 측면이 있다. 하나는 국민의 의무교육을 통한 청소년의 교도이다. 여기에는 의무 교육 이전에 있어서의 유아교육의 문제도 거론되어야 하리라고 여겨진다.

다른 하나는 청소년들을 어떻게 하면 사회악으로부터 격리시킬 수 있느냐의 문제이다. 더욱이 청소년들의 교복자유화가 가져오는 사회악의 감염을 들 수가 있다. 그들의 성장기에 일어날 수 있는 흡연이라거나 유흥업소에의 출입에 따른 청소년의 범죄 성행을 어떻게 선도하느냐의 문제는 국가의 지극한 관심사이다.

물론 양로원과 병행하여 고아원 제도도 있기는 하지만 그것은 청소년 계도를 위해서는 빙산의 일각에 지나지 않고, 소년원이라는 범죄 소년의 교도 기관이 있기는 하지만 그것만으로는 그들의 재범을 막아내기에 힘이 달리는 형편이다

모름지기 예나 지금이나 고아를 위시로 한 청소년의 양육과 교도는 강제적인 단속과 구속으로써가 아니라 사랑과 이해로써 감싸주어야 함은 다시 말할 나위도 없다.

3. 이 외로운 인생들을 ― 진궁(振窮)

홀아비·과부·고아·외돌토리 이 넷을 네 궁민이라 하는데 이들은 남의 힘을 빌리지 않고서는 스스로 일어서지 못한다. 돕는 다는 것은 일으켜 세우는 일이다. 과년하도록 혼인길이 막힌 사람은 관에서 서둘러 주어도 좋다. 혼인을 권장하는 정책은 오랜 전통을 지닌 것이니 지방관들은 이 정책을 준수하여야 할 것이다. 매년 봄철이 다가오면 해 넘긴 미혼자들을 골랐다가 늦봄이 되기 전에 성혼토록 해 주라. 홀몸의 남녀를 짝지어 주는 정책도 시행함 직하다.

[原文] 鰥寡孤獨謂之四窮 窮不自振待人以起 振者擧也 過歲不婚娶者 官宜成之 勸婚之政 是我列聖遺法 令長之所宜恪遵也 每歲孟春 選過時 未婚者 並於仲春成之 合獨之政亦可行也

환(鰥)·과(寡)·고(孤)·독(獨) 이 넷을 맹자는 사궁(四窮)이라 하여 가장 외롭고 불쌍한 인생이라 하였다. 그리고 왕자의 선정은 모름지기 이 사궁을 보살펴주는 데서 비롯한다고 하였다.

이들을 구호하는 방법에도 두 가지가 있으니 하나는 물질적인 것이요, 다른 하나는 정신적인 측면에서의 도움이다. 물질적인 구호사업도 두 가지 측면에서 생각할 수 있는데 하나는 사적인 입장이요, 다른 하나는 공적인 입장이다.

사적인 구호는 가장 가까운 친척이나 친지의 도움을 생각할 수 있으려니와 때에 따라서는 여유 있는 인사들의 모금—예컨대 이웃돕기라거나 풍수해 구호금 모집이라거나—에 의한 구호를 생각할 수가 있다.

그러나 공적인 구호로서는 국가에서 제정한 실업수당이라거나 세궁민 구호를 위한 취로사업과 같은 것이 이에 해당한다.

정신적인 측면에서의 도움은 이들의 외로움을 풀어주는 문제이다. 그것은 그들의 결혼을 알선해 주는 일이다. '사궁' 중에서도 홀아비와 과부가 보다 더 으뜸가는 외로운 인생이라는 점에서 이들의 외로움을 풀어주는 길은 오직 그들의 재결합을 알선하여 새로운 인생을 찾게 하는 일 외에 더 좋은 일이란 따로 있을 수 없다.

그러한 의미에서는 홀아비나 과부와 같은 재혼뿐만이 아니라 노처녀나 노총각과 같이 혼기를 놓쳐 과년한 남녀를 골라서 서로 짝지어주는 일도 목민관의 선정의 하나임을 알아야 한다. 근자에 와서는 이러한 풍조가 일반화하여 도지사나 군수의 주례 하에 연말 길일을 택하여 합동결혼식 같은 것을 마련하는 것은 실로 차가운 섣달에 맞는 훈훈한 풍경이다.

그러나 우리는 여기서 현대적인 입장에서 우리의 주변을 살펴보면 이 사궁 외에 또 다른 외로운 인생들이 있음을 알 수 있다. 그것은 전란의 후유증이라고나 할까, 아니면 부산물이라고 할 수 있는 전상군경과 아울러 떠돌이 피난민을 들 수가 있다. 이들 전상군경은 국가의 원호제도에 의하여 응분의 보상은 받을 수 있다 하더라도 그들의 사회 적응과 재활을 위해서는 보다 더 폭넓은 국민의 이해와 사회의 보살핌이 요청된다.

또 하나의 부산물로서 빚어진 피난민들은 일명 고향을 등진 실향민으로서 그들에 대한 국가의 따뜻한 구호대책이 세워지지 않는다면 그들이야말로 유리걸식의 길 외에 다른 방도가 없지 않을까 싶다. 그러므로 그들을 위한 정착사업도 목민관에 지워진 중책의 하나가 아닐 수 없다.

또 하나, 전쟁과 관련하여 생각할 수 있는 것은 전쟁 고아뿐만 아니라 전쟁 과부의 양산을 들 수가 있다. 이들의 재혼이란 그리 손쉽지 않고 게다가 생활난에 부딪힌다면 어디로 갈 것인가? 여기에 소위 윤락여성의 문제가 하나의 사회 문제로 고려되지 않을 수 없는 소지가 가로놓여 있는 것이다. 윤락여성의 문제를 단순히 전쟁 과부와 직결시킬 수는 없다 하더라도 윤락 여성에 대한 선도작업은 외로운 인생들이라는 범주 안에서 응당 고려되어야 함은 다시 말할 나위도 없다.

마지막으로, 외로운 인생 중에서 간과할 수 없는 자들로서 소위 실업자와 세궁민을 들 수가 있다. 실업자란 자의건 타의건 간에 직업을 갖지 못한다는 사실만으로도 사회에서 소외된 자이다. 실업자에 대한 대책이 외로운 인생이라는 개념 안에서 다루어져야 하는 까닭이 여기에 있다. 장기화된 실업자는 바로 세궁민의 길로 연결이 되고, 그러한 결과로서 얻어진 세궁민의 집단은 자칫하면 사회악의 온상으로 변질될 가능성을 목민관은 깊이 유념해야 할 것이다.

4. 애달픈 죽음 앞에서 ― 애상(哀喪)

상제에게는 요역을 면제해 주는 것이 옛날 법도다. 스스로 전결할 수 있는 것은 다 면제해 주는 것이 좋을 것이다. 죽어서 진구렁에 내던져질 만큼 가난한 사람이 죽거든 관비로 장사하도록 하라. 기근과 유행병으로 죽는 자가 잇따르게 되면 매장 정책과 아울러 구호 대책도 함께 강구하도록 하라. 불쌍한 사람이 눈에 띄어 측은한 마음이 울컥 생기거든 곧장 도와주되 다시 뒷일을 생각하지 말라. 혹 객지에서 순직한 벼슬아치의 운구가 제 고을을 지나게 되거든 정성껏 도와주도록 하라. 지방 유지 또는 부하 직원의 상사 때나 상사를 당했을 때나 후한 부의로 조문하고 깊은 은정을 남기도록 하라.

[原文] 有喪蠲徭古之道也 其可自擅者皆可蠲也 民有至窮極貧死不能斂 委之溝壑者 官出錢葬之 其或饑饉瘟疫死亡相續 收瘞之政與賑恤偕作 或有觸目生悲不堪悽惻 卽宜施恤勿復商度 或有客宦遠方 其旅櫬過邑 其助運助費 務要忠厚 鄕丞吏校有喪有死 宜致賻問以存恩意

[석의(釋義)] 요역(徭役)―국가에 대한 노동력 제공을 말한다. 옛날 제도 하에서는 국가에 대한 조세처럼 국민의 의무에 속해 있었다.

불가에서는 생·로·병·사를 네 가지 고뇌라 하였지만, 유가에서는 "삶도 예로써 섬기고 죽음도 예로써 섬기라" 하였다. 또 공자는 "부모의 상례를 깍듯이 모시고 조상의 제례를 정성껏 모시게 한다면 민심은 저절로 순후해질 것이다"라고 하였다. 이렇듯 죽은 사람에 대한 예우도 산 사람과 다름없이 후대한 것이 동양 도덕으로서의 미풍양속이다.

과거 500년간 유가의 예에 깊숙이 젖어 있는 우리나라의 상례는 대체로 후장(厚葬)을 원칙으로 하고 있다. 양암삼년(諒闇三年)의 고사에서도 알 수 있는 바와 같이 임금도 부모상을 당하면 3년간 정사마저도 듣지 않으리만큼 죽음에 대한 예는 극진하였던 것이다. 그러므로 여기서 목민관은 부모상을 당한 상제에게는 국가에 대한 의무인 요역마저도 면제해 주어야 한다는 특혜 규정을 이해할 수 있으리라고 본다. 그러나 이러한 규정은 오늘에 있어서는 우리의 실정에 맞지 않는 사문이 되어 버리지 않았나 싶다. 근래에 와서 생각할 수 있는 죽음에 대한 몇 가지 문제는 여기서 상기할 필요가 있다. 앞 절에서는 전상군경을 외로운 인생으로 문제 삼았지만 여기서는 한 걸음 더 나아가 전몰장병에 따르는 유가족들의 특전을 생각하지 않을 수 없다. 그들은 이미 국립묘지에 안장될 영광을 차지하고 있지만 그들의 유골이 고향으로 돌아올 때는 다산이 이른바 "혹 객지에서 순직한 벼슬아치의 운구가 제 고을을 지나게 되거든 정성껏 도와주도록 하라"는 권고에 따라 정중한 예전을 베풀어 줄 것을 잊어서는 안 될 것이다.

요즈음은 옛날처럼 기근이나 유행병에 의한 죽음이란 그리 많지 않다. 그러나 여러 가지 사고사의 경우는 너무도 많다. 갑자기 들이

닥친 수재나 화재에 따른 사고는 천재지변이 되어서 미리 피하기 전에는 피할 길이 없지만 사고 중에서도 자동차 사고는 우리 주변에서 너무도 많다. 세계 제일이라는 불명예를 안고 있는 이 자동차 사고의 원인이야 여러 가지로 분석되고 있지만 결과적으로는 교통질서 위반이 그 주범이 아닐 수 없다. 목민관은 모름지기 교통질서의 확립에 철저를 기함으로써 사고사에 따른 시민의 생명 보전을 위하여 특별한 배려가 있어야 할 것이다.

교통수단이 지상·해상·공중 등 다양화함에 따라 그 사고도 대형화함으로써 가져오는 인명 피해는 막대한 것으로 나타나 있다. 지난 KAL기 사건만 하더라도 그의 인명 피해는 막대한 것이었고, 남해상에 있어서의 폐리호 충돌 사고라든지 이리역 폭발 사고와 같은 사고는 우리의 상상을 뛰어넘는 대형 사고가 아닐 수 없다. 결국 이러한 대형 사고의 뒤에는 반드시 이들에 대한 보상 문제가 뒤따르게 마련이다. 이들의 보상은 관련회사의 책임 하에 보험회사에서 지불하게 되겠지만 소관 목민관으로서는 모름지기 피해자의 입장에서 서운함이 없도록 주선해 줄 성의를 가져야 할 것이다. 그것은 곧 죽은 자에 대한 후장의 정신과 일맥상통하는 것이다.

5. 병마(病魔)로부터의 구호(救護)
── 관질(寬疾)

불치병자나 위독 환자에게는 병역 면제의 특전을 주어야 한다.
환자에게는 관대해야 하기 때문이다. 잔약한 병신으로서 자력으
로 살아갈 수 없는 이에게는 의탁할 곳을 마련해 주어야 한다.
군졸들 중에 병약하여 추위와 주림을 못 견디는 사람에게는 의
복과 음식을 넉넉하게 주어 죽음에 이르지 않도록 해 주라. 유
행성 전염병이 나돌 때 어리석은 풍속에 꺼리는 일이 많지만,
타일러 치료해 줌으로써 두려워하지 않도록 해야 한다. 악성 전
염병이 크게 유행하여 많은 환자들이 죽게 되거나 천재가 많은
피해를 끼쳤을 때에는 관에서 구조해 주어야 한다. 유행병의 사
망자가 많을 때 이들을 구호하고 매장해 준 사람에게는 국가의
상전이 있어야 할 것이다. 근자에 유행한 새 전염병의 치료에는
새로운 외국 처방이 있다.

[原文] 廢疾篤疾者 免其征役 此之謂寬疾也 罷癃殘疾力不能自食者 有
寄有養 軍卒羸病因於凍餒者 贍其衣飯俾無死也 瘟疫流行蚩俗多忌 撫之
療之俾無畏也 瘟疫痲疹及諸民病 死亡夭札 天災流行 宜自官救助 流行
之病死亡過多救療埋葬者 宜請賞典 近所行痲脚之瘟 亦有新方自燕京來

요즈음에 와서는 전염병의 개념도 많이 달라져 가고 있다. 옛날에는 천연두·호열자·장질부사 등이 한번 유행하면 걷잡을 수 없이 번짐으로써 수많은 사망자를 내게 되었었다. 그러나 요즈음 와서는 천연두는 이제 법정전염병에서 제외되리만큼 거의 지구상에서 완전 박멸되었고, 호열자와 같이 남방해상을 통하여 계절적으로 상륙하는 전염병도 그의 루트를 포착하여 철저하게 박멸책을 강구함으로써 인명피해를 최소한에 그치도록 하고 있다. 그러므로 옛날처럼 굿을 한다거나 푸닥거리로 귀신을 쫓는다거나 하는 따위의 미신은 거의 찾아볼 수 없다.

동시에 항생제와 같은 새로운 약제가 발명되어 장질부사와 같은 열병이 간단하게 치유되므로 집단 사망이라는 개념도 이제는 씻은 듯 없어져 가고 있다.

그러나 근세에 이르러 질병의 개념은 전직으로 달라져 가고 있다. 이러한 유행성 질병은 국가적 시책에 의하여 예방·치료되고 있지만 새로운 현대병에 대하여는 거의 무방비 상태로 방치되어 있지 않나 싶다.

현대병으로서 가장 두려운 병이 다름 아닌 암이다. 애초에 암이란 불치의 병이라 했지만 근자에 와서는 그 치유 방법도 눈부시게 발전되어 오고 있으며 조기 발견에 의한 완전 치유율은 상승일로에 있다. 그러므로 목민관으로서는 암의 조기 발견 또는 검진에 의한 치료의 길을 대중들에게 알리도록 노력해야 할 것이다.

근래에 와서는 또한 간염의 전염 문제가 하나의 사회 문제로 대두되고 있는 느낌이다. 이는 급성을 제외하고서는 비교적 완만한 전염 경로를 통하여 발병될 뿐만 아니라 그것의 간경변이나 간암에의 전이 과정도 완만하기 때문에 이에 따른 방비책이 또한 등한시되고 있는 실정이다. 그러므로 목민관으로서는 관내에 있어서의 전염 요인인 음식점의 소독을 철저하게 단속하여 대중을 간염에서 보호하도록 각별히 유의하여야 할 것이다.

다음으로 문제가 되는 사회 문제의 하나에 성병이 있다. 소위 공창제도가 폐지되어 있고 관광의 붐을 타고 세계적으로 인구의 교류가 활발해지자 그의 만연은 음성적으로 확대되어 가고 있다. 뿐만 아니라 성병의 질도 점차 악성화되어 가고 있는 추세여서 뜻있는 사람들의 걱정을 자아내고 있다. 더욱이 성개방이라는 무방비 상태에서 이에 감염되기 쉬운 청소년의 보호 문제는 더욱 심각성을 안고 있다고 해야 할 것이다.

특수 질병뿐만이 아니라 일반 질병으로부터 국민의 건강을 보호하는 새로운 제도로서 생겨난 것이 다름 아닌 의료보험제도이다.

입원료의 문제, 수술비의 문제 등은 의료보험제도에 따른 중요한 문제들로 지적되고 있으며 지방도시에 있어서의 종합병원의 설치, 나아가서는 도서벽지에 있어서의 의료시설 문제는 목민관의 절실한 관심사의 하나가 아닐 수 없다.

여기서 우리는 질병과 관련하여 불구자의 문제를 거론해야겠다. 신체장애자 중에는 많은 상이군경이 있어서 약간의 국가적 원호의 대상이 되어 있기는 하지만 결코 흡족한 형편이 아니다. 이들을 위한 복지시설이 요망되는 한편 불구자들을 위한 올림픽의 개최 같은 것도 남의 나라의 일만이 아닌 것이다.

6. 병해(災害) 그 선후책(先後策) ─ 구재(救災)

수재나 화재를 당하면 국가의 구호책이 뒤따른다. 착실히 시행
하고 대책에서 빠진 것은 목자가 알아서 도와주어야 한다. 대체
로 재액이 있으면 불이거나 물이거나 자신이 물·불 속에 빠진
듯이 서둘러야 한다. 느릿느릿하지 말라. 환난이 있을 것을 미
리 짐작하고 이를 예방하는 것은 재앙을 만난 뒤에 은혜를 베푸
는 것보다 훨씬 나은 것이다. 둑을 쌓고 보를 막으면 홍수도 막
아내고 수리도 일으키게 되니 두 가지 이익을 보는 셈이다. 재
해를 없애 주고 나서는 생업에 안정하여 모여 살게 해 주어야
한다. 이것이 목자로서 해야 하는 어진 정치이다. 날아가는 황
충이 하늘을 덮으면 잡아 없앰으로써 백성들의 재해를 덜어 주
도록 하라. 그러면 잘한다는 소문이 널리 퍼질 것이다.

[原文] 水火之災國有恤典 行之惟謹 宜於恒典之外 牧自恤之 凡有災厄
其救焚拯溺 宜如自焚自溺不可緩也 思患而預防 又愈於旣災而施恩 若夫
築堤設堰以捍水災以興水利者 兩利之術也 其害旣去撫綏安集 是又民牧
之仁政也 飛蝗蔽天禳之捕之以省民災 亦可謂仁聞矣

옛날에 있어서의 재해라고 하면 농촌 중심의 농경 시대였기 때문
에 수재·한재·충재가 대종을 이루고 있으며 더러 화재가 있기는

하였지만 전란이나 민란에 의한 것인 아닌 한 그 규모는 그리 크지 않았다. 그러나 근래에 있어서의 재해는 그 규모도 크려니와 그 양상도 다양하다.

농촌에 있어서의 수재나 한재의 방어책으로서는 이미 다목적 댐의 건설에 의하여 전천후의 수리가 활발히 추진되고 있을 뿐만이 아니라 대소 간에 저수지의 건설은 물론 지하수의 개발에 의한 수리시설도 보완되고 있다.

그러나 뜻하지 않은 가뭄과 때로 쏟아지는 폭우로 둑이 무너지거나 축대가 넘어지거나 산사태가 나거나 하여 많은 이재민을 낳게 하는 경우가 적잖게 생긴다. 이런 경우는 국가나 적십자에서 지체 없이 적극 구호책을 세우기는 하지만 이에 따른 전 국민적 구호대책을 마련하는 것도 바람직하고, 지방의 수령인 목민관으로서는 관내 재해의 구호를 위하여 만전을 기하도록 총력을 기울여야 한다.

그러나 근세에 이르러 농촌의 도시화 과정에 있어서 파생한 고층 건물의 밀집화는 항상 대형화재의 위험을 안고 있음은 주지의 사실이다. 이러한 변화 과정에 있어서 당연히 고려되어야 하는 것이 다름 아닌 방화벽이요 또 방화 시설이요 방화 도로의 정비요 아울러 방화 훈련이다. 그러나 우리는 빈번한 대형 화재를 당할 때마다 이에 대한 예비책의 소홀을 지적받고 있음은 어찌 된 일일까? 유비무환이라 일렀건만 우리는 지나치게 급성장하는 과정에서 화재로부터의 도시 방어에 소홀했음이 아닌가. 여기서 우리는 150년 전에 다산이 이미 지적한 바와 같이 "환난이 있을 것을 미리 짐작하고 이를 예방하는 것은 재앙을 만난 뒤에 은혜를 베푸는 것보다 훨씬 나은 것"임을 상기하지 않을 수 없다.

우리 주변에서 생기는 재해로서는 물·불이라는 원시적 재앙 외에도 많은 위험 상황이 도사리고 있다. 그중에서 몇 가지를 추려본다면

첫째, 자동차 사고이다. 이는 실로 어처구니없는 죽음을 우리들에게 강요하며 위협한다. 자가운전의 부주의에 따른 사고는 스스로 그 책임을 져야 하는 경우가 많지만 대형 버스의 추락 사고에 따른 죽음의 책임은 누가 져야 할 것인가? 그들의 죽음을 재해보험으로 보상하려 하고 따라서 보상액에 따른 시비가 그칠 줄을 모르지만 실로 하나밖에 없는 내 생명의 보상이 보험료의 흥정거리로 된대서야 말이나 될 법한 일이겠는가?

둘째, 공해라는 재해가 우리들의 생활 주변을 엄습하고 있는 것이다. 이를 나눈다면 두 가지로 말할 수가 있다. 하나는 눈에 보이지 않는 공기의 오염이요, 다른 하나는 우리가 마시며 먹고 있는 수질 오염인 것이다. 공기 오염이건 수질 오염이건 간에 우리는 그의 원천적인 근원을 잘 알고 있다. 그럼에도 불구하고 우리는 왜 그것을 근원적인 면에서 방지하지 못하는 것일까? 공기 또는 수질 오염의 주범은 자동차의 배기와 공장의 굴뚝, 아니면 공장의 폐수이다. 이들로부터 우리들 시민을 보호하기 위해서는 오염방지시설을 의무화하도록 법제화해야 한다.

셋째, 식품 공해를 들 수가 있다. 대중식품의 가공 과정에서 사용되는 약품들에 의하여 소위 발암 물질이 잠입한다. 이러한 사례는 극히 세밀한 과학적 실험이 필요하겠지만 어쨌든 대중 가공 식품의 해독성 여부의 실험은 재해의 미연 방지라는 견지에서도 재해대책의 일환으로 고려되어야 한다.

◇   ◇   ◇

목민관이 목민하는 마음은 곧 사랑하는 마음이라고 할 수 있다. 사랑하는 마음은 어쩌면 불쌍히 여기는 마음과도 통하는 것인지도 모른다.

환·과·고·독으로 불리우는 외로운 인생들은 이들을 긍휼히 여기는 목민관의 사랑의 손길을 기다리고 있다. 이들을 위하여 인도적인 입장에서 거두어 기르기도 하며 짝지어 살도록 인연을 맺어주기도 한다. 그러나 현대적인 입장에서는 보다 폭넓게 이 문제를 다루지 않으면 안 되리라고 본다. 그것은 곧 사회복지제도라는 테두리 안에서 고려되어야 함을 의미한다.

그것의 첫째가 연금제도이다. 그것은 공무원들을 위한 연금제도에서 비롯하였지만 이제 그것은 점차 전 국민이 그의 혜택을 입도록 확충되어야 함은 물론 이의 보완책으로서의 의료보험제도의 확대, 실업보험제도의 도입 등이 고려되어야 한다. 근래에는 연금회관 등의 건립에 의하여 연금 수혜자들의 생활 필수품의 염가 공급도 시도되고 있다.

그러나 외로운 인생들을 위해서는 이러한 물질적인 측면에서의 도움도 필요하겠지만 그들의 정신적인 예우도 생각하지 않으면 안 될 것이다. 그들은 비록 생활의 일선에서는 물러서 있다 하더라도 오랜 세월을 통하여 축적된 그들의 학식과 경험은 일조일석에 사라져 버릴 리가 없다. 어쩌면 더욱 생생하게 불타오르고 있는지도 모른다. 그러므로 그들의 경력에 따라 예우하며 존문(存問)의 기회를 갖도록 해야 한다. 다시 말하면 그들에게 사회참여의 기회를 주선함으로써 크게 사회에 보탬이 되도록 해주어야 할 것이다.

한 사회의 발전은 언제나 균등사회에로 지향하는 것을 원칙으로 삼고 있다. 한쪽으로 기우는 사회는 결코 바람직한 사회라 이를 수 없다. 그러므로 한 사회 안에 외로운 인생들이 있다는 것은 그만큼 그 사회는 구멍이 뚫린 사회라는 것을 의미하는 것이다. 모름지기 목민관의 지극한 사랑의 손길이 미쳐야 하는 소이가 여기에 있다. 목민관의 사랑은 오직 돌아오지 않는 내리사랑일 따름인 것이다.

이전육조(吏典六條)·
관기(官紀)
숙정(肅正)의 길

1. 강유(剛柔) 은위(恩威)를 아울러서
— 속리(束吏)

이속들을 단속하는 근본은 나 하기에 달려 있다. 자신이 바르면 명령 없이도 잘되고, 자신이 그르면 명령해도 따르지 않는다. 예법을 바로 세우고 은혜로써 대접한 연후에 법으로써 단속해야 한다. 만일 업신여기고 짓밟고 혹사하며 속임수로 그럭저럭 대우하면 단속을 받지 않을 것이다. 윗자리에 있으면서 관대하지 못한 것을 성인은 나무랐다. 너그러우면서도 늦추어 주지 말아야 하고, 인정 있으면서도 유약하지 않아야 일을 그르치지 않을 것이다. 달래며 붙들어 주고 가르치며 깨우쳐 주면 그도 사람일 것이니, 바로잡히지 않을 리 없다. 위엄을 먼저 베풀어서는 안 된다. 달래도 깨닫지 못하고, 가르쳐도 고치지 않고, 끝내 속임수만을 일삼으며 뉘우침을 모르는 간흉한 악당들에게는 형벌로써 임해야 한다. 목자의 기호에 영합하지 않는 아전은 없는 법이다. 내가 재물을 좋아하면 이것으로 유인한다. 한번 유인되면 그와 함께 죄에 빠질 것이다. 성품이 편벽하면 부하는 그 틈을 엿본다. 그 약점을 찔러 제 꾀를 성사시킨다. 그 때문에 술책에 떨어지는 것이다. 모르는 것도 아는 체 술술 응해 주다가 흔히 목자는 부하의 손에 떨어진다. 아전들의 구걸을 백성들은 괴로워한다. 못하도록 금지하여 행악을 부리지 못하게 하라. 정원이 적으면 놀고 먹는 자도 적으려니와 무리한 짓도 그리 심하게 하지 않을 것이다.

요즈음 향리들 중에는 재상들과 손을 잡고 찰사와도 정을 통하여, 위로는 상사를 업신여기고 아래로는 민생들을 들볶는 자가 있다. 이런 자들 때문에 소신을 굽히지 않아야만 현명한 목자일 것이다. 수석 아전의 권한은 무겁기 때문에 자주 불러서 지나치게 일을 맡기지 말라. 잘못이 있으면 반드시 처벌하여 백성의 의혹을 사지 않도록 해야 한다. 아전들이 잔치를 베풀면 백성들의 재물이 탈나는 것이다. 엄중히 금지하도록 자주 타일러서 감히 함부로 놀지 못하게 하라. 아전들의 매질은 엄금되어야 한다. 부임한 지 몇 달이 지났거든 부하들의 이력서를 책상 위에 놓아두도록 하라. 아전들이 농간을 부리게 하는 주모자는 서기들이다. 아전들의 농간을 막자면 서기들을 혼내야 하고, 아전들의 죄상을 들추자면 서기들을 낚아 내야 한다.

[原文] 束吏之本在於律己 其身正不令而行 其身不正雖令不行 齊之以禮 接之有恩然後 束之以法 若陵轢虐使顚倒詭遇者 不受束也 居上不寬聖人 攸誡 寬而不弛仁而不懦 亦無所廢事矣 誘之掖之敎之誨之 彼亦人性 未 有不格 威不可先施矣 誘之不牖敎之不悛 怙終欺詐爲元惡大奸者 刑以 臨之 (元惡大奸須於布政司外 立碑鐫名 永勿復屬) 牧之所好吏無不迎合 知我好財必誘之以利 一爲所誘則與之同陷矣 性有偏辟吏則窺之 因以激 之以濟其奸 於是乎墮陷矣 不知以爲知酬應如流者 牧之所以墮於吏也 吏 之求乞 民則病之 禁之束之無俾縱惡 員額少則閑居者寡 而虐斂未甚矣 今之鄕吏締交宰相 關通察司 上蔑官長 下剝生民 能不爲是所屈者賢牧也 首吏權重 不可偏任 不可數召 有罪必罰 使民無惑 (吏屬參謁 宜禁白布 衣帶) 吏屬游宴民所傷也 嚴禁屢戒毋敢戲豫 吏廳用笞罰者 亦宜嚴禁 上 官旣數月作下吏履歷表置之案上 吏之作奸史爲謀主 欲防吏奸怵其史 欲 發吏奸鉤其史

[석의(釋義)] 이속(吏屬)—아전(衙前)이니 향리(鄕吏)니 이서(吏胥)니 하는 이름은 다 이속(吏屬)으로서 관청에 속한 하급 실무자들이다. 소위 아전에는 중앙 관서에 있는 경아전(京衙前)과 지방의 주(州)·부(府)·군(郡)·현(縣) 등에서 근무하는 외아전(外衙前)이 있는데, 지방 출신으로서 대대로 아전 노릇하는 자를 향리(鄕吏)라고 한다. 다른 지방에서 임시로 와서 근무하는 자는 가리(假吏)라 하여 이와 구별된다. 근무하는 관청에 따라서 서리

(書吏)·서원(書員)·영리(營吏) 등으로 불리었고, 그들이 모여 있는 이청(吏廳)이, 수령이 집무하는 정청(正廳) 바로 앞에 있었기 때문에 이들을 아전이라고 했던 것이다.

소위 향리라 불리는 지방의 아전들은 본디 지방 호족(豪族) 출신으로서 지방에서의 실력자들이다. 그러나 이서(吏胥)제도가 확립됨에 따라 이들의 지위는 지방 귀족에서 양민(良民)보다도 낮은 천민(賤民) 신분에까지 전락되었다. 그러나 지방 출신의 수령(守令)을 기피하는 소위 상피제도(相避制度) 때문에 수령은 그 지방 사정에 어둔 관계로 지방 실정에 밝은 아전들이 지방 행정을 좌우할 수밖에 없었다. 그리하여 아전들은 수령과 지방민의 중간에 서서 갖은 농간을 다 부렸던 것이다.

아전들은 그럴 수밖에 없었는지도 모른다. 그들에게는 위계(位階)도 없고 봉록도 근세 조선 말기에는 없어지고 말았기 때문이다. 그들은 수령(守令)의 시자(侍者)가 되어 백성들을 괴롭히는 존재가 되었고, 그 때문에 전정(田政)·군정(軍政)·환정(還政) 등 지방 행정은 문란의 극에 이르고 급기야 진주민요(晉州民擾)·갑오동란(甲午動亂) 등의 원인(遠因)이 되기도 하였다.

관료제도는 특수한 직책에 의하여 맺어진 상하 인간관계인 것이다. 그러므로 그들의 관계는 일시적인 것이요 동시에 가변적인 것이다. 부하 직원을 옛날에는 아전(衙前)이라 하였는데 아전 근성이란 말이 생길 정도로 이들은 다루기 힘든 직책인 것이다. 왜냐하면 그들은 위로는 수령인 목민관을 눈치껏 떠받들어 모시고 아래로는 백성들을 손에 쥐고 농락을 일삼기 쉬운 자리에 앉아 있는 자들이기 때문이다. 흔히 이들은 "백성들은 토지를 밭으로 삼아 생계를 유지하는데 아전들은 백성들을 밭으로 여기며 훑어낸다"고 한다. 이는 그들의 착취 근성을 지적한 것으로서 이러한 그들의 근성을 단속하지 않는다면 그의 누는 곧장 목민관 자신에게 내닫게 됨을 알아야 한다.

공자는 『논어』「자로」편에서 "제 자신이 바르면 명령이 없어도 잘 되고, 제 자신이 그르면 명령해도 복종하지 않는다" 하였는데 이는 부하를 다스리는 기본 원칙이 아닐 수 없다. 목민관 자신이 무엇보다도 먼저 바르게 처신하여야만 부하 직원들이 저절로 상관의 지시를 따르게 될 것이다.

목민관 자신이 바르다는 것은 모든 일을 지공무사(至公無私)한 입장에서 처리하고 청렴결백한 태도로 임하는 것을 의미한다. 그럼에도 불구하고 아전들은 때로는 이끝으로 유혹하는 수가 많다. 또 때로는 면종복배(面從腹背)하면서 함정 속으로 유인하기도 한다. 이러한 사실들을 분명하게 밝히지 않고 우물쭈물 넘기다가는 자기도 모르는 사이에 부하 직원 손아귀 속에 떨어지고 마는 것이다.

이들을 단속하는 방법으로서는 언제나 관맹(寬猛)이 겸용되어야 한다. 다시 말하면 관대해야 할 때는 너그러운 아량을 보여주기도 하려니와 때로는 엄격하게 다스려 다시금 못된 농간을 부릴 생각은 염두에도 갖지 못하게 해야 한다.

요즈음은 6급 이하—옛날의 이속—공무원들의 복무 규정이 있기 때문에 이에 충실하면 옛날과 같은 아전 근성은 싹틀 수가 없다. 그러나 관료제도하에 있어서의 인사관리란 예나 지금이나 결코 용이하지 않은 것이다. 더욱이 일선 공무원의 일거수일투족은 백성들의 생활과 직결되어 있기 때문에 복무 규정에 의한 제도적 제약도 필요하지만 지도자인 상관으로서의 관리도 절실히 필요하다.

그러나 사람의 도리로써 사람을 다스려야 하는 것이기 때문에 부하 직원을 단속하는 길도 내 자신을 먼저 바르게 하는 데 근본하고 있음을 알아야 할 것이다.

2. 준엄(峻嚴)한 채찍과 신의(信義)의 고삐
― 어중(馭衆)

대중을 어거하는 방법에는 위엄과 신의가 있을 따름이다. 위엄
은 청렴한 데서 생기고 신의는 충성된 데서 나온다. 충성되면서
청렴하기만 하면 대중을 복종시킬 수 있을 것이다. 군교들은 무
인으로서 거친 왈패들이다. 그들의 횡포를 막자면 엄하게 다루
어야 한다. 문졸이란 옛날 심부름꾼들이다. 관속들 중에서 가장
길들이기 힘든 자들이다. 관노들의 작간은 오직 창고에서만 있
다. 거기에 이속들이 있으면 피해가 그리 심하지는 않을 것이니,
은정으로 그들을 달래어 함부로 굴지 못하게 해야 한다.
데리고 있는 아이는 잘 달래어서 기르며 잘못이 있더라도 가볍
게 다스리도록 하지만, 이미 뼈대가 굵어진 놈은 이속 다루듯
단속해야 한다.

[原文] 馭衆之道威信而已 威生於廉 信由於忠 忠而能廉 斯可以服衆矣
軍校者武人麤豪之類 其戢橫宜嚴 門卒者古之所謂皁隷也 於官屬之中最
不率敎 官奴作奸惟在倉厫 有吏存焉 其害未甚 撫之以恩 時防其濫 侍童
幼弱牧宜撫育 有罪宜從末減 其骨骼已壯者束之如吏

수령의 부하 중에는 직속 부하와 그들이 거느려야 하는 하급 부하
들이 있다. 여기서 대중이란 군졸·문지기·관노·시동 등을 가리킨

다. 군졸이란 요즈음 말로는 군경에 해당하는데 '문'을 숭상하고 '무'를 천하게 보던 시절에는 사령이나 문졸처럼 낮은 직책에 속해 있었다.

직속 부하인 아전들은 수령이 일대일로 직접 다루지만 이러한 하급 관속들은 집단적으로 단속해야 한다. 그들은 거의가 불학무식한 패거리들이기 때문에 말로써 다루기에는 너무나 까다로운 무리들이다. 그러므로 그들을 치죄할 때는 공정하고도 준엄하게 다루어야 한다. 이들에게는 염치도 야망도 없다. 그저 그때그때 잘 입고 잘 먹으면 그것으로 만족하는 무리들이다. 그러므로 그들은 그들에게 지워진 직권을 최대한으로 이용하여 백성들을 괴롭히기가 일쑤인 것이다.

우리는 근자에 있어서도 민원 창구에서 하찮은 하급 직원이 청원자들을 괴롭히는 경우를 볼 수가 있다. 도적을 잡으라는 형사와 소매치기가 결탁한 사례가 결코 흔한 것은 아니지만 어처구니없이 우리들을 놀라게 한 일을 우리는 기억하고 있다. 다산은 이를 일러 이도감도(以盜監盜)라 하여 도적으로 하여금 도적을 감시하게 하는 사례로 간주하고 있다. 교양과 지적 수준이 낮은 말단 직원의 한 생태로 보지 않을 수 없다.

이들을 어거하며 통솔하기 위하여는 두 가지 방법이 있는데 하나는 앞서 지적한 바와 같이 준엄하게 다스리는 방법이요, 다른 하나는 그들의 처우를 개선하여 온정으로 다스리는 방법이다. 그들을 다스리되 지나치게 엄벌주의로 나간다면 그들의 마음이 이탈하게 되어 충성심이 약화될 것이요, 지나치게 온정주의로 나간다면 그들의 정신 자세가 해이하게 됨으로써 성실한 근무 태도에 금이 가기가 쉬울 것이다. 그러므로 목민관은 그들을 다루되 강유를 겸비하도록 하여야 함은 다시 말할 나위도 없다.

3. 적재(適材) 적소(適所)의 묘(妙)
— 용인(用人)

나라를 다스리자면 사람을 쓰기에 달렸으니, 시와 군은 비록 작은 고을이지만 사람을 쓴다는 점에서는 다를 것이 없다. 향승이란 시장·군수의 보좌관이다. 반드시 그 고을에서 가장 착한 사람을 골라서 이 직책을 맡기도록 하라.

좌수란 빈석의 우두머리인 것이다. 진실로 적임자를 얻지 못하면 모든 일이 제대로 되지 않는다. 좌우 별감이란 수석의 다음 자리다. 또한 적격자를 얻어 여러 정사를 의논하도록 하는 것이 좋을 것이다. 진실로 적임자를 얻지 못하면 자리만을 갖추어 놓았을 따름이다. 이 일 저 일 맡겨서도 안 될 것이다. 아첨을 잘하는 자는 충성되지 않고 바른 말을 잘하는 사람은 배신하지 않는다. 이런 점을 잘 살핀다면 실수가 적을 것이다. 풍헌·약정은 다 향승이 추천한다. 만일 적격자가 추천되지 않았거든 사령장은 회수되어야 한다. 군관과 무관으로서 무반에 서게 되는 사람은 굳세고 꿋꿋하여 모욕을 억누르는 기색이 있을수록 좋은 것이다. 만일 신변 가까이 부하를 두게 된다면 인재를 고르는 데 신중히 해야 할 것이다. 충신을 으뜸으로 삼고, 재주는 그다음이 되어야 한다.

[原文] 爲邦在於用人 郡縣雖小 其用人無以異也 鄕丞者縣令之輔佐也 必擇一鄕之善者俾居是職 座首者賓席之首也 苟不得人庶事不理 左右別

監首席之亞也 亦宜得人評議庶政 苟不得人備位而已 不可委之以庶政 善
諛者不忠 好諫者不偝 察乎此則鮮有失矣 風憲約正皆鄉丞薦之 薦非其
人者還收差帖 軍官將官之立於武班者 皆桓桓赳赳有禦侮之色斯可矣 其
有幕裨者宜愼擇人材 忠信爲先 才諝次之

　　옛날 인사행정에 상피(相避)제도라는 것이 있다. 수령을 제 출생지
고을로 보내지 않는 제도이다. 그리고 동시에 수령이 임지에 부임하
면 부하 이속들은 그 임지에서 그 고을 출신을 기용하는 것이 상례
로 되어 있다. 향승이니 좌수니 별감이니 하는 따위들이 다 이 제도
에 따라서 시행해야 할 인사들이다. 그러므로 사람을 골라 써야 하
는 입장은 그 규모의 크고 작음이 있을 따름이지 그의 원칙에 있어
서는 조금도 다름이 없다.

　　사람을 골라 쓰되 적재를 적소에 맞춰 쓴다는 것은 인사행정의 변함
없는 원칙이다. 그렇다면 적재는 어떠한 기준으로 골라야 할 것인가?

　　옛날에는 사람을 기용하되 두 가지 방법이 있었는데 하나는 과거
(科擧)제도요, 다른 하나는 천거(薦擧)제도이다. 이러한 방법은 근대
국가제도로 발전하면서 전자는 국가고시 제도로 바뀌었고, 후자는
소위 특채 제도로 되었다. 어쨌든 이들은 모두 다 '사람'됨, 다시 말
하면 한 사람의 능력(재주)과 인격(인성)을 골라서 적재적소로 쓰일
인재를 찾아 쓰자는 방법이라고 할 수 있다.

　　"열 길 물속은 알아도 한 길 사람 속은 알 수 없다"는 속담이 있
다. 이는 사람의 마음속은 알기 어렵다는 것을 말해 주고 있다. 사람
을 쓴다는 것이 사람의 됨됨을 알아서 골라 쓴다는 것을 의미하는
것이라면 그만큼 사람을 골라서 쓰기란 어려운 일이라는 것을 말해
준다. 그러므로 사람을 고르기 위하여 여러 가지 기준을 만들어 놓

게 된 것이니 과거나 천거도 그러한 방법 중의 하나이다.

사람을 고르되 충직한 데다가 신의가 있는 사람을 골라 쓰면 틀림이 없을 것이다. 그렇지 않고 말재주나 글재주나 일재주만을 보고 사람을 골랐다가는 자칫 잘못하다가는 속이거나 아니면 일을 그르치기 쉬울 것이다.

충직한 사람은 우직하게 보이기도 하며 그러한 사람은 바른 말을 하면서 아첨할 줄도 모른다. 그러므로 코앞에서만 슬슬 좋은 말을 늘어놓으면서 비위를 맞추는 사람은 급할 때 꽁무니를 빼거나 불리할 때는 책임을 지려고 하지 않는다. 그러므로 바른 말을 하기 좋아하는 부하는 결코 배반하지 않고 아첨을 좋아하는 부하는 결코 충성된 부하가 될 수 없다는 사실을 알고 사람을 고르도록 해야 할 것이다.

흔히 충직한 사람은 좋아하는 사람보다는 그를 싫어하는 사람이 더 많을 수가 있다. 그러나 사람이란 만인이 다 좋아할 수 없다면, 그의 주변 사람들 중에서 선인은 그를 좋아하고, 선하지 않은 못된 사람들만이 그를 싫어한다면 오히려 그 사람은 쓸 만한 사람으로 평가해도 좋을 것이다. 이처럼 주변 사람들의 평판은 한 사람을 골라 쓰는 데 중요한 기준이 된다.

옛말에 "명철한 사람만이 사람을 알아보고 벼슬을 줄 수 있다"고 했다. 사람을 골라서 쓴다는 말은 사람에게 벼슬자리를 맡긴다는 뜻이다. 그러므로 목민관은 항상 명철한 판단에 의하여 사람다운 사람에게 벼슬자리를 맡겨 주도록 하여야만 백성들은 베개를 높이 하고 편안한 잠을 이룰 수가 있을 것이다.

4. 인재(人材)의 추천(推薦) — 거현(擧賢)

현인을 천거하는 일은 지방관의 직분이다. 옛날과 지금의 제도
가 비록 다르다 하더라도 현인의 천거만은 잊어서는 안 된다.
학식과 행실이 뛰어나고 관리의 재질을 갖춘 사람을 추천하는
데는 국가의 제도가 따로 있다. 그 고을에서 잘난 이가 있으면
버려둘 수 없는 것이다. 과거라는 것은 과목별로 천거한다는 뜻
이다. 요즈음 그 법에 비록 빠진 데가 있다 하더라도 폐단이 극
도에 달하면 반드시 변하는 법이니, 현인을 천거하는 일은 목자
의 당연한 임무인 것이다. 중국의 과거법은 지극히 자세하고 치
밀하다. 그것을 본받아 실행하면 천거한다는 것은 목자의 직무
로 되어 있다. 과거를 위하여 지방에서 추천하는 것은 비록 국
법은 아니라 하더라도 문학하는 선비라는 기록을 추천장에 쓰
면 될 것이니, 국법에 구애되어서는 안 된다. 관할 지역 안에 학식
과 행실이 뛰어난 선비가 있을 양이면 몸소 찾아가되 시절 따라
문안을 드림으로써 예의를 다하도록 해야 한다.

[原文] 擧賢者守令之職 雖古今殊制 而擧賢不可忘也 經行吏才之薦國有
恒典 一鄕之善不可蔽也 科擧者科目之薦擧也 今法雖闕弊極必變 擧人之
薦牧之當務也 中國科擧之法至詳至密 效而行之則薦擧者牧之職也 科擧
鄕貢雖非國法 宜以文學之士錄之于擧狀 不可苟也 部內有經行篤修之士
宜躬駕以訪之時節存問以修禮意

유가에는 존현(尊賢)사상이 있다. 존현사상이란 글자 그대로 현인을 존경하고 소중히 여기는 사상이다. 그러나 문제가 되는 것은 현인을 어떻게 뽑아 쓸 수 있느냐에 있다. 그러한 방법으로서 제시된 것이 다름 아닌 과거제도임은 이미 앞 절에서 지적한 바와 같다. 이는 오늘에 있어서는 국가고시제도에 해당하는 것으로서 완전무결한 것이 아니라는 점에서 자고로 많은 문제를 안고 있는 것이 사실이다.

국가고시제도는 그 제도상의 변천은 있다 하더라도 그에 따른 운영상의 폐단은 고금을 통하여 다르지 않다. 소위 과거제도는 저 멀리 중국 한(漢)나라 때 비롯하였고, 우리나라에는 고려 광종 때 비로소 채택된 제도이지만, 조선조 후기 순조 18년에 성균관 사성(司成)이던 이형하(李瀅夏)에 의하여 과거의 8폐를 다음과 같이 지적받은 바 있다.

> "① 남의 글을 빌려다가 내 것으로 만든다. ② 책을 몰래 시험장으로 가지고 간다. ③ 시험장에 아무나 들어간다. ④ 시험지를 바꿔친다. ⑤ 밖에서 써 가지고 들여보낸다. ⑥ 시험문제를 미리 알아낸다. ⑦ 이졸들이 들락날락 농간을 부린다. ⑧ 답안지에 농간을 부린다."

이러한 사례들이 결코 오늘의 국가고시에 나타나 있는 것도 아니요 또 나타날 수 있는 어수룩한 세태도 아니다. 간혹 시험지의 누출 사건이 없는 바는 아니지만 그것이 제도 전체를 좀먹는 폐단으로까지 지목되지는 않는다.

그러나 과거, 국가고시제도의 폐단은 이러한 소절에 있는 것이 아니라 제도상 근본적인 문제로 지목되어야 할 점은 한 인간의 덕행

(德行)이나 지략(智略)을 어떻게 평가할 수 있느냐이다. 그러한 의미에서 한무제가 제정한 네 가지 과목을 참고로 제시하면 다음과 같다.

① 덕행은 고묘해야 하고 지절(志節)은 청백해야 한다.

② 학문은 통달하여 박사의 경지에 이르러야 한다.

③ 법령을 잘 익힘으로써 재판의 판결을 머뭇거리지 않아야 한다.

④ 굳센 의지와 지략이 있어 수령의 재목이 될 수 있어야 한다.

여기서 우리는 한 인물의 평정은 그의 학식 및 법령의 습득과 아울러 그의 덕행과 지략이 중요한 비중을 차지하고 있음을 알 수가 있다. 국가고시에서는 이러한 인물 평정이 극히 소략하게 다루어지고 있다. 이러한 맹점을 보완하기 위해 추천과 시험을 병행하여 실시하는 것이 바람직한 제도가 아닐까 여겨진다. 과목별에 의한 시험 위주가 아니라 추천에 의한 과거를 천거(薦擧)라 하여 목민관의 현인 추천을 중요시하는 까닭이 여기에 있는 것이다. 추천의 과정에 있어서는 한 인물의 덕행과 지략을 보다 더 중요시하고 있기 때문이다.

5. 암행(暗行) 청보망(淸報網) — 찰물(察物)

목민관이 되어 외로이 우뚝 홀로 서 있으면 앉은 걸상 외에는 모두 다 나를 속이려는 자들이다. 사방으로 눈을 밝히고 사방으로 귀를 기울여야 하되 제왕만이 그래야 하는 것은 아니다. 투서를 시키는 법은 백성들로 하여금 마음 놓고 걷지도 못하며, 흘깃흘깃 눈치만 보게 만드는 것이니, 결코 시행해서는 안 된다. 갈고리로 낚아 내는 듯하는 질문은 흉칙한 속임수에 가까운 것이니, 군자로서는 할 짓이 아니다. 사시절 첫 달 초하루마다 향교에 통첩을 보내어 앓는 이가 있나 없나를 묻고 각각 이해 관계를 지적하여 진술하게 하라. 자제들이나 친지들 중에서 마음가짐이 단정·결백하고 겸하여 사무에도 능숙한 사람이 있거든 몰래 민정을 살펴오도록 하는 것이 좋을 것이다. 수석 관리는 권리가 대단하기 때문에 길이 막혀 서로 트이지를 않는다. 따로 그를 염탐하는 일을 그만두어서는 안 된다. 대체로 자잘한 과실이나 작은 흠집은 때를 삼키며 아픔을 감추듯 하는 것이 좋을 것이다. 샅샅이 밝혀내는 것은 현명한 짓이 아니다. 가끔 간흉한 자를 밝혀내되 귀신같이 해내면 백성들은 그를 두려워할 것이다. 좌우에 가까이 있는 사람들의 말을 고지식하게 믿어서는 안 된다. 한가로운 이야기 속에도 다 사사로운 뜻이 들어 있는 것이다. 몰래 돌아다닌다고 해서 물정을 살피게 되는 것은 아니다. 헛되이 체면만 손상시킬 따름이니 할 짓이 아닌 것이다. 감사로서 알아볼 일이 있더라도 영내에 있는 부하들을 시켜서는 안 된다.

[原文] 牧子然孤立 一楊之外 皆欺我者也 明四目達四聰 不唯帝王然也 詬筭之法使民重足側目 決不可行 鉤鉅之問 亦近譎詐 君子所不爲也 每孟月朔日下帖于鄕校以問疾苦 使各指陳利害 子弟親賓有立心端潔兼能識務者 宜令微察民間 首吏權重 壅蔽弗達 別政廉問 不可已也 凡細過小疵 宜合垢藏 疾察察非明也往往發奸其機如神 民斯畏之矣 左右近習之言不可信聽 雖若閑話皆有私意 微行不足以察物 徒以損其體貌 不可爲也 監可廉問 不可使營吏營胥(凡行臺察物 唯漢刺史六條之問 最爲牧民之良法)

[석의(釋義)] 감사(監司)─관찰사(觀察使)의 별명으로서 각 도(道)의 최고 책임자이다. 감사(監司)가 있는 관청을 감영(監營)이라고 했고, 그는 문관으로서 절도사(節度使)·수군절도사(水軍節度使) 등의 무관직도 겸했다.

목민관의 위치는 계란의 노른자위에 찍힌 한 개의 작은 눈과 같다. 흰자위를 일러 백성들이라 한다면 노른자위는 눈을 둘러싸고 있는 수많은 아전과 토호들이다. 그러므로 수령을 둘러싸고 있는 아전들은 백성들과 수령과의 사이를 가로막고 있는 철벽이라 할 수 있다. 그러므로 수령은 눈에 보이지 않는 장막 속에 갇혀 있는 외로운 존재이다.

그러므로 목민관으로서 만일 백성들을 위하여 인정을 펴고자 한다면 백성들이 무엇을 바라고 있는가 하는 민정을 살펴 알아내는 일이 급선무가 아닐 수 없다. 이렇듯 외롭게 갇혀 있는 위치에서 둘러싼 아전들의 장벽을 뚫고 영내에 널리 있는 만백성들의 민정을 살피고자 한다면 이를 캐내는 정보 수집이 모든 일에 앞서야 한다.

여기서 다산은 수령으로서의 민정 사찰, 곧 정보 수집의 필요성과 방법을 제시해 주고 있으나 오늘에 있어서는 이미 국가적 차원에서 정보 기관이 제도화되어 있음은 잘 알려진 사실이다. 이들의 정보 활동은 비단 국가적인 차원에서 훨씬 뛰어나 있을 뿐만 아니라 이제 는 세계적인 차원에까지 이르고 있기 때문에 정보 수집의 필요성 같 은 것은 재론할 필요조차 없지만 국을 좁혀서 생각한다면 목민관이 라는 직위를 감당해내기 위해서라도 제도화된 것은 아니지만 개인 적으로라도 정보 수집 활동이 필요하다.

정보 수집을 위해서는 적어도 두 가지 측면에서 이를 정리해야 한 다. 하나는 이속들의 잘못이나 농간을 알아내야 하는 일이요, 또 하 나는 백성들이 하고자 하고 해주기를 바라는 일이 무엇인가를 알아 내는 일이다.

전자에 대해서는 자신이 직접 미행하면서 알아보는 방법도 있지 만 그것은 별반 실효를 거둘 수 없을 뿐만 아니라 자칫 잘못하다가 는 체면만을 손상시키기 때문에 이러한 미행은 별로 바람직한 방법 은 아니다. 그러므로 이를 위해서는 자신보다도 남을 시키되 믿을 만한 자제들이나 친지 중에서 골라 민정을 살펴오도록 다산은 여기 서 권고하고 있다. 그러나 현대적 행정조직으로써는 거의 불가능한 일이요 오히려 행정조직 안에 있어서의 신임할 만한 사람을 골라서 염탐하여 주도록 하는 것이 손쉬운 방법이겠다. 이러한 실정을 제도 화한 것이 다름 아닌 경찰의 정보 활동이라 해도 좋을 것이요 이러 한 계통을 통하여 얻어진 정보에 의하여 목민관의 직책을 수행하도 록 유의해야 할 것이다. 후자에 관해서는 전자에서처럼 비밀주의를 취할 것이 아니라 소위 존문(存問) 순막(詢瘼)의 방법을 활용하여 공 공연하게 모든 민정을 살피도록 하는 것이 바람직하다. 그러므로 정보를 얻는 방법의 하나인 비밀 투서는 결코 바람직한 방법이 아님을 다산은 여기서 지적하고 있는 것이다. 오히려 자문위원회라든지 대책위원회라든지 기성위원회 또는 추진위원회 같은 민간조직이 그 지역 또는 그 시대의 민정을 대변하는 자로 활용되어야만 정보를 얻는 데 크게 도움이 될 것이다.

6. 신상(信賞) 필벌(必罰) ─ 고공(考功)

관리들이 한 일은 반드시 그 공적을 따져야 한다. 그들의 공적을 따지지 않으면 백성들이 힘써 일하지 않을 것이다. 국법에 없는 것을 단독으로 시행할 수는 없다. 그러나 그 공적과 과실을 적어 두었다가 연말에 공적을 따져 상을 주도록 한다면 그만두는 것보다는 나을 것이다. 6기(期)로 끊지만 관리는 한 자리에 오래 머물러야 공적을 따질 수가 있다. 그렇지 못할 바에는 그저 신상 필벌로써 백성들이 법령을 믿도록 하는 데 그칠 따름이다.

[原文] 吏事必考其功 不考其功則民不勸 國法所無不可獨行 然書其功過 歲終考功以議施賞 猶賢乎已也 六期爲斷 官先久任而後可議考功 如其不 然 唯信賞必罰使民信令而已

『고적의(考績議)』라는 책에는 다음과 같은 글이 쓰여 있다.

"나라가 평화로우냐 위태로우냐는 인심이 어디로 쏠리느냐에 달려 있다. 인심이 어디로 쏠리느냐는 민생이 잘사느냐 못사느냐에 달려 있다. 민생이 잘사느냐 못사느냐는 수령이 잘하느냐 잘못하느냐에 달려 있다. 수령이 잘하느냐 잘못하느냐는 감사가 표창해주느냐 처벌하느냐에 달려 있다."

그러므로 백성들이 잘살고 못살고는 수령의 행적 여하에 달려 있고 수령이 잘하고 못하는 것은 그들의 행적을 따져 권선징악(勸善懲惡)하는 데서 이루어짐을 의미한다.

그러나 우리가 여기서 유념해야 할 것은 다름이 아니라 수령의 공적은 단시일 내에 이루어지는 것이 아니라 오랜 시일을 두고 꾸준하게 노력하는 데에서 이룩된다는 사실이다. 수령은 결코 과객일 수는 없다. 앉은자리에 김도 오르기 전에 떠나버리는 수령에게서 무엇을 기대할 수 있을 것인가.

그럼에도 불구하고 자기가 심은 나무의 열매를 자기가 따고자 하는 수령이 있다면 우리는 그를 어떻게 바라다 보아야 할 것인가? 더욱이 2~3년이라는 결코 길지 않은 기간 동안에 어떻게 종근성실(種根成實)을 기대할 수 있을 것인가? 적어도 임기 4년에 한 번쯤 중임하여 8년이라는 세월을 허락해준다면 당장에 열매까지는 기대할 수 없다 하더라도 뿌리만은 깊이 내릴 수 있으리라고 여겨진다. 그러므로 목민관의 공적은 그가 심은 나무의 열매에서가 아니라 그가 과연 어떠한 나무를 심어 후인들을 위하여 어떠한 열매를 거두게 해주었느냐에서 따져야 한다.

소위 신상필벌은 손의 안팎처럼 서로 뗄 수 없는 관계에 있다. 이를 위해서는 몇 가지 기준이 서 있어야 할 것이다.

첫째, 공정성을 잃지 않아야 할 것이다. 1년의 공적을 따지거나 3년의 공적을 따지거나, 아니면 평생의 공적을 따지거나 간에 거기에는 추호도 사사로운 판단이 끼어들어서는 안 된다. 적어도 만인의 판단에 의한 민심이 거기에는 깃들여 있어야 한다.

둘째, 공적이란 일시적인 것이 아니라 항구성(恒久性)이 있어야 한다. 항구성이 있는 것은 한 알의 씨앗이라도 그것이 자라서 느티나무가 될 수 있는 것이다.

셋째, 징악(懲惡)을 필벌(必罰)로써 다루지만 그것은 권선(勸善)하기 위한 하나의 방편으로 이해되어야 한다. 그의 잘못은 미워하지만 그 사람까지 미워할 수는 없기 때문이다.

공자는 『논어』에서 "정치를 곧은 마음으로 실행해야 함은 마치 북극성이 제자리에서 뭇별들을 이끌고 함께 돌아가는 것 같은 것이다"라 하였다. 이렇듯 목민관은 그 고을에 있어서 북극성과 같은 것이다. 그나마도 혼자 앉아 있는 것이 아니라 뭇별들을 이끌고 함께 돌고 있는 중심체인 것이다.

목민관으로서 아전·이속·향리들을 올바르게 지도하여 그들로 하여금 농간을 부리지 못하게 하는 것은 비단 그것이 백성들의 생계와 직결되어 있기 때문만이 아니라 아전들의 농간과 행패를 막아내지 못한다면 수령의 기능도 제대로 돌아가지 못하여 급기야 어리석은 한 필부(匹夫)로 전락되어 버리기 때문이다. 그러므로 수령의 임무를 수행하기 위하여 관기를 숙정하자면 모름지기 이속들의 농간을 엄중 단속하는 일을 첫째로 삼아야 한다.

다음으로는, 적재적소로 현인을 찾아내는 일이 무엇보다도 선행해야 함은 제아무리 좋은 제도나 법령이라 하더라도 그것을 운영하는 사람에 따라서 그 성과가 좌우되기 때문이다. 부하 직원을 잘못 만나면 그들의 농간은 신출귀몰(神出鬼沒)하여 꼬리를 잡을 수 없고,

민중들의 동향은 소리도 없고 냄새도 없지만 물결처럼 모든 것을 휩쓸 기세로 움직이고 있는 것이다. 수령으로서 이들의 동향을 파악하지 못한다면 마치 등불 없는 밤길을 걷는 것과 같으니 언제 어디서 수렁에 빠질는지 아무도 보장할 수 없으니 위태롭지 않은가?

그러므로 백성이라는 대중을 거느리고 그들을 이끌어갈 부하 직원들과 함께 나날을 보내야 하는 목민관은 모름지기 자신의 주변 지도 계층부터 정화(淨化)하여 백성들의 신뢰를 얻도록 해야 할 것이다. 공자는 『논어』에서 다음과 같이 말했다.

"식량이 넉넉하고 군비가 충실하고 백성들이 믿게 되어야 한다.……옛날부터 사람이란 죽는 것이지만 믿음 없이는 지탱 못한다."

어쨌든 믿음이란 모든 정책의 핵심이요 종착역이다. 그러므로 수령의 관기숙정은 주변을 정화하여 불신풍조를 조성하는 모든 여건들을 불식함으로써 비로소 성취될 수 있다는 사실을 알아야 할 것이다.

호전육조(戶田六條) · 농촌(農村) 진흥(振興)의 바탕

1. 기본적(基本的)인 실태(實態) 파악(把握)
— 전정(田政)

목자의 직책 중에서 토지 정책이 가장 어렵다. 우리나라 농지법은 본래 제대로 되어 있지 않기 때문이다. 토지 측량은 토지 정책의 중요 부분인 것이다. 묵은 밭을 조사하고 숨겨진 농토를 찾아냄으로써 안정을 기하도록 하되 그것만으로 되지 않거든 토지 측량을 실시하도록 하라. 그리 큰 피해가 없는 것은 예전대로 두어 두지만 피해가 대단한 것은 원본을 고쳐야 한다. 토지 측량의 조례는 정부에서 반포해야 하거니와 그중의 중요한 대목은 국민들에게 자세히 밝혀주도록 하라. 토지 측량법은 아래로는 백성들에게 피해를 끼치지 않아야 하고 위로는 국가에 손해를 끼치지 않아야 한다. 오직 그것은 공평하게 되어야 할 것이니, 무엇보다도 먼저 적임자를 내세워야만 제대로 시행될 것이다. 묵은 밭이 아주 묵어 버린 것은 세액의 과중함이 분명한 것이니, 등급을 낮추어 주어야 한다. 묵은 밭의 세액 조정 때문에 장부의 변경이 생겼을 때 흔히 백성들의 송사가 많아지기 쉽다. 변경된 것은 모조리 증명서를 떼어 주도록 하라. 도대체 토지 측량은 세밀 측량법에 의하는 것보다도 더 좋은 방법은 없을 것이니, 국가의 명령으로 실시하는 것이 좋을 것이다. 묵은 밭을 조사하는 사무는 토지 정책의 중요 항목이다. 세금 때문에 원망이 많거든 묵은 밭을 조사해야 한다. 묵은 밭을 개간하는 데 농민의 힘만을 믿어서는 안 된다. 목자는 지성껏 경작을 권고하고 또 이어서 보조를 주어 돕도록 해야 한다. 은결이나 여결은 해마다 달마다 늘고, 궁결이나 둔결도 해마다 달마다 늘고, 세금을 부과할 원전의 숫자는 해마다 달마다 줄기만 한다면 장차 이 일을 어찌해야 할 것인가?

[原文] 牧之職五十四條 田政最難 以吾東田法本自未善也 (時行田筭之法 乃有方田直田 句田梯田 圭田梭田 腰鼓田諸名 其推筭打量之式 仍是死法 不可通用於他田) 改量者田政之大擧也 查陳蔽隱以圖苟安 如不獲已呰勉改量 其無大害者悉因其舊牅 其太甚以充原額 改量條例每有朝廷所頒其中要理須申明約束 量田之法下不害民上不損國 唯其均也 唯先得人乃可議也 (畿田雖瘠本旣從輕 南田雖沃本旣從重 凡其負束悉因其舊) 唯陳田之遂陳者 明其稅額過重 不可不降等也 陳田降等字號遷變民將多訟 凡其變者悉給牌面 總之量田之法莫善於魚鱗圖以作方田 須有朝令乃可行也 查陳者田政之大目也 陳稅多寃者不可不查陳也 陳田起墾不可恃民 牧宜至誠勸耕 又從而助其力 隱結餘結歲增月衍 宮結屯結歲增月衍 而原田之稅于公者歲減月縮 將若之何

[석의(釋義)] 묵은 밭—곧 진전(陳田)이니, '경작하지 않고 그대로 버려둔 토지'를 가리킨 말이다. '진전'은 토지 대장에는 기록되어 있지 않되 경작하지 않는 토지이기 때문에 세금 부과의 대상이면서도 부과할 수 없는 토지로서 농간의 대상이 되었다.
은결(隱結)—조세(租稅)의 부과 대상에서 고의로 누락시킨 토지로서, 면세를 가장하여 부정을 하던 것. 토지 소유자나 경작자가 은결하기도 하지만, 주로 관리들이 은결시켜 이를 착복함으로써 국가 재정에 손실을 끼쳤던 것이다.
여결(餘結)—토지 대장에 실려 있지 않은 결수(結數)로서, 은결과 다른 점은 토지 조사 때 실수보다도 적게 기입함으로써 생긴 차액이라는 점이다.
관결(官結)—관방전(官房田)을 대상으로 한 조세 표준으로서, 후비(后妃)·왕자(王子)·대군(大君)·공주(公主)·옹주(翁主) 등의 궁방에 소요되는 경비와 죽은 뒤의 제사 비용을 위하여 지급되었다. 특별부가세 같은 것으로서 많은 폐단이 수반되었던 제도이다.
둔결(屯結)—둔전(屯田)을 대상으로 한 조세 표준으로서, 둔전이란 군졸(軍卒)·서리(胥吏)·평민·관노비(官奴婢)들에게 민간 토지를 개척하여 경작하게 하고, 거기서 나오는 수확물을 지방 관청의 경비 및 군량 등에 쓰도록 한 토지이다. 둔전의 종류만 해도 40여 가지나 되니, 그 폐단은 한때 이만저만한 것이 아니었다.

국가의 산업 발전이 중농·중상·중공의 단계를 거쳐 발전하는 동안 현재는 농공병진정책이 바람직하겠지만 옛날에 있어서는 농업 국가로서 농토는 국민경제의 기초가 되었을 뿐만 아니라 국가 세원의 근간을 이루고 있는 만큼 당시에 있어서의 토지정책은 목민관의 가장 요긴한 임무 중의 하나였다.

그러나 근래에 있어서의 국토의 개념은 결코 농토에 국한되어 있지 않음은 물론이다. 농토의 많은 부분이 공업단지화하거나 아니면 택지화하기도 하고 더러는 고속도로나 국도 부지로 편입됨으로써 그의 절대면적은 점점 줄어들게 마련이다. 그러나 가속화되는 인구 증가에 따라 식량의 소비도 이에 정비례하여 증가함으로써 농토의 관리는 새로운 각도에서 검토되어야 할 시기에 직면하였다.

첫째, 농토의 절대량의 감소를 보상하기 위하여 토지의 질적 향상을 꾀하여 단위 수확량을 높이도록 해야 하며, 이를 위하여 경지를 정리하고 비배 관리를 철저히 하며 수리시설을 확충하여 전천후영농을 유도할 뿐 아니라 종자를 개량하여 다수확 우량종을 파종하도록 해야 할 것이다. 나아가서는 다각영농을 장려함으로써 농가 소득 증대를 꾀하도록 지도해야 하는 것이 오늘에 있어서의 토지정책의 핵심이 되어야 하겠다.

둘째, 현존 농토의 질적 관리뿐만 아니라 농지의 확장을 위한 시책이 또한 아울러 진행되어야 함은 다시 말할 나위도 없다. 그것은 곧 임야의 개간과 해수면의 매립이라는 두 가지 측면에서 설계되어야 할 것이다.

우리나라 국토의 7할이 임야로 덮여 있기 때문에 산림정책이라는 것이 따로 고려되어야 하겠지만 이제 특수임산물의 산지로서의 임야를 제외하고는 연료 공급지로서의 임야라는 성격은 이미 상실된 지 오래인 것이다. 그러므로 우리나라 야산은 거의 농토화할 수 있는 가능성을 내포하고 있기 때문에 농토 확장이라는 견지에서 이들은 개간되어야 한다.

다음으로 우리나라 서남해역의 수면은 점차 지각의 융기 현상 때문에 이를 매립하여 농토화할 수 있는 가능 면적은 가위 무진장하다고 할 수 있다. 그러한 의미에서 한반도의 서남단은 국토 확장의 무한한 가능성을 지닌 보고라 일러야 할 것이다

그러므로 오늘에 있어서의 농촌의 토지정책은 결코 농토라는 좁은 의미에서가 아니라 국토라는 넓은 의미에서 관리되어야 할 것이다. 여기에는 국토 건설 또는 국토 관리라는 개념이 우선함으로써 때에 따라서는 소유권의 일부 제약도 불가피한 경우도 없지 않을 것이다. 동시에 농촌의 도시화 과정에 있어서 유휴농지 아닌 명실공히 유휴지로서 방치된 토지의 유용성을 높이기 위한 중과세정책 같은 것도 고려되고 있음을 볼 수 있다.

여기서 우리가 한 가지 명심해야 할 것은 다름 아니라 토지를 관리함에 있어서 아래로는 백성들에게 해를 끼쳐서는 안 되며, 위로는 국가에 손해를 끼쳐서도 안 된다는 사실이다. 그러므로 국가에서 국민의 토지를 수용할 때는 응분의 보상을 지불해야 함은 물론이거니와 국민들의 자세 또한 토지를 이용하여 부동산 투기를 노리는 행위를 자제하여야 할 것이다.

그러므로 본 절에서 장황하게 서술된 토지 측량과 같은 것은 고전적 참고 기록일 뿐 오늘에 있어서의 토지정책은 모름지기 그의 유용성의 활성화에서 찾아야 할 것이다.

2. 세정(稅政)의 함정(陷穽) — 세법(稅法)

농지 제도가 문란하면 세법도 따라서 문란해질 것이다. 등급에서 손실을 보고 현물에서 손실을 본다면 국가 수입은 거의 탈이 나고 만다. 집재니 표재니 하는 것들은 토지 정책의 말단 사무에 지나지 않는다. 그 근본이 거칠어지고 조리가 흐트러진다면 제아무리 애를 쓴다 하더라도 시원스럽게 될 수가 없는 것이다. 조사원을 현지로 보낼 때는 불러다 놓고 따뜻이 타이르기도 하고 엄벌로써 위협하기도 하면서 지성껏 감동하게 한다면 조사에 도움됨이 없지는 않을 것이다. 큰 가뭄으로 이앙도 채 못한 해에 현지 답사를 보낼 때는 사람을 잘 골라야 한다. 상급 관청에 보고할 때는 실수대로 보고하고 만일 반려되더라도 다시 그대로 보고하라. 조세 감면은 어려운 것이다. 수확이 감면액보다 적을 때는 평균 비례하여 각각 얼마씩 감면되어야 한다.

간흉한 이속들이 몰래 납세액을 따다가 공제 부분에 넣어 두는 일이 있으니 엄밀히 밝혀내도록 하라. 경작 면적 장부에 거짓 기록이 있으면 이리저리 뒤져서 검사해내도록 하라. 경작 면적 장부가 끝나면 세액의 비율을 작성하라. 세액의 비율은 엄밀·정확을 기하도록 해야 한다.

세액의 비율이 작성되면 장부를 만들어 관계 관서에 돌려주고 후일의 참고가 되게 하라. 세액 외에 아직도 잡부금이 많다. 그러므로 남아도는 세액 책정의 액수가 결정이 되면 잡부금은 관

대하게 해야 할 것이다. 정월에 첫 곡식을 받아들이는 날에는
목자가 친히 현장에 나가 보도록 하라. 그날로 곡식 수납에 따
르는 폐단이 없도록 엄중 경고문을 발표하라. 곡식 수납기가 다
소 어겨지더라도 함부로 재촉하지 말라. 못된 관리들은 이를 핑
계삼아 범이 양떼를 다루듯 함부로 날뛸 것이니, 할 짓이 아닌
것이다. 양곡 수송에 따르는 법조문은 엄중히 지키도록 각별히
유의해야 한다. 특별세액이 너무 과중한 사람은 잘 살펴서 이를
너그럽게 해 주도록 해야 한다. 화전민에게는 실정에 따라 세액
을 배정하고 천재 지변의 경우는 감면되어야 한다.

[原文] 田制旣然稅法隨柔 失之於年分 失之於黃豆 而國之歲入無幾矣
執災俵災者田政之末務也 大本旣荒條理皆亂 雖盡心力而爲之無以快於心
也 書員出野之日 召至面前 溫言以誘之 威言以怵之 至誠惻怛有足感動
則不無益矣 大旱之年 其未移秧踏驗者 宜擇人任之 其報上司 宜一遵實
數 如或見削引咎再報 俵災亦難矣 若其所得少於所執 平均比例各減幾何
(俵災旣了 乃令作夫其移來移去者 一切嚴禁 其徵米之簿許令從便) 奸吏
猾吏潛取民結 移錄於除役之村者 明査嚴禁(將欲作夫先取實戶 別爲一册
以充王稅之額) 作夫之簿關有虛額 參錯其中不可不査驗 作夫旣畢乃作計
版 計版之實密察嚴覈 計版旣成條列成册 頒于諸鄕俾資後考 計版之外
凡田役尙多 故湊結之數不可不定 結總旣羨 田賦程寬矣 正月開倉 其輸
米之日 牧宜親受 將開倉榜諭倉村 嚴禁雜流 雖民輸愆期 縱東催科 是猶
縱虎於羊欄 必不可爲也 其裝發漕轉 立須詳檢法條 恪守毋犯 宮田屯田
其剝割太甚者 察而寬之 (南北異俗 凡種稅或田主納之 或佃夫納之 牧唯
順俗而治 俾民無怨) (西北及關東畿北本無田政 惟當按籍以循例無所用
心也) 火粟之稅按例比總 唯大饑之年量宜裁減 大敗之村量宜裁減

[석의(釋義)] 집재(執災)—재해로 인한 농사 실황의 조사 사무
표재(俵災)—재해로 인한 조세액의 감면 조사

농경국가 시절에 있어서의 세정은 대체로 물납제(物納制)였지만
세제가 복잡 다양해진 근대국가에 있어서는 그것이 금납제(金納制)
로 바뀌어졌다. 이 절에서 논의된 것은 거의 물납제에 관한 것이기

때문에 그것은 대체로 양곡관리를 주축으로 하고 있다. 그러므로 시절의 변화, 곧 흉년이냐 풍년이냐에 따라서 과세의 양상은 근본적으로 달라진다.

이때에 있어서의 세원(稅源)의 조사는 농민들의 생활과 직결되는 문제인 동시에 세원 조사원을 잘 만나고 못 만남에 따라서 그해에 있어서의 농민들의 생활의 흥패가 달려 있는 것이다. 그러므로 조사원은 질적으로 따져서 물욕이 없는 청렴한 인물 중에서 골라 뽑아야 하며 그들을 현지조사차 떠나보낼 때에는 미리 그들을 교육하여 백성들에게 절대로 억울한 일이 없도록 할 것이며, 만일 그러한 일이 발생할 때에는 신상에 영향이 미칠 것이라는 말까지 곁들여서 추호라도 잘못 엇나가는 일이 없도록 해야 한다.

그러나 금납제로 바뀌어진 오늘에 있어서도 세무조사원의 질적 문제는 조금도 달라지지 않았다고 본다. 물납제 시절에는 토지대장에서 미리 빼버림으로써 아예 과세 대상에서 제외시키거나 이미 과세 대상이 되어 있는 토지에 대해서도 고의로 누락시켜 면세를 가장한 후 이를 착복하여 부정을 저지르곤 하였다.

그러나 금납제로 바꾸어진 후로는 탈세의 양상이 달라졌다. 대체로 이중 장부에 의한 불성실한 신고를 들 수가 있고, 더러는 세리와 결탁하여 세원을 축소하거나 아니면 누락시키기도 한다. 이러한 탈세 행위는 물납제 시절에는 그의 전액을 이속들이 농간하였지만 금납제로 바뀜으로써 그것은 국고의 전액 손실의 결과를 낳게 함과 동시에 세리들은 탈세자와의 결탁에 의하여 얼마간의 뇌물을 받는 형식으로 부정이 저질러진다.

현대국가에 있어서 세제와 관련된 문제의 하나는 다름 아닌 금융

특혜에 따른 조세감면을 들 수가 있다. 그것은 국가적 차원에서 이루어지는 정책의 하나라 하더라도 그것이 만일 빈익빈(貧益貧) 부익부(富益富)의 현상을 빚는 하나의 요인으로 작용한다면 국민소득의 격차가 가져오는 사회불안을 걱정하지 않을 수 없다. 농경국가 시절에 있어서의 빈농과 부농 간의 갈등이 사회불안의 요인으로 작용했듯이 오늘에 있어서도 부의 격차는 사회적 문제를 안고 있기 때문에 국가의 세제는 균등사회 건설을 위한 기능을 갖추어야 한다는 점에서 신중하게 운영되어야 한다.

근대국가에 있어서의 탈세나 거액의 미납은 거의 소위 대기업인들에 의하여 이루어진다는 점에서 세정 운영의 문제가 있다. 모름지기 세정 운영에 있어서 탈세, 곧 은닉세원의 방지는 영원한 문제점으로 여기서 지적해 두지 않을 수 없다.

3. 탐관(貪官) 오리(汚吏)의 온상(溫床)
── 곡부(穀簿)

환상이란 사창이 변한 것이다. 내지도 들이지도 않고서 민생들의 뼈를 깎는 폐단이 되고 있으니 이러다가는 나라는 금방 망하고 말 것이다. 환상법의 폐단은 본래 그 근본이 어지러운 데 있다. 근본이 어지럽고서 어찌 말단이 다스려질 것인가. 상사로서 크게 장사아치의 길을 터놓고 앉았으니 수령들의 범법쯤이야 일러 무엇하랴. 수령들이 치고 까불고 하여 남은 이익을 따먹고 앉았으니 아전들의 농간쯤이야 일러 무엇하랴. 윗물이 흐리니 아랫물이 맑을 수가 있을까. 아전들의 농간은 끝도 밑도 없으니 귀신같은 재주를 밝혀낼 길이 없다. 폐단이 이에 이르고 보면 목자로서도 구제할 방법이 없다. 출납하는 수량과 남겨 둔 실수와를 분명하게 할 수 있다면 이속들의 횡포도 그리 심하지는 않을 것이다. 흉년에 지불 정지된 혜택은 농민에게 고루 퍼지도록 해야 한다. 포흠진 이속들이 멋대로 차지하게 해서는 안 된다. 대체로 단속하기 간편한 방법으로서는 경위표를 작성하여 한눈으로 밝혀 알도록 하는 길밖에 없다. 대체로 환상이란 잘 거두어들인 후라야 비로소 잘 나누어 줄 수 있다. 잘 거두어들이지 못하면 또 일 년이 어지러워질 것이니 구제해 낼 방도가 없을 것이다. 양곡 수납이 거의 절반이나 되었을 무렵에 갑자기 돈으로 쌀을 팔라는 전갈이 있더라도 할 수 없다는 이유를 따져 가면서 이를 받아들여서는 안 된다. 흉년에 딴 곡식으로 대납한 장부는 따로 만들어 두되 재해가 복구되면 전대로 돌아가야 한다. 선비로서 사사로운 핑계로 사창의 쌀을 빌려 쓰는 수가 있다. 이를 별환이라 하는데 허락해서는 안 된다. 연말에 곡식을 나누어주는 일이 있지만 오직 흉년으로 곡식이 귀할 때만 함 직한 일이다. 이속들의 포흠은 꼭 징수하여야 하지만 지나치게 가혹해서는 안 된다. 법의 집행은 엄중해야 하지만 죄인은 불쌍히 여기도록 하라. 혹 관재를 가지고 포흠진 곡식을 메우기도 하고, 혹 상사와 의논하여 포흠진 장부를 정리했다 하더라도 이는 전임자의 선심인 것이다. 이를 각박하게 거두어들이는 일은 사람다운 사람으로서는 즐겨할 짓이 아니다.

[原文] 還上者社倉之一變 非糶非糴爲生民切骨之病 民劉國亡呼吸之事也 還上之所以弊其法本亂也 本之旣亂何以末治 上司貿遷大開商販之門 守臣犯法不足言也 守臣齷弄竊其嬴羨之利 胥吏作奸不足言也 上流旣濁 下流難淸 胥吏作奸無法不具 神姦鬼猾無以昭察 弊至如此非牧之所能救也 惟其出納之數分留之實 牧能認明則吏橫未甚矣 (每四季磨勘之還 其回草成帖者 詳認事理 不可委之於吏手) 凶年停退之澤宜均布萬民 不可使逋吏專受也 若夫團束簡便之規 惟有經緯表一法 眉列掌示瞭然可察 (頒糧之日 其應分應留査驗宜精 須作經緯表 瞭然可察) 凡還上善收而後方能善頒 其收未善者又亂一年無救術也 (其無外倉者牧宜五日一出親受之 如有外倉 唯開倉之日親定厥式) (凡還上者雖不親受 必當親頒一升半龠 不宜使鄕丞代頒 巡分之法不必拘也) (凡欲一擧而盡頒者 宜以此意先報上司) 收糧過半忽有糶錢之令 宜論理防報不可奉行 災年之代收他穀者 別修其簿 隨卽還本 不可久也 (其有山城之穀爲民痼瘼者 蠲其他徭以均民役) 其有一二士民 私乞倉米 謂之別還 不可許也 歲時頒糧 唯年荒穀貴乃可爲也 (其或民戶不多而穀簿太溢者 請而減之 穀簿太少而接濟無策者 請而增之) (外倉儲穀宜計民戶 使與邑倉相率相等 不可委之下吏任其流轉) 吏逋不可不發 徵逋不可太酷 執法宜嚴峻 慮囚宜哀矜 或捐官財以償逋穀 或議上司以蕩逋簿 乃前人之德政 刻迫收入非仁人之所樂也

[석의(釋義)] 환상(還上)—흉년 또는 춘궁기에 곡식을 빈민들에게 대여했다가 풍년 든 해의 가을철 추수기에 받아들이는 진휼제도(賑恤制度)로서 환곡(還穀) 또는 환자(還子)라고도 한다. 이러한 진휼 목적과는 달리 임진(壬辰)·병자(丙子)의 두 국난을 겪

자 이 제도를 국비 조달의 한 방법으로 전화시켰다. 다시 말하면 각 관청이 자가 보유의 양곡을 농민들에게 대여하여 그 이식으로 모든 경비를 조달하였던 것이다. 따라서 백성들의 필요 여하를 묻지 않고 강제로 대부하여 고율의 이식을 강요하였기 때문에 백성들의 원성은 높아 가고 탐관 오리들은 이 틈을 타서 갖은 못된 짓을 다 했던 것이다.

사창(社倉)—각 촌락 단위의 곡물 대여 기관으로서 의창(義倉)과 같은 것인데, 의창은 국영이요, 사창은 지방 단위 행정 기관의 경영이었다. ① 고곡(古穀)을 대출한 후 무이자로 신곡을 받는 것, ② 곡물을 대여하여 이자만을 받는 것, ③ 춘궁기에 대출하여 가을에 이식과 함께 받아들이는 것 등을 내용으로 하고 있다.

'환상'이란 흉년이 들거나 아니면 춘궁기에 곡식을 빈민들에게 대여했다가 풍년이 들거나 아니면 가을 추수기에 받아들이는 진휼(賑恤)제도로서 환곡(還穀) 또는 환자(還子)라고도 한다. 이러한 진휼 목적과는 달리 임진·병자의 두 국난을 겪자 국가 재정의 궁핍을 메우기 위하여 이 제도를 국비 조달의 한 방법으로 전환시키었다. 다시 말하면 각 관청이 자가 보유의 양곡을 농민들에게 대여하여 그 이식으로 모든 경비를 조달하였던 것이다. 따라서 백성들의 의사와는 아랑곳없이 강제로 대부하여 높은 이율의 이자를 징수하였기 때문에 민원은 높아가고 탐관오리는 이 틈을 타서 갖은 못된 짓을 다 했던 것이다.

그러므로 환상제도는 그가 지닌 본래의 목적과는 달리 그의 운영 방법의 잘못으로 말미암아 오히려 많은 폐단을 낳게 되었던 것이다. 본래 환상 제도는 옛날 사창 제도가 변한 것인데 사창이란 각 촌락 단위의 곡물 대여 기관으로서 국가에서 경영하는 것은 의창(義倉)이라 하였고 지방 행정 단위 기관에서 경영하는 것은 사창이라 하였다. 그들의 본래의 목적은 '① 묵은 곡식을 대여했다가 무이자로 신곡을 받는다' ② 곡물을 대여하여 이자만을 받는다' ③ 춘궁기에 대여하여 추수 때 이자와 한꺼번에 회수한다'는 데 있었다.

그러나 이러한 단순한 목적이 실시 과정에서 도리어 농민들을 괴롭히는 수단으로 탈바꿈되었던 것이다. 왜냐하면 그것의 곡식이라는 현물성(現物性) 때문에 수령들은 반작(反作)·가분(加分)·허류(虛留)·입본(立本)·증고(增估)·가집(加執) 등의 농간을 자행하였고, 이속들은 반작·입본·가집·암류(暗留)·반백(半白)·분석(分石)·집신(執新)·탄정(呑停)·세전(稅轉)·요합(徭合)·사혼(私混)·채륵(債勒) 등의 농간을 부림으로써 백성들은 살아날 궁기마저도 잃고 말았던 것이다.

이렇듯 다산 시대만 하더라도 이리떼처럼 악랄하고 여우처럼 교활한 탐관오리의 행패가 극에 달했기 때문에 당시의 농촌 실정은 유리걸식하는 이농 현상에 그친 것이 아니라 민요 직전의 불안을 조성하기에 이르렀던 것이다. 이는 농촌정책의 문란을 의미하는 것이다.

근래에 있어서의 농어촌을 돕는 기관으로서는 농업협동조합을 근간으로 하여 직종별로는 어업·산림·해태조합 등이 있다. 이러한 기관들이 농어민들의 생산의욕을 북돋아 주고 고리채로부터 벗어나게 한다면 마치 옛날에 있어서의 사창제도의 현대적 재현으로 간주할 수 있겠다.

그러나 그것이 농민 중심의 조합이 아니라 농민의 위에서 군림하는 조합이 되어서는 안 될 것이다. 이러한 조합들은 항시 농업 또는 어업 자금을 적시 방출함과 동시에 그들의 생산품을 구매해 줌으로써 농민들의 이익을 보장하고 손실을 덜어 주어야 할 것이다. 그러한 일들이 바로 양곡 관리에 못지않은 농민들의 생업과 재산을 관리하는 중요한 일이라 이르지 않을 수 없다.

공자는 『논어』「선진」편에서 "계씨(季氏)는 주나라 천자보다도 더 큰 부자였는데 염구는 그를 위하여 세금을 훑어서 더욱더 불도록 한즉 공자는 '내 제자가 아니다. 얘들아, 북을 치면서 조리를 돌리는 것이 좋을 것이다' 하였다" 하였는데 이처럼 백성들에게서 세금이거나 환곡이거나 간에 훑어내는 행위를 몹시 미워하며 못마땅하게 여겼던 것이다.

맹자는 그의 「이루(離婁)」장에서 단도직입적으로 또 다음과 같이 직언하고 있다. "백성을 함부로 학대하면 저도 죽고 나라도 망할 것이요, 설령 그만 못하다 하더라도 제 자신이 위태롭거나 나라는 깎여 줄어들 것이다."

이렇듯 백성을 학대하는 학민(虐民)행위는 애민(愛民)정신과는 정반대되는 것으로서 백성들에게서 곡식을 거두어들이는 행위보다도 더 큰 학민행위는 없을 것이다.

4. 인구(人口)의 유동(流動)과 통제(統制) ― 호적(戶籍)

호적은 모든 부과의 근원이요 요역의 근본이다. 호적이 바르게 된 후라야 부과가 고르게 될 것이다. 호적이 문란하여 기강이 서지 않았을 때는 큰 힘을 들이지 않고서는 바로잡지 못할 것이다. 장차 호적을 정리하려거든 먼저 주민 등록 대장을 살피도록 하고 허실을 알았거든 고쳐 놓도록 하라. 주민 등록 대장을 소홀히 해서는 안 된다. 호구 조사를 할 기한이 당도하면 이 주민 등록 대장에 의하여 고쳐 놓도록 하고, 여러 동리의 호구 실태에 거짓이 없도록 하라. 새 장부가 마련되었거든 바로 각 동리에 나누어 주도록 영을 내리고, 다시 기재 사항의 번거로운 변경이 없도록 엄숙히 금령을 내리라. 만일 이농 호수가 늘어남으로써 채울 길이 없을 때는 상사에게 보고하고, 큰 흉년이 들어 열에 아홉이 비게 됨으로써 채울 길이 없을 때에도 상사에게 보고하여 그만큼 총 호구수를 줄이도록 하라. 호별세나 지방세 같은 것은 전대로 따르도록 하여 주민들이 하자는 대로 하되 그밖의 것의 징수는 엄금하여야 한다. 나이를 늘린 자, 나이를 줄인 자, 벼슬하지 않고 유생인 체하는 자, 벼슬 산 일 없이 감투를 쓰고 있는 자, 거짓 홀아비인 양하는 자, 속임수로 과거 본 체하는 자들은 모조리 조사하여 밝혀내도록 하라. 호적 사항 중에서 형사 사건에 관한 것은 민간에 알리지 말도록 하라. 호적 정리는 국가의 중요 정책이다. 지극히 엄밀하게 다루어야 한다.

그래야 모든 부과가 바르게 될 것이니, 이제 여기서 논하는 것은 민속을 순후하게 만들기 위해서이다. 다섯 집을 묶어 한 통을 만들고 열 집을 묶어 한 패를 만들되, 이는 옛 법에 기초를 두고, 게다가 거듭 새로운 약속을 하게 한다면 간흉한 죄인이 끼어들지 못할 것이다.

[原文] 戶籍者諸賦之源衆徭之本 戶籍均而後賦役均 戶籍貿亂罔有綱紀 非大力量無以均平 將整戶籍先察家坐 周知虛實 乃作增減 家坐之簿不可 忽也 戶籍期至 乃據此簿 增減推移 使諸里戶額大均至實 無有虛僞 新簿 旣成 直以官令頒總于諸里 嚴肅立禁令無敢煩訴 若姻戶衰敗無以充額者 論報上司 大饑之餘十室九空無以充額者 論報上司 請減其額 若夫人口之 米正書之租 循其舊例 聽民輪納 其餘侵虐並宜嚴禁 增年者減年者 冒稱 幼學者 僞戴官爵者 假稱鰥夫者 詐爲科籍者 並行査禁 凡戶籍事目之自 巡營例關者 不可布告民間 戶籍者國之大政 至嚴至精 乃正民賦今 玆所 論以順俗也 五家作統十家作牌 因其舊法申以新約 則奸宄無所容矣

인구의 이동 현황은 호적보다도 주민등록부에 의하여 파악하게 되는 것이 오늘의 실정이다. 그러므로 오늘에 있어서의 호적의 개념은 둘로 나누어지게 된다. 즉 인적 상황의 기본적인 것은 호적에 의존하지만, 그의 이동 상황만은 주민등록부에 의하여 파악하도록 분리되어 있다. 그러나 오늘에 있어서 이 양자의 단일화는 가능한 것일까 하는 문제는 하나의 연구과제로 남게 된다. 어쨌든 인구의 이동을 정확하게 파악해야 하는 일은 행정상 중요한 의미를 지니고 있다.

농촌사회에 있어서의 인구란 비교적 정착성이 있는 것으로 알려져 있지만, 그의 이동은 소위 유랑민의 형태로 나타났는데 그 원인인즉 흉년이 들었거나 아니면 유행병이 휩쓸었거나 해서 어쩔 수 없이 고향을 등지게 되는 것이 상례였던 것이다. 그러나 오늘에 있어서의 이농 현상은 옛날과는 판연하게 다르다. 소위 현대화의 물결과 더불어 팽창을 거듭하는 도시에의 인구 이동의 물결은 막을 길이 없으며, 소위 중공 또는 농공병진정책에 따르는 공원의 수용은 자동적으로 농촌 인구의 감소를 낳게 하고 있는 것이다. 여기서 농촌 인구의 도시 또는 공장에의 이동은 불가피한 시대적 조류라 하지 않을 수 없다. 그러므로 인구는 농촌에서의 정착성에서 도시화 또는 공업화에 따른 이동성에로 옮겨지게 되었다고 보아야 할 것이다.

이렇듯 인구의 이동성에 따른 주민등록부의 정리는 호적 행정의 대종을 이루고 있어 이들 이동성의 정착을 위한 것이 다름 아닌 통반(統班)제도라 하겠다. 농촌 인구의 정착성은 그들의 대가족제도에 의하여 조직화되어 있는 반면에 이동성 인구의 분산은 그대로 그들의 조직 분해를 의미한다. 그러므로 통반제도는 분해된 조직의 재조직이란 의미를 갖는 것으로 평가될 수 있겠다.

이렇듯 불안정한 인구 동태를 한데 묶기 위하여 마련한 것이 통반제도인데, 이 제도는 본래 오가작통법과 십가패식(牌式)의 방법을 본뜬 것으로서 일제시대의 유물이기는 하지만 요즈음처럼 인구 이동이 빈번한 시대일수록 그 동태를 정확하게 파악함과 동시에 행정단위 조직의 세분화를 위해서도 이 제도는 선용되어야 할 것이다.

5. 시폐(時弊)의 규명(糾明)과 근절(根絕)
─ 평부(平賦)

부역은 고르게 되어야 한다. 이는 수령의 중요한 임무인 것이다. 고르지 않게 세금을 부과하거나 징수해서는 안 된다. 조금이라도 틀리면 정치라 할 수 없다. 토지세 부과 외에 가장 큰 것이 민고라는 특별 부담금이다. 토지세로서 또는 호별세로서 내는 비용만 날로 늘어나니 백성들은 살아날 길이 없다. 민고의 종류는 읍마다 다르다. 아무런 제약도 없이 멋대로 거둬들이니 백성들의 괴로움은 이만저만이 아니다. 법례도 만들고 조리도 밝혀서 국민들과 함께 국법처럼 지키게 되어야 절제가 있을 것이다. 계방의 조직은 모든 폐단의 근원이요 모든 농간의 구멍이다. 계방을 없애지 않고서는 아무 일도 할 수 없을 것이다. 궁전·둔전·교촌·원촌 등 면세 대상을 조사하여 사실과는 달리 은닉된 부분이 있거든 모조리 들추어다가 공적 부과를 고르게 하도록 하라. 역촌·참촌·창촌 등을 조사하여 사리에 어긋난 은닉 행위가 있거든 모조리 들추어다가 공적 부역을 고르게 하도록 하라. 곡물 징수는 금납제만 못하다. 본래 물납제라 하더라도 금납제로 고치는 것이 좋다. 교묘한 명목으로 관청의 전대만 채우던 것들은 모조리 없애 버리라. 조목별로 속여 먹던 것들도 깎아 없앰으로써 국민의 부담을 덜게 해 주어야 한다. 중앙의 관리라고 해서 요역을 면제하라는 법은 없다. 도회지에 사는 관리는 면제해 주지 말고 아득한 벽지에 사는 관리는 권도로 면제

해 주도록 해도 좋다. 민고의 폐단은 불가불 고쳐야 한다. 한 가
지 좋은 방법으로는 공유재산을 마련하여 그것으로 이 부담을
막아 내는 것이 좋을 것이다. 특별 여비지출은 국법에도 없는
일이다. 폐단이 없거든 그대로 따르지만 폐단이 있으면 그만두
게 하라. 균역법을 제정한 이후로는 어·염·선 등의 특별세에
일정한 비율이 있었는데 법이 오래되자 폐단이 생겨 이속들이
농간을 부린다. 배에는 등급이 많고 도마다 각각 다르니 배를
점검할 때는 관례를 따라 세를 징수하도록 하되 겹쳐 징수하는
일만 없도록 하라. 어물세를 받는 대상은 모두 바다 속에 있으
니 샅샅이 살필 길이 없다. 정기적으로 총액을 비교해 보면서
함부로 징수하는 일이 없도록 하라. 염전세는 본래 허부룩하다.
정기적으로 총액을 비교해 보면서 함부로 거둬들이는 일이 없
도록 하라. 민선·관선·어상·염상·태곽상에 대하여 억울해
도 호소할 길 없는 것에 저세라는 것이 있다. 장세·관세·진세·
점세와 승혜·무녀포 같은 것을 제멋대로 징수하는 자는 밝혀
내도록 해야 한다.
노력 제공의 정책은 신중하게 다루어야 한다. 국민들의 이익이
되지 않는 일을 해서는 안 된다.
아무런 명목도 없이 한때 잘못으로 생긴 관례는 속히 그만두게
하여 따르지 말도록 하라. 부역을 고르게 하자면 반드시 세법을
잘 강론해야 한다. 그래야 민생들이 편안할 것이다.

[原文] 賦役均者七事之要務也 凡不均之賦不可徵 錙銖不均非政也 田賦
之外其最大者民庫也 或以田賦或以戶賦 費用日廣民不聊生 民庫之例邑
各不同 其無節制隨用隨斂者 其萬民尤烈 修其法例明其條理 與民偕遵守
之如國法 乃有制也 契房者衆弊之源羣奸之竇 契房不罷 百事無可爲也
迺査宮田 迺査屯田 迺査校村 迺査院村 凡厥庇隱 蹂其所佃 悉發悉敷
以均公賦 乃査驛村 乃査站村 乃査店村 乃査倉村 凡厥庇隱 匿中法理悉
發敷以均公賦 (結斂不如戶斂 結斂則本削 戶斂則工商苦焉 游食者苦焉
厚本之道也) 米斂不如錢斂 其本米斂者宜改之爲錢斂 其巧設名目以歸官
橐者 悉行蠲減 乃就諸條 刪其濫僞以輕民賦 朝官之戶 蠲其徭役 不載
於法典 文明之地勿蠲之 遐遠之地權蠲之 大抵民庫之弊不可不革 宜於
本邑思一長策 建一公田以防斯役 (民庫下記之招 鄕儒査檢 非禮也) 雇
馬之法國典所無 其賦無名 無弊者因之 有弊者罷之 均役以來魚鹽船稅皆

有定率 法久而弊 吏緣爲奸 船有多等 道各不同 點船唯循舊例收稅 但察
疊徵 魚稅之地皆在海中 無以細察 唯期比總 時察橫徵 鹽稅本輕不爲民
病 唯期比總 時察橫斂 土船官船魚商鹽商苔藿之商 厥有深寃 無處告訴
邸稅是也 場稅關稅津稅店稅僧鞋巫女布 其有濫徵者察之 力役之政在所
愼惜 非所以爲民興利者 不可爲也 其無名之物出於一時之謬例者 亟宜革
罷 不可因也 (或有助徭之穀 補役之錢布在民間者 每有豪戶所呑其可査
拔者徵之 其不可追者蠲而補之) 欲賦役之大均 必講行戶布口錢之法 民
生乃安

[석의(釋義)] 민고(民庫)—지방 관처에 속해 있던 창고로서 백성
들에게 받아들인 물품을 쌓아두던 곳. 임시 잡비로 거두어들인
물품과 돈을 저장했었는데 차차 특별 잡비 염출의 기관으로 변
했다.
계방(契房)—공역(公役)의 면제 또는 다른 사람의 도움을 얻으려
고 미리 관아의 하급 관리들에게 돈이나 곡식을 거두어 주던
일. 가지가지 명목으로 돈을 거두어 주던 계 조직이다.
균역법(均役法)—영조 26년에 마련한 병역세법(兵役稅法)
저세(邸稅)—저점세(邸店稅)라고도 하는데 배 주인에게 강제로
뜯어내던 세금이다. 어민들을 상대로 하는 거간꾼들의 행패를
가리킨 말이다.

옛날에는 민고(民庫)니 계방(契房)이니 하는 것을 만들어 놓고 갖
은 방법으로 백성들의 살림을 털어갔던 것이니, 이런 것들은 다 국
법에 의한 것이 아니라 지방 관청의 자의에 의하여 소요되는 갖가지
잡지출을 염출하는 한 방편으로 삼았던 것이다.

'민고'란 애초에는 지방 관청에 속해 있던 창고로서 백성들에게서
거두어들인 물품을 보관하던 창고에 지나지 않던 것인데 차츰 변하
여 특별 잡비를 염출하여 보관하는 창고가 되었다. '계방'이란 공역
(公役)의 면제 또는 다른 원조를 받기 위하여 미리 관아의 하급 관리
들에게 돈이나 곡식을 거두어 주던 조직이다.

이렇듯 민고나 계방은 국세나 지방세 외에 따로 거두어들이는 잡부금으로서 민폐의 근원이 아닐 수 없다. 소위 잡부금의 문제는 예나 지금이나 백성들은 이를 괴롭게 받아들인다는 점에 있어서 조금도 달라진 것이 없다.

잡부금이란 원칙적으로는 없어져야 한다. 그러나 부득이한 경우에 있어서는 어디까지나 실정에 알맞은 할당제가 바람직함에도 불구하고 상박하후의 경우가 적지 않다. 설령 호별세의 차등을 기준으로 한다 하더라도 잡부금의 경우에는 결코 누진율 같은 것은 적용하지 않음은 물론 적십자 회비라거나 결핵 또는 나환자 치료비와 같은 것들의 부담은 국민 전체가 한결같이 균등 부담하는 것이 하나의 상례로 되어 있다. 이는 국민 소득의 차등에 따른 원칙에 어긋난다 하더라도 아무도 이를 고치려 하지 않는다.

한마디로 말해서 정치란 바르게 하는 것이라야 한다. 그러므로 바르지 않다면 그것은 정치가 아니라 해도 좋을 것이다. 무엇을 바르게 할 것인가? 국민의 부담을 균등하게 하도록 해주는 일이 모든 일에 우선해야 함은 이 까닭인 것이다.

6. 지원(支援), 활기(活氣)를 — 권농(勸農)

농업은 농민의 이익이다. 농민들은 제힘으로 일을 해야 하지만 농민처럼 미욱한 자는 없기 때문에 옛날 왕들은 이들을 잘 지도했던 것이다. 옛날 현명한 목자들은 부지런히 농민들을 지도함으로써 그들의 명성과 공적으로 여겼으니 농사 지도는 목자의 으뜸가는 임무인 것이다. 농사 지도의 요체도 조세를 덜어 주고 부역을 적게 해 줌으로써 그의 근기를 북돋워 주는 데 있다. 그래야만 토지가 개간되고 넓어질 것이다. 권농 정책은 가색뿐만 아니라, 수예·목축·양잠 같은 것도 권장하지 않으면 안 된다. 농사는 식량의 근본이요, 뽕나무는 의복의 근본이다. 그러므로 농민들에게 뽕나무를 심게 하는 것은 수령의 중요한 임무인 것이다. 농기구와 방직기를 만들어서 농민들이 편리하게 사용하도록 해 줌으로써 그들의 생활에 보탬이 되게 하는 것도 목자로서 힘쓸 일이다. 농사는 소로 짓는다. 혹 관에서 소를 대어 주기도 하고 혹 농민이 소를 빌려 기르기도 하지만, 이도 또한 농사 지도에 따른 임무인 것이다. 농사는 소로 짓는다. 진실로 농사를 지도하려거든 소의 도살을 못 하게 하고 목축에 힘쓰도록 권장해야 한다. 통틀어 권농 정책은 무엇보다도 먼저 전담 직분을 결정해 주어야 한다. 전담 직분을 정해 주지 않고 이것저것 섞어 다루게 하는 것은 옛날 왕들의 법도가 아니다. 대체로 권농 정책에는 여섯 가지 과목이 있다. 각각 그들에게 전담 직분을

맡겨 놓고 그의 공적을 따져 특상을 줌으로써 농민들의 생기를
돋우어 주어야 한다.

[原文] 農者民之利也 民所自力 莫愚者民 先王勸焉 古之賢牧勤於勸農
以爲聲績 勸農者民牧之首務也 勸農之要又在乎蠲稅薄征以培其根 地於
是墾闢矣 勸農之政不唯稼穡 是勸樹藝畜牧蠶績之事靡不勸矣 農者食之
本 桑者衣之本 故課民種桑爲守令之要務 作爲農器織器以利民用以厚民
生 亦民牧之攸務也 農以牛作 或自官給牛 或勸民借牛 亦勸農之恒務也
(徐氏農書有牧牛諸方 備載治病之法 遇有牛疫 宜頒示民間) 農以牛作
誠欲勸農 宜戒屠殺而勸畜牧 總之勸農之政宜先授職 不分其職雜勸諸業
非先王之法也 凡勸農之政宜分六科 各授其職 各考其功 登其上第以勸民
業 (每春分之日 下帖于諸鄕約以農事早晩 考校賞罰)

[석의(釋義)] 육과(六科)—전농[田農, 구곡(九穀)을 다스린다]·원
전[園廛, 백과(百果)를 심는다]·포휴[圃畦, 백채(百菜)를 심는다]·
빈공[嬪功, 포백(布帛)을 생산한다]·우형[虞衡, 백재(百材)를 심는다]·
축목[畜牧, 육축(六畜)을 기른다]으로서 공(工)·상(商)과 구별된다.

옛날 권농정책의 여섯 가지 항목은 다음과 같다.

① 구곡(九穀)을 다스린다. ② 포백(布帛)을 생산한다. ③ 백과(百
果)를 심는다. ④ 백재(百材)를 심는다. ⑤ 백채(百菜)를 심는다. ⑥
육축(六畜)을 기른다.

이상은 다 각각 특색을 갖춘 영농과목으로서 농민들은 이들 중에
서 자기 스스로 전담할 수 있는 과목을 추려야 할 것이다. 그러나 농
민들은 괭이로 땅을 일구는 노동력만이 그들의 재산일 뿐 그들이 전
담해야 할 영농의 종류가 무엇이어야 할 것인가를 추려낼 판단력과
지식을 갖고 있지 않다. 뿐만 아니라 농민들은 극히 보수적이기 때
문에 새로운 변화를 싫어하므로 새로운 과목의 권장이 손쉽게 먹혀
들어가지 않는다. 실로 현명한 목민관의 지도력이 필요한 소이가 여

기에 있다.

이상 권농 6과목에서 보여 주는 바와 같이 국가가 농촌의 생산력에 의존하는 부분은 결코 공업 생산에 의존하는 면보다 뒤떨어지지 않는다. 그럼에도 불구하고 농촌 인구는 왜 도시(상업)나 공장(공업)으로 옮겨가고 있는 것일까? 다시 말하면, 근대판 이농 현상으로 말미암아 농촌에 있어서의 노동력의 결핍을 가져오게 된 이유는 어디에 있는 것일까? 그것은 한마디로 말해서 권농정책의 빈곤에 그 책임을 돌릴 수밖에 없지 않을까 여겨진다. 적어도 중농정책까지는 기대하기 어렵다면 농공병진정책만은 바람직한 국가 시책으로서 기대해 봄 직한 것이다.

미래를 내다보는 중농정책으로서는 적어도 다음과 같은 몇 가지 항목이 고려되어야 할 것이다.

첫째, 전천후 수리사업이 추진되어야 할 것이다. 이제는 보를 쌓고 저수지를 파는 작은 규모의 수리사업에서 다목적 댐이라는 거대한 수리사업이 추진되는 시대를 맞고 있다. 이제 물의 중요성은 농수로서뿐만이 아니라 공업용수로서의 수요도 막대한 것이다. 그뿐 아니라 도시 지대의 식수로서도 그의 수요량은 결코 얕잡을 수가 없다.

둘째, 수리사업과 아울러 농로의 확장도 영농의 기계화와 더불어 활발히 추진되어야 할 것이다. 영농의 기계화는 소의 기능을, 그의 노동력에서 식육의 공급원 또는 우유의 생산원으로서 전환하도록 하고 있다. 이러한 사실들은 영농의 개념을 다각적인 각도에서 새롭게 설정해야 한다는 문제에 봉착하게 한다.

이제 농토는 결코 쌀과 보리만을 생산하는 단순한 땅이 아니다. 다시 말하면 농토는 이제 다각 영농의 기름진 토지로 이용되어야 할 시기를 맞고 있는 것이다. 현명한 목민관은 내 고장 기름진 땅에는 무엇을 심어야 하며, 그것을 농민들에게 어떻게 가꾸게 해야 할 것인가를 연구하고 또 지도해야 한다. 그리하여 농촌의 생산력 제고를 위하여 목민관은 주야불문 노심초사해야 하며 그 길만이 농촌의 부를 가꿈으로써 이농현상을 방지하는 유일한 길이다.

◇   ◇   ◇

농촌은 농토 위에 존재한다는 것은 공업이 공장 없이는 존재할 수 없는 것과 조금도 다르지 않다. 그러므로 농토의 관리제도, 다시 말하면 토지제도는 그 어느 것보다도 최우선해야 할 문제이다.

중국 고대의 가장 이상적 토지제도로는 정전법(井田法)이 꼽힌다. 이는 구일(九一)세법을 근간으로 하는 공동경작제도이다. 이는 물론 토지국유론을 근간으로 하고 경자유전(耕者有田)의 원칙이 적용되고 있다.

그러나 이러한 이상적인 토지제도도 인구의 증가와 토지의 변형에 따라 실시 과정에서 많은 문제를 안고 있기 때문에 지나친 토지의 독점을 막기 위하여 한전법(限田法)이라든지 균전론(均田論)이라든지 여전론(閭田論)이라든지 하는 여러 가지 시안이 마련되기도 하였다.

이 중에서 여전론은 다산이 창안한 토지제도론으로서 그의 근본정신은 경자유전원칙에 따라 유민을 방지할 뿐 아니라 사농일여(士農一如)의 사상에 근거하여 사민(四民)사상의 뿌리를 흔들어 놓고 있다. 한 여(閭)는 30가구를 하나로 묶어 놓은 농가의 일개 집단으로서 이러한 여전론은 한마디로 말해서 집단농장 또는 협업농장제도의 원형이라 이르지 않을 수 없다. 이러한 집단 협업 체제이기 때문에 이들을 하나의 기본 단위로 조직화할 수 있다는 점에서 이를 향토군화하여 병농일치(兵農一致)의 개념까지도 여기에 도입해 놓고 있는 것은 이 제도가 가지는 또 하나의 특색으로 거론될 수 있을 것이다.

우리나라는 현재 농수산물의 수입이 전체의 11%를 차지하고 있으며 외미의 수입만 해도 과거 3년간에 걸쳐서 13억 달러를 상회하고 있는 실정이다. 이제 바야흐로 식량 자급의 문제는 농촌에 지워진 중요한 과제의 하나가 아닐 수 없다.

이제 다시금 농촌을 일으켜 세우기 위해서는 국토 확장(야산 개간 및 수면 매립)과 경지 정리에 의한 영농의 기계화, 그리고 다각농 및 특수작물의 장려에 따른 농촌의 소득 증대, 그리고 세제 개혁에 따른 조세 부담의 경감 등이 고려되는 중농정책이 실시되어야 한다.

예전육조(禮典六條)·
교육(敎育)의
진로(進路)

1. 경건한 자세(姿勢) ― 제사(祭祀)

수령이 지내야 할 제사에 3단 1묘가 있으니, 그가 모셔야 할 제사의 의미를 알면 이에 마음이 기울 것이요 마음이 기울면 이에 경건하게 될 것이다. 문묘의 제사는 목자 자신이 모시어야 하며 경건한 정성으로 목욕 재계하고 여러 선비의 앞장을 서야 한다. 건물이 퇴락했거나, 제단이 무너졌거나, 제복이 더러워졌거나, 제기가 깨끗지 못하거나, 또 지붕의 이엉이 이어지지 않았으면 신에게 음식을 바칠 수가 없다. 경내에 있는 서원으로서 공식 제사를 받들게 되거든 경건하고 정결하게 모시어 선비들의 기대에 어긋남이 없도록 하라. 경내에 있는 사묘에 대하여는 그 집의 수리 관리를 전대로 해 주어야 한다. 제사에 쓸 짐승이 병들지 않고, 제사 모실 곡식이 그득하게 있어야만 현명한 목자라고 할 수 있다. 만일 그 고을에 음사가 있어서 잘못 전해지는 관례가 있거든 지방민들에게 타일러 이를 없애 버리도록 하라. 기우제는 하늘에 비는 것이다. 요즈음 기우제는 부질없는 장난으로 신을 모독하고 있으니 절대로 예가 아니다. 기우제문은 손수 새로 만들어야 한다. 혹시 전에 있던 것을 그대로 쓰기도 하지만 절대로 예가 아니다.

[原文] 郡縣之祀 三壇一廟 知其所祭 心乃有嚮 心有所嚮 乃齊乃敬 文廟之祭 牧宜躬行 虔誠齊沐爲多士倡 廟宇有頹 壇墠有毁 祭服不美 祭器

不潔 並宜修葺無爲神羞 境內有書院公賜其祭者 亦須虔潔無失土望 其有
祠廟在境內者 其修葺庀治 宜亦如之 牲不瘦^ 粢盛有儲 斯可曰賢牧也
其或邑有淫祀謬例相傳者 宜曉諭士民以圖撤毁 祈雨之祭祈于天也 今之
祈雨戲慢褻瀆 大非禮也 祈雨祭文宜自新製 或用舊錄大非禮也

[석의(釋義)] 삼단일묘(三壇一廟)—3단은 사직단(社稷壇)·성황단
(城隍壇)·여단(厲壇)이요, 1묘는 문묘(文廟) 곧 공자묘(孔子廟)다.
문묘(文廟)—공자묘(孔子廟)로서 서울의 문묘에는 공자를 비롯한
안(顔)·증(曾)·사(思)·맹(孟)의 4성과 7철(七哲) 및 송조(宋朝)
의 6현(六賢)의 위패를 모시고 양무(兩廡)에는 공자의 70제자를
비롯한 한국 및 중국 출신의 유학자 111위를 배향하였다. 지방
향교에도 문묘가 있다.
서원(書院)—조선 중기에 보급된 사학(私學) 기관으로서 선현(先
賢)을 제사하는 사당(祠堂)과 자제(子弟)를 교육하는 재실(齋室)
을 갖추어 설립하였다. 선조 때 124개이던 것이 숙종 때는 일
(一)도에 8~90개를 헤아렸고, 정조 때만 하더라도 650개로 늘어
나 여러 가지 폐단이 많았다. 흥선대원군은 1860년에 서원의
특권을 철폐하고 사표가 됨 직한 47개의 서원만을 남겨놓았었
다.
사묘(祠廟)—평양의 기자묘(箕子廟), 구월산(九月山)의 단군묘(檀
君廟), 경주의 숭덕묘(崇德廟), 순천의 충민사(忠愍祠) 같은 것으
로서 요즈음의 온양 이순신(李舜臣) 사당(祠堂)도 이런 유에 속
한다고 할 수 있다.
음사(淫祠)—명목 없는 잡귀(雜鬼)를 제사하는 사당으로서 무당
집·산신당 같은 것이 이에 속한다고 보아야 할 것이다.

목민관이 지니고 있는 행정적 기능 외에 학교 및 사회교육 기능도
전자에 뒤떨어질 수 없는 중요한 의미를 지니고 있다. 그중에서도
그것이 지니고 있는 정신적인 핵심이 어디에 있는가를 우리는 무엇
보다도 먼저 알아보아야 할 것이다. 그것을 우리는 '조상의 얼'에 두
고 싶은 것이다.

흔히 조상이라고 하면 혈연적인 씨족의 조상을 생각하게 되지만 여기서 말하는 조상은 민족국가적이요 동시에 사회적인 의미를 가진 조상이다. 그러므로 다산은 국가적인 입장에서 사직단(社稷壇)·성황단(城隍壇), 그리고 여묘(厲壇) 등 3단을 내세웠고, 학교 및 사회교육적 입장에서 문묘(文廟), 곧 공자묘를 내세우고 있는 것이다 특히, 서원에 대하여서도 깊은 관심을 기울이고 있는 것은 서원(書院)이란 사학 기관으로서 선현들을 제사하는 사당과 제자들을 교육하는 재실을 갖추고 있기 때문이다.

현대적인 입장에서 살펴본다면 3단 1묘의 개념은

첫째, 3단에 대한 참배는 국군묘지와 무명전사의 묘로써 이를 갈음해도 좋을 것이다. 왜냐하면 이상의 두 묘지는 국가를 수호한 영령을 모신 묘지이기 때문에 그것은 능히 국가의 얼이 담긴 사직단과 조금도 다르지 않기 때문이다. 다르지 않을 뿐만이 아니라 오히려 관념적인 사직단을 위시한 성황당보다는 더 구체적인 전몰장병의 묘지라는 점에서 여기는 목민관만의 제사에 그칠 것이 아니라 온 국민이 한결같이 제사를 모셔야 할 성지라 이르지 않을 수 없다.

둘째, 문묘는 공자묘(孔子廟)로서 유교교육의 정신적 귀의처였지만 현대에 있어서는 서원과 더불어 하나의 역사적 유물로 간주해야할는지 모른다. 그러나 지난날에 있어서 문묘나 서원이 가졌던 교육기능을 어떻게 하면 현대에 재현시킬 수 있느냐의 문제가 지금 우리가 안고 있는 문제이다. 그것은 우리 선현들의 정신, 곧 얼을 이어받을 수 있는 기념사업이나 그들을 추모하는 행사 같은 것을 통하여 계승되어야 한다.

여기서 우리들이 생각할 수 있는 조상의 얼은 상징적인 것과 교육적인 것의 둘로 나눌 수가 있다. 교육적인 것은 역사적으로 뚜렷한 업적을 쌓은 인물들로서 그들의 공적은 학문적 업적과 함께 국가 또는 사회적 공훈으로 나눌 수가 있다. 그들의 공적이 학문적인 것이거나 아니면 사회적인 것이거나 간에 어쨌든 선현들의 공적을 어떠한 방법으로든지 널리 현양해야 함은 다시 말할 나위도 없다. 그렇게 함으로써 비로소 조상의 얼이라는 것이 도대체 무엇인가를 우리들은 알게 되기 때문이다.

또 다른 입장에서 문제가 되는 것으로서 단군묘와 기자묘에 대한 예우는 어떻게 해야 할 것인가? 다시 말하면 조선조시대에는 유교를 국교로 숭상했기 때문에 기자묘가 오히려 단군묘보다도 우선했던 것으로 알려져 있지만 오늘에 있어서는 당연히 단군묘가 기자묘에 우선하여 범국민적 입장에서 숭모되어야 함은 다시 말할 나위도 없다.

그러므로 사직단을 위시로 한 3단의 제사는 폐지되어야 하지만 그러한 유적이 현존한다면 그것은 토속문화유적으로 보존하는 것이 좋을 것이다.

2. 향응(饗應)의 예법(禮法) ── 빈객(賓客)

손님 접대는 5례의 하나다. 음식 범절이 너무 융숭하면 재정을 낭비하고, 너무 허술하면 환심을 못 산다. 옛 사람들은 이 때문에 절도에 맞도록 예법을 제정하였다. 융숭하되 예법을 넘어서지 못하게 하고, 허술하되 예법을 덜지 못하게 하였다. 예법을 제정한 근본 정신은 불가불 옛날로 거슬러 올라가야 할 것이다. 옛날 음식 차림에는 5등급이 있었는데, 위로는 천자로부터 아래로는 3사에 이르기까지 길흉 간에 이 범위를 벗어나지 않았다. 옛날 감사의 지방 순회는 크나큰 폐단을 남겼다. 이 폐단을 고치지 않는다면 지방 부담이 과중해져서 백성들은 다 죽게 될 것이다. 안방에서 따로 손님을 접대하는 것은 예가 아니다. 집안에서 장만한 것이라도 그런 내색을 않는 것이 옳을 것이다. 감사의 음식 대접하는 형식에는 전래되는 교훈이 있다. 역사의 기록에 남아 있으니 정성껏 준수하고 허무러뜨려서는 안 된다. 모든 손님의 접대는 옛날 예법을 준수하는 것이 좋을 것이다. 엄격하게 그 형식을 결정하고 비록 법이 마련되지 않았더라도 예법은 늘 익히는 것이 좋을 것이다. 옛날의 현명한 목자들은 상관을 접대할 적에도 예법을 넘어서게 하지 않았다. 그렇지만, 그들의 향기로운 행적은 널리 기록에 남아 있다. 비단 상관뿐만 아니라, 고관 대작이 그 고을을 거쳐 갈 때라도 극진히 경의를 표하지만, 억지는 받아들이지 않았고 공손히 맞이해 줄 뿐이었

다. 옛사람들은 내시가 지나갈 때라도 의 아닌 일에는 항거하였
고 임금의 수레가 지나갈 때라도 백성들을 괴롭혀 가면서까지
아첨하지는 않았다.

[原文] 賓者五禮之一 其餼牢諸品已厚則傷財 已薄則失歡 先王爲之節中
制禮 使厚者不得踰 薄者不得減 其制禮之本不可以不溯也 古者燕饗之饌
原有五等 上自天子下至三士 其吉凶所用 無以外是也 今監司巡歷天下之
巨弊也 此弊不革 則賦役煩重 民盡劉矣 內饌非所以禮賓 有其實而無其
名 抑所宜也 監司廚傳之式 厥有祖訓 載在國乘 義當恪遵不可毀也 一應
賓客之饗 宜遵古禮 嚴定厥式 法雖不立 禮宜常講 古之賢牧 其接待上官
不敢踰禮 咸有芳徽 布在方冊 雖非上官 凡使星之時過者 法當致敬 其橫
者勿受餘宜恪恭 古人於內侍所過 猶或抗義 甚者車駕所經 猶不敢虐民以
求媚 (勅使接待謂之支勅 支勅者西路之大政也)

[석의(釋義)] 오례(五禮)—길례(吉禮)[제사]·흉례(凶禮)[상례]·빈
례(賓禮)[빈객]·군례(軍禮)[군진]·가례(嘉禮)[관혼]를 오례(五禮)
라 한다.
오등례(五等級)—태뢰에 두 등급이 있는데 높은 것은 구정(九鼎),
작(爵)은 ……

본래 예(禮)라는 것은 등급과 차별을 의미하는 것이다. 길례(吉)·
흉례(凶)·빈례(賓)·군례(軍)·가례(嘉)를 오례라 이르고 이들 오례
에는 또한 각각 다섯 등급으로 나누어져 있으니 태뢰(太牢)에 고저
(高低)의 두 종류가 있고, 그 밖에 소뢰(少牢)·특생(特牲)·특돈(特豚)
을 합하면 다섯 등급이 된다. 이러한 예의 등급은 엄격하게 지켜져
야 한다. 이러한 예법의 규범을 넘어서면 지나친 예가 되고 모자라
면 소홀한 예가 되는 것이다.

그런데 흔히 우리들은 자기의 직속상관이라거나 아니면 중앙에서
내려온 고관대작들을 접대할 때에는 지나친 예로써 예우하는 경우

가 없지 않다. 그러한 경우는 예에 지나쳤다는 사실에 끝나는 것이 아니라 때에 따라서는 아첨했다는 결과를 빚는 불명예를 사게 되기도 한다.

관가에 있어서의 이러한 지나친 예를 갖추자면 많은 경비를 쓰지 않을 수 없으며 그러한 막대한 경비의 조달은 결코 사비로 충당할 수 없고 공금 예산으로 지출하는 것이 하나의 통례로 되어 있다. 설령 그것이 공금이 아닌 경우라 하더라도 적어도 지방유지 또는 상사 등의 민력(民力), 곧 민재(民財)로 그것이 충당될 가능성이 많은 것으로 안다. 그러므로 현명하고 결백한 목민관은 결코 민력이나 민재를 가지고 상관에게 융숭한 접대를 함으로써 결과적으로는 백성을 학대하여 상관에게 아첨했다는 뒷소리를 듣지 않도록 세심한 주의를 기울여야 할 것이다.

여기에 만일 대안이 있다면 그것은 마치 사치에 대한 대안처럼 간결 검소한 접대가 바람직함은 다시 말할 나위도 없다. 만일 상사나 고관이 그 고을을 찾아주었을 때 정성껏 마련한 곰탕이나 비빔밥 정도로 접대한다면 이러한 간결한 접대를 받는 손님도 아무런 부담감을 느끼지 않을 정도로 기분이 홀가분할 것이요, 대접하는 당사자도 맑은 마음으로 윗사람을 받들기 때문에 그야말로 흐뭇한 기분을 만끽하게 될 것이다.

그러므로 손님 접대는 지나치게 융숭해도 안 되고 지나치게 허술해도 안 되며 거기에는 지극한 정성이 깃들여 있어야 할 것이다.

3. 시정(施政)의 마지막 목표(目標)
── 교민(敎民)

목민관의 직분은 민중 교화에 있을 따름이다. 토지 소득을 고르게 하는 것은 그들을 교화하기 위한 것이다. 조세 부역을 공평하게 하는 것도 그들을 교화하기 위한 것이다. 목민할 벼슬아치를 보내어 주는 것도, 그들을 교화하기 위한 것이다. 법으로 죄를 밝히는 것도 그들을 교화하기 위한 것이다. 모든 정책이 제대로 되지 않으면 어느 겨를에 교화가 이루어질 리 없을 것이니, 이 때문에 예로부터 오랫동안 잘 다스려지지 못했던 것이다. 민가를 몇 집씩 묶어 향약을 실행하게 하는 것은 옛날 향당주족 제도를 본뜬 것이다. 위엄과 은혜가 골고루 젖게 되면 이를 힘써 실행하는 것이 좋을 것이다. 옛날 사람들의 좋은 말과 행실을 백성들에게 알림으로써 일상 생활의 습관이 되게 한다면 그들을 교도하는 데 도움이 될 것이다. 가르치지 않고 벌을 준다면 그것은 백성을 속이는 것이 된다. 비록 흉악한 죄인이나 불효자일지라도 가르쳐서 듣지 않을 때 죽여야 한다. 형제끼리 우애할 줄 모르고 시끄럽게 송사나 하고 다니는 자는 모름지기 가르치되 죽이지는 말라. 궁벽하게 떨어져 있는 지방은 교화의 손길이 너무 멀다. 예의범절을 권장하는 것도 목민관으로서 서둘러야 할 임무인 것이다. 효자·열녀·충신·절사들의 빛나는 행적을 들추어내다가 이를 표창하는 것도 목민관의 직책이다. 그러나 지나치게 과격한 행동이나 편협한 짓을 숭상함으로써 그

롯된 길을 터 주는 것은 옳지 않다고 한 말의 뜻은 음미함 직하다. 하찮은 짓들이라도 잘 가르치고 지도하면 따라오게 마련인 것이다.

[原文] 民牧之職教民而已 均其田産將以教也 平其賦役將以教也 設官置牧將以教也 明罰飭法將以教也諸政不修 未遑興教 此百世之所以無善治也 束民爲伍以行鄕約 亦古鄕黨州族之遺 意威惠旣洽勉而行之可也 前言往行 勸諭下民 使之習慣於耳目 亦或有助於化導 不教而刑謂之罔民 雖大憝不孝姑唯教之 不悛乃殺 兄弟不友囂訟無恥者 亦姑教之 勿庸殺之 避陬絶徼遠於王化 勸行禮俗 亦民牧之先務也 孝子烈女忠臣節士 闡發幽光以圖旌表 亦民牧之職也 若夫矯激之行褊狹之義 不宜崇奬以啓流獘 其義精也 末俗雖薄 教以導之 亦有歸化者矣

[석의(釋義)] 향약(鄕約)—지방 자치 단체에 의한 교화 및 상호 협조를 위하여 만든 규약으로서 조선 왕조 중엽 이후로 널리 시행되었는데, 그 모체를 이룬 것은 중국의 '여씨향약(呂氏鄕約)'이다. 우리나라에서는 퇴계학파(退溪學派)에 의하여 '예안향약(禮安鄕約)'이 만들어졌으나, 그 후 율곡(栗谷)에 의하여 만들어진 '해주향약(海州鄕約)'이 널리 시행되었던 것이다.

교육은 두 가지 측면에서 살펴볼 수가 있다. 하나는 학교 교육이요, 다른 하나는 사회 교육으로서 이는 시민 교육이라 이르기도 하지만 옛날에는 그것이 소위 향약(鄕約)에 의하여 이루어졌던 것이다.

향약이란 각 지방 향토민들의 교화와 상호협조를 위하여 만든 규약으로서 본래 그의 근원은 중국 송나라 때 생긴 여씨향약에 근거하고 있으나 우리나라에서는 퇴계의 예안향약과 율곡의 해주향약이 유명하다. 그들의 내용은 각각 다소 윤색된 차이를 보이고는 있지만 그의 근본정신은 인간적 윤리규범과 상호협동정신의 선양에 있었던 것이다.

그런데 다산은 여기서 한 인간의 자율적인 윤리적 실천이나 그들의 상호 협동정신에만 기대하는 것이 아니라 올바른 정치에 의하여 사회교화의 기풍을 진작시켜야 한다는 입장을 취하고 있다는 점을 주목하지 않을 수 없다. 그것을 한마디로 말하라 한다면 교정(教政) 일치의 정신이라 할 것이다.

그러므로 토지의 소득을 고르게 하는 것이나 조세나 일반 부담금을 고르게 부과하는 것이나, 법으로 죄인을 다스리는 것이나 간에 어느 하나도 국민 교화와 직결되지 않는 부면이 없다는 점을 지적하고 있다. 그렇게 본다면 어쩌면 목민관은 통치자라기보다는 차라리 교육자라 일러야 할 것이다. 그러므로 목민관은 좋은 정치를 실시하여 살기 좋은 사회를 건설함으로써 교정일치의 실을 거두도록 해야 할 책임을 지고 있다.

그럼에도 불구하고 사회 불안이 형성되어 많은 범죄자나 범법자가 생겨났다면 그의 직접적인 제1차적 책임이야 본인이 져야 하겠지만 그의 간접적인 제2차적 책임은 목민관이 져야 한다. 그러므로 맹자는 "죄에 빠지게 된 연후에 그들에게 형벌을 가한다면 그것은 바로 백성들을 속여 법망 속으로 낚아들이는 것과 같다"(『맹자』, 「양혜왕 상」)고 이르고 있다. 실로 정치의 묘리는 백성들을 잘 교화하여 죄에 빠지지 않도록 하는 예방 정치에 있는 것이다. 다시 말하면 죄를 짓지 않고도 살 수 있는 죄인 없는 사회의 건설이야말로 이상사회라 이를 수 있다.

그러나 산업사회로 급성장함과 동시에 그에 따른 윤리관도 시시각각으로 변천하고 있는 이때에 오늘의 사회교육, 곧 오늘의 향약정신은 어디에 초점을 맞추어야 할 것인가? 그것은 모름지기 삼강오

륜이라는 윤리적 인간—효자·충신·열녀—보다는 세계 속의 한국인이라는 세계 시민으로서의 인간 교육이 바람직하지 않을까! 그것은 곧 우리 문화를 근간으로 하는 문화교육에 의하여 세계 속의 한국인상을 구축하는 데 사회 교육의 뿌리가 내려져야 한다는 뜻이다. 그러므로 현대적 사회 교육은 고전적인 윤리 교육에 더하여 시민적인 문화 교육이 덧붙여진 토대 위에서 재정립됨으로써 비로소 이상 사회 건설에 이바지할 수 있을 것이다.

4. 지덕일치(知德一致)의 지향(志向)
— 흥학(興學)

옛날 소위 학교에서는 예를 배우고 악을 배웠는데 이제는 예도
깨지고 악도 무너졌으니 학교의 교육이 독서에 그치고 말았다.
문학은 소학에서 가르쳤다. 그렇다면, 후세에 와서는 소위 교학
진흥이 소학에서 하던 것과 같아졌단 말인가? 배운다는 것은
스승에게서 배운다는 것이다. 스승이 있은 후라야 배움이 있는
것이니, 오랜 실력을 갖춘 분을 모셔다가 스승으로 삼은 연후에
교학의 규범이 짜일 것이다. 학교의 건물을 수리하고, 학교 재
정을 관리하고, 도서관을 충실하게 하는 것도 현명한 목민관으
로서 유의할 일이다. 인격이 단정한 사람을 뽑아서 학교장으로
삼고 여럿의 사표가 되게 하여 예로써 대우하며 염치를 알게 하
라. 늦가을에 양로의 예를 향하여 노인 대접하는 길을 가르치고,
첫겨울에는 향음의 예를 행하여 어른 대우하는 길을 가르치고,
봄에는 향고의 예를 행하여 고아들을 돌보는 길을 가르치도록
하라. 때로는 향사의 예를 행하고 때때로 투호의 예를 행하도록
해야 한다.

[原文] 古之所謂學校者 習禮焉習樂焉 今禮壞樂崩 學校之敎讀書而已
文學者小學之敎也 然則後世之所謂興學者 其猶爲小學乎 學者學於師也
有師而後有學 招迎宿德使爲師長然後 學規乃可議也 修葺堂廡 照管米
廩 廣置書籍 亦賢牧之所致意也 簡選端方 使爲齋長以作表率 待之以禮

養其廉恥 季秋行養老之禮 敎以老老 孟冬行鄕飮之禮 敎以長長 仲春行
䄍孤之禮 敎以恤孤 以時行鄕射之禮 以時行投壺之禮

[석의(釋義)] 공자는 교학의 기본을 육예(六藝)에 두었는데, 예(禮)·
악(樂)·사(射)·어(御)·서(書)·수(數)가 곧 그것이다. 예·악은
덕육(德育)이요, 사·어는 체육(體育)이요, 서·수는 지육(知育)
인데, 덕육은 또다시 체육과 지육의 근본이 된다. 그러므로 예·
악에 의한 인간 교육이 독서에 의한 지식 교육에 우선했던 것이다.
향례(鄕禮)—본래 향음례로 가악(歌樂) 헌작(獻酌)으로 상하 질서
를 가리고 즐겁게 놀던 고례(古禮)
향사례(鄕射禮)—향음례와 비슷한데 활쏘기로 상하 질서를 가리
며 즐겁게 놀던 예(禮)
투호지례(投壺之禮)—옛날 예법의 하나로서, 연회석에서 주인과
손님이 화살을 병에 던져 넣는 것으로써 승부를 겨루고 이긴 사
람이 진 사람에게 술을 먹인다. 향사례와 향음례를 간결하게 한
예법이다.

　전절에서 논한 사회 교육은 미풍양속을 진작하여 이상적인 사회
를 건설하자는 데 목적을 둔 범국민적 교육이라 한다면 학교 교육은
청소년을 중심으로 하는 특수집단의 특수시설에 의하여 도야되고 연
마되는 전인적 인격 교육이 그 근간을 이루고 있다 해야 할 것이다.
　그런 의미에서 유가에 있어서의 6예(六藝) 교육은 한 인간의 전인
적 인격 교육을 위하여 크게 기여하고 있다. 6예란 예(禮)·악(樂)·사
(射)·어(御)·서(書)·수(數)로서 이는 현대 교육의 덕(德)·체(體)·
지(知)의 3강령에 부합한다. '예'와 '악'은 '덕'에 해당하고 '사'와
'어'는 '체'에 해당되며 '서'와 '수'는 '지'에 해당한다. 그러므로 예·
악·사·어·서·수의 6예를 그의 순위대로 따져본다면 덕·체·지
의 순위로 되어 있기 때문에 덕육이 지육에 우선해야 하는 현대 교

육이념과도 상부하는 것으로서 유가에서는 이미 오랜 옛날부터 이러한 예·악 교육이 서·수교육에 우선했음을 여기서 엿볼 수가 있다. 그러므로 다산은 당시에 있어서 이미 예와 악에 따른 기본 교육이 깨지고 무너져 버린 현상을 개탄하면서 교육이 독서인, 다시 말하면 지식인의 양성에 그치고 있음을 못내 안타깝게 여겼던 것이다.

한 인간의 인격 형성 과정은 결코 단순하지 않으며 복합적인 많은 조건들이 종합적으로 작용하여 이루어진다. 6예 교육을 두루 거쳐야 하며 이에 따른 교육의 3강령이 균형을 이루어야 한다. 그렇게 함으로써 비로소 한 인간의 전인적 인격이 형성될 수 있기 때문이다.

그럼에도 불구하고 근래의 학교 교육은 전문지식인, 달리 말한다면 기술적 직업인의 양성이라는 특수 교육에 지나치게 편중되어 있다고 볼 수가 있다. 성인 교육에의 마지막 관문인 대학의 입시과목만 하더라도 수학과 영어가 주종을 이루고 있다는 점만으로도 이를 짐작할 수 있을 뿐 아니라 나열식 교과 내용을 보게 되면 그것이 지식 편중의 강좌임을 얼른 짐작하고도 남음이 있다. 소위 인간성 도야를 위한 국민윤리 과목이 있기는 하지만 그것마저도 학점 과목이라는 점에서 이 과목을 이수한 학생의 인격 또는 인간성에 대한 평점은 거의 불가능할 뿐만이 아니라 그런 것을 대학에서는 요구하지도 않는 실정이다. 진실로 그들의 덕성은 과연 어떻게 길러져야 할 것인가? 문제가 아닐 수 없다.

전인적 인간 교육은 한마디로 말해서 윤리적 인간으로서뿐만이 아니라 나아가서는 사회적 인간으로서의 교육까지 기대하지 않을 수 없다. 고전적 유교 교육은 효·제·자의 윤리적 교육에 치중하였고 근대적 시민 교육은 사회인으로서 전인 교육에 중심을 두고 있다. 옛날에 양로(養老)의 예를 통하여 '효'를, 향음(鄕飮)의 예를 통하여 '제'를, 휼고(恤孤)의 예를 통하여 '자'의 덕을 일깨우게 한 소이가 여기에 있다.

그러나 현대적인 입장에서 본다면 현대사회에의 적응을 위하여서는 이러한 윤리적 덕목에 더하여 보다 더 폭넓은 교육이 절실하게 필요한 것이다. 고전적 '예'와 '악'에 더하기를 다양한 교양이라고 해야 할는지 모른다. 스스로의 전문적인 지식과 병행하여 철학·종교·윤리·음악·시문 등에 이르기까지 다양한 교양적 지식을 갖출 뿐만이 아니라 사회적 활동에 적응할 수 있는 교내 클럽 활동에도 참여하도록 유도해 주어야 할 것이다. 학교에 있어서의 클럽 활동은 많은 인간집단 속에 있어서의 자기 발견의 장이 될 뿐만이 아니라 나아가서는 그 장 안에서의 나의 적응력을 연마하는 좋은 기회가 되기 때문인 것이다.

5. 조직(組織) 사회(社會) 속의 인간(人間) 관계(關係) — 변등(辨等)

등급을 가리는 것은 백성들의 정신을 안정시키는 데 의의가 있다. 등급에 따르는 위엄이 분명하지 않아 지위와 계급이 문란해지면 백성들은 흩어져 기강을 차릴 수 없을 것이다. 집안에는 귀천이 있으므로 등급을 가리는 것이 좋다. 세력에는 강약이 있으므로 그 실정을 살피는 것이 좋다. 이 둘 중 어느 한 가지도 버릴 수가 없는 것이다. 이처럼 등급을 가리는 정책은 비단 하찮은 백성들만 징계하자는 것이 아니라, 중인 계급이 그 윗사람에게 함부로 하는 것도 좋지 않기 때문이다. 주택이나 수레나 의복이나 치장 가구 등이 지나치게 사치스런 것은 모조리 엄금하는 것이 좋을 것이다.

[原文] 辨等者安民定志之要義也 等威不明位級以亂 則民散而無紀矣 族有貴賤宜辨其等 勢有强弱宜察其情 二者不可以偏廢也 凡辨等之政 不唯小民 是懲中之犯上亦可惡也 宮室車乘衣服器用 其僭侈踰制者悉宜嚴禁 (自盖奴婢法變之後 民俗大渝 非國家之利也) (貴族旣殘賤流交誣 官長按治多失其實 斯又今日之俗弊也)

이 절에서는 다산의 계급사상이 단적으로 표출되어 있다. 그것은 다산은 인민에 대한 봉사자로서 목민관의 존재를 이해하고 있기는 하지만 맹자가 이른바 "군자가 없으면 야인은 다스릴 수가 없고 야인이 없으면 군자를 길러주지 못한다"(『맹자』, 「등문공 상」)고 한 상하 계급관에서 완전히 벗어나 있지 않음을 알 수가 있다. 다산사상의 기본적인 입장은 유교의 군자학에서 일보도 후퇴하고 있지 않기 때문이다.

소위 옛날 유교에 있어서의 상하관계는 친친(親親)·장장(長長)·존존(尊尊)·현현(賢賢)에 의하여 설명된다. '친친'에 의하여 부모와 조상을 섬기게 되고 '장장'에 의하여 연장자를 우러러 모시게 된다. '존존'에 의하여 높은 벼슬아치를 우러러 받들게 되며 '현현'에 의하여 인격이 뛰어난 인물을 존경하게 되는 것이다.

그러나 이러한 자연발생적 상하관계가 후세로 내려오면서 봉건적 세습제도와 노비법 등에 의하여 부자연스런 계급제도로 형성됨으로써 기본적인 인권이 유린되는 결과를 빚고 말았다. 여기에 근대사상과 접목할 수 없는 유교사상의 한계점이 도사리고 있는 것이다. 다산과 같은 진보적 사상가로서도 유교의 이 벽만은 무너뜨리지 못하였고 노비법의 개정 또는 완화를 긍정적으로 받아들이지 않고 도리어 사회질서의 유지를 위하여 노비법은 필요악이라는 입장을 취하고 있는 점을 우리는 주목하지 않을 수 없다.

그러나 이제는 다산이 염려한 노비법도 없어졌고 귀족적 세습제도도 없어졌다. 그렇다면 소위 인권의 평등사회에 있어서는 등급이 필요 없는 것일까? 그러나 모든 질서는 등급에 의하여 이루어진다는 원칙에 변함이 없다고 한다면 현대사회는 현대사회대로의 등급이 또한 존재하지 않을 수 없을 것이다.

현대사회는 자유와 평등이라는 대원칙에 의하여 조화를 이루고 있지만 현대사회도 또한 눈에 보이지 않는 조직에 의하여 운용되고 있다는 사실을 우리는 잊어서는 안 될 것이다. 현대사회에 있어서도 관료제도는 상하관계로 이루어졌고 많은 사회단체도 일단 조직화되면 등급에 의하여 운영되는 것이다. 다만 거기에는 계급적 세습법이 없고 노비법과 같은 선천적 인권 유린의 흔적이 존재하지 않는다는 사실만이 다를 따름인 것이다. 단적으로 말하라 한다면 이들의 조직 방법이 평등과 자유에 입각하여 민주주의적이라 하더라도 일단 제도화된 후의 운영에 있어서는 차등에 입각한 관료조직이라는 점에서 새로운 관료귀족이 출현할 수 있는 소지가 있다는 사실도 지적하지 않을 수 없다.

어쨌든 사회질서 유지를 위한 등급은 조직 사회를 운영하기 위해서는 필요불가결한 요소로서 받아들이지 않을 수 없다.

6. 영재(英才)의 육성(育成) ― 과예(課藝)

과거의 학은 인간 본연의 마음을 파괴한다. 그러나 국가 고시 제도가 바뀌지지 않는 한, 부득불 이에 익숙하도록 권장하지 않을 수 없으니 이를 일러 국가 고시의 준비라고 한다. 국가 고시 준비에도 정원이 있어야 한다. 이미 추천에 뽑혔거든 이내 예비 시험을 치르게 한 후 본시험을 보게 한다. 근래에 와서는 문체도 낮추어지고 문법도 거칠어지고 문장도 짧아졌으니 불가불 바로잡아야 한다. 어린 학생들 중에서 총명하고 기억력이 좋은 애들은 따로 뽑아다가 특별 교육을 시키도록 하라. 국가 고시 준비를 부지런히 하여 합격자의 수가 날로 늘면 문명한 고을이 될 것이니, 이것도 목민관의 지극한 영광이 되는 것이다. 국가 고시의 규칙이 제대로 서 있지 않으면 수험생들의 마음이 쏠리지 않을 것이니, 국가 고시 준비의 정책은 또한 단독적인 방법만으로 잘 될 리가 없다.

[原文] 科擧之學壞人心術 然選擧之法未改 不得不勸其肄習 此之謂課藝 課藝宜亦有額 旣擧旣選 乃試乃編 於是乎課之也 近世以來 文體卑下 句法澆悖 篇法短促 不可以不正也 童蒙之聰明强記者 別行抄選敎之誨之 課藝旣勤 科甲相續 遂爲文明之鄕 亦民牧之至榮也 科規不立則士心不勸 課藝之政 亦無以獨善也

학교 교육에는, 의무교육에 따른 국민 개학제도와 최고학부인 대학 교육에 의하여 영재를 육성하는 두 가지 측면이 있다.

대학에서의 영재 교육을 마치고 나온 인재들은 여러 가지 고시의 관문을 거쳐야만 한다. 현행 제도로 보아서는 사법·행정의 두 고시가 인재의 등용문이 되어 있고 기술고시로서는 의사·약사·건축사 등의 고시를 빼놓을 수가 없다. 근자에 와서 특히 치열한 경쟁력을 보이고 있는 은행·회사들의 입사시험도 이에 준하는 고시의 또 다른 관문으로 간주해야 할는지 모르겠다. 어쨌든 이러한 인재 등용의 관문을 뚫어야 하는 시험제도는 그가 지니고 있는 특수 분야의 지식과 아울러 그의 인품을 알아보자는 데 그 목적이 있음은 다시 말할 나위도 없다.

그러나 옛날에는 과거라 했고 근세에는 국가고시라 불리는 제도가 있기는 하지만 그것이 과연 한 인간의 인격과 능력을 평가하는 데 있어서 어느 만큼이나 효율적인 성과를 기대할 수 있느냐도 문제가 아닐 수 없다. 많은 비평가들이 이에 수반되는 폐단을 지적하고 있지만 그나마도 이 제도를 거치지 않고서는 인재 등용의 길이 막히고 말기 때문에 다산은 부득이 과거의 학을 따로 권장하고 있는 것이다. 그리하여 많은 인재들이 이 국가고시의 관문을 통과한다면 그것은 통과된 당사자의 기쁨에 끝나는 것이 아니라 그 고을을 다스리는 목민관의 지극한 영광이 되리라고 격려하고 있다.

근래에 와서 교육의 평준화(平準化)라는 말이 떠돌고 있다. 그렇다면 영재들을 위한 특수 교육과 소위 교육의 평준화와는 어떠한 상관관계가 있는 것일까? 국민적 입장에서는 교육의 평준화에 의하여 국민 교육 수준이 제고되어야 하겠지만 그렇다고 해서 그로 말미암아 영재들의 특수 교육의 길이 가로막혀서는 안 될 것이다. 그러므로 교육의 평준화는 의무 교육이라는 제도적 한계선 안에서의 문제요, 이 선을 넘어선 대학 교육에 있어서는 오히려 영재들의 선의의 경쟁에 의하여 날로 향상되는 교육이 실시되어야 할 것이다. 뿐만 아니라 대학 교육은 지식의 전수기관에 그칠 것이 아니라 모든 방법을 동원해서라도 인격을 도야하는 도장이 되어야 한다. 양로·향음·휼고 등의 고전적 의례의 정신을 이어 받아 국가의 동량이 될 수 있는 영재를 육성해내도록 해야 한다. 그러한 의미에서 선의의 경쟁에 의한 소위 일류학교는 존재해야 하며 일류학교가 존재함으로써 그 사회가 날로 발전할 수 있는 기틀이 마련될 수 있을 것이다.

특히 영재 교육에 있어서 빼놓을 수 없는 것은 지적 교육과 아울러 학예 활동에 따른 덕육과 각종 스포츠의 수련에 의한 체육이 병행되어야 한다는 점이다.

교육의 목적은 '인간이란 무엇이냐'는 질문에 따른 해답을 얻는 데 있다. 다시 말하면 한 '인간'을 만들어내자는 데 그 목적이 있는 것이다. 그렇다면 그 인간이란 어떠한 인간을 의미하는 것일까?

애초에 인간이란 동물과 구별되는 존재로서 이해되었다. 불을 쓸 줄 아는 것도 동물과 달랐고 돌을 갈아서 돌도끼·돌칼들을 만들어 쓸 줄 아는 것도 다른 동물들과 구별되는 사람의 모습이었다. 그러나 이렇듯 눈에 보이는 생활의 양상에서가 아니라 눈에 보이지 않는 점에서도 인간은 동물과 달라지기 시작했던 것이다. 그것은 다름 아닌 인간의 윤리적 존재로서의 자각이다.

사람은 맨 먼저 아버지의 아들임을 자각하였다. 아버지의 죽음을 슬퍼하며 고이 매장하는 아들로서의 자각인 것이다. 어머니의 자애로운 사랑도 마찬가지이다. 수유기를 떠나서도 길이 그의 은혜를 잊지 못하는 아들로서의 자각인 것이다. 현대사회는 이러한 기본적인 인간 조건마저도 잊어버림으로써 다시금 동물의 세계에로의 후퇴를 시도하고 있는 것은 아닐까? 희랍의 철인들은 인간 존재를 개인적인 윤리적 존재로서보다는 집단적 사회적 존재로서 파악했다. 그리하여 그들은 그러한 사회적 집단을 정치적으로 제도화하였고 인간을 그 정치적 집단의 주체로 간주하고 이해하였다. 그것이 바로 시민으로서의 인간적 자각이었던 것이다. 그러나 현대사회는 물질만능의 개인주의에 의하여 반사회적인 방향으로 후퇴함으로써 오히려 동물적인 아귀다툼을 초래하고 있는 것은 아닐까?

여기서 교육은 무엇보다도 먼저 인간적 자각을 촉구하는 데 일차적인 목표를 세워야 함을 알 수 있다. 그러한 기본적인 교육을 위해서 '예악(학예)'이 필요하고 '사어(스포츠)'도 아울러 필요한 것이다.

이제 인간 존재는 고전적인 윤리적 존재라거나 사회적 존재라거나 하는 측면보다는 차라리 보다 더 복합적인 문화적인 존재로서 파악되어야 할는지 모른다. 왜냐하면 문화란 '인간 생활의 총화'라는 점에서 인간됨에만 만족할 수 없기 때문이다.

한 문화란 결코 일조일석에 창조되는 것도 아니기 때문에 그것에는 전통이 있고 전통은 뿌리와 줄기에 의하여 형성되는 것이다. 그러므로 문화적 존재로서의 자아각성은 곧 역사와 전통 속에 존재하는 나의 발견이요 자각이 아닐 수 없다.

그러므로 그 안에서는 윤리적 존재도 사회적 존재도 나아가서는 민족적 존재도 다 함께 총체적으로 파악될 수가 있다. 그러므로 기술적인 전문 지식의 교육에 앞서 반드시 문화적 존재로서의 인간 교육이 선행되어야 하는 소이가 여기에 있다. 그러므로 문화 교육은 먼저 내 나라의 문화 교육에서 비롯하여 다양한 세계의 문화를 이해하게 함으로써 세계 안에서의 나의 존재를 확인하게 하여야 할 것이다.

병전육조(兵典六條)·지역(地域) 방위(防衛) 체제(體制)의 강화(強化)

1. 양병(養兵)의 암(癌) — 첨정(簽丁)

병역 의무를 금품으로 대신할 수 있는 법은 중종 때 비롯하여 오늘에 이르고 있다. 내려오는 폐단이 이만저만이 아니어서 민생들에게는 뼈에 사무치는 고질이 되었다. 이 법을 고치지 않는다면 백성들은 다 죽게 될 것이다. 소집 대상자를 명목이라 한다면 금품은 실지인 것이다. 실지로 금품을 거두어 놓고서 명목은 따져서 무엇 할 것인가? 그런 명목을 따지면 백성들은 그 해독을 입을 것이다. 그러므로 군사사무를 잘 다스리는 사람은 사무처리만을 일삼지 않고, 병정 징발을 잘하는 사람은 징발만을 일삼지 않는다. 거짓을 밝혀내고 죽은 자를 알아내어 부족을 보충하며 대리할 자를 찾아내는 일들은 도리어 이속들의 이익이 되는 수가 있으니 좋은 목민관으로서는 그런 일은 하지 않는다. 만일 한두 명의 병원을 보충하지 않을 수 없거든 부잣집 기피자를 찾아내다가 비용을 내놓게 한 후 실지 병무에 봉사할 자를 사서 쓰도록 하라. 정원 한 명에 대상자가 6, 7명이나 될 때 모조리 금품을 거두어다가 담당자의 주머니를 채우는 수가 있으니 불가불 살피지 않아서는 안 된다. 병역 관계 서류는 사무실에 비치하고 자물쇠를 채워 두되 직원들의 손이 드나들지 못하게 하라. 아전들은 법의 두려움을 알고 백성들은 은혜의 감사함을 깨닫게 된 후라야 군적 수정 사무를 처리할 수 있다. 군적 수정 사무를 처리하려거든 무엇보다도 먼저 금품 납입제를 폐지하고 병역 면제 규정 조항에서 빠지는 구멍을 잘 살펴 내지 않아서는 안 된다. 호적을 위조했거나 병종을 사서 꾸며댔거나 하여 병역 의무를 면제받은 자가 있으면 불가불 처벌해야 할 것이다. 입대자를 뽑아 보낼 때는 큰 폐단이 따른다. 십분 엄중히 살핌으로써 백성들에게 해독을 끼치는 일이 없도록 해야 한다.

[原文] 簽丁收布之法始於梁淵 至于今日 流波浩漫爲生民切骨之病 此法不改而民盡劉矣 隊伍名也米布實也 實之旣收名又奚詰 名之將詰 民受其毒 故善修軍者不修 善簽丁者不簽 査虛蔽故補闕責代者 吏之利也 良牧不爲也 其有一二不得不簽補者 宜執饒戶使補役田以雇實軍 軍役一根簽至五六 咸收米布以歸吏橐 斯不可不察也 軍案軍簿並置政堂 嚴其鎖鑰無納吏手 威惠旣洽吏畏民懷 尺籍乃可修也 欲修尺籍先破契房 而書院驛村豪戶大墓諸凡逃役之藪不可不査括也 (收布之日牧宜親受 委之下吏民費以倍) 僞造族譜盜買職牒圖免軍簽者 不可以不懲也 上番軍裝送者一邑之巨弊也 十分嚴察乃無民害

[석의(釋義)] 군적수포법(軍籍收布法)―병역 의무를 금품으로 대납하던 소위 군적수포법(軍籍收布法)은 중종 때 대사헌(大司憲) 양연(梁淵)의 건의에 의하여 제정된 법으로서 후일 적잖은 폐단의 씨가 되었다. 본래의 취지는 장정 1인당 12말, 포목은 두필, 돈으로는 4냥씩 내놓게 하여 군비에 충당하고, 아울러 일정한 수효의 군졸을 양성하자는 데에 있었다. 그러나 이 법은 관계 직원들의 농간으로 황구첨정(黃口簽丁)이니 백골징포(白骨徵布)니 하는 따위의 극단적인 폐단을 불러일으켰다. 이들은 다 군적의 불분명에서 오는 농간의 결과로서 다산의 말을 빌리자면 "요즈음 애잔한 마을, 가난한 집에는 어린애들을 낳기가 무섭게 징병 소집장이 날아온다"라고 한 것이 바로 황구첨정(黃口簽丁)이다. 그뿐 아니라, 심한 경우 배가 불룩하기만 해도 애 이름을 지어 군적에 올리고 여자를 남자로 바꿔치기도 했다. 보다 더 심한 것은 강아지 이름을 군적에 올리기도 했으니, 그야말로 이는 사실 사람이 아니라 개 이름이던 수도 있었다. 이는 오로지 장정의 수에 따라 군포(軍布)라는 금품을 거두어들였기 때문이다. 백골징포(白骨徵布)도 또한 죽은 장정의 이름을 군적에서 빼놓지 않고 죽은 뼈에서 군포를 징수하기까지에 이르렀음을 말하는 것이다.

병역은 교육·납세와 더불어 국민의 3대 의무의 하나이기는 하지만 조선조 5백 년의 왕업을 기울게 한 삼정—전정·환곡·군정—의 하나로 치부되는 만큼 목민관의 중요한 직책의 하나가 아닐 수 없다.

병역에는 국민개병주의와 용병제도가 있는데 여기서 제시된 군적수포법(軍籍收布法)은 중종 때 제정된 것으로서 이상 두 가지 제도를 절충한 것으로 평가할 수 있다. 군적수포법에 따르면 장정은 1인당 쌀은 12말, 포목은 2필, 돈은 4냥씩을 의무적으로 내놓게 하여 군비에 충당하게 함으로써 국민 개병의 정신을 물납제로 탈바꿈해 놓은 것이다. 그리하여 수납한 군비로 일정한 병력을 사서 양병하게 되었으므로 그것은 일종의 용병제도였다.

요즈음 우리나라 병력은 국민개병제도에 의하여 충원되고 군비는 국방비 예산과 방위세 및 방위성금에 의하여 국민전체의 부담으로 운영되고 있다는 점에서 격세지감이 없지 않다. 조선조시대에 있어서의 군정의 문란은 실로 상상을 뛰어넘는 것들이었다. 그중에서도 가장 두드러진 것이 다름 아닌 황구첨정(黃口簽丁)과 백골징포(白骨徵布)이다.

'황구첨정'이란 갓난아이도 군적에 올려 놓고 군적수포법에 따른 군포를 거두어들인 사실을 말한다. 황구란 병아리 입모양에서 나온 말로서 거기에는 갓난아이를 가리키는 뜻이 함축되어 있다. 두서너 살밖에 안 되는 갓난애가 어떻게 군적에 올라갈 수 있겠는가? 군적에도 없는 장정에게서 어떻게 군포를 거두어들일 수 있겠는가? 그럼에도 불구하고 사내아이만 낳으면 낳기가 바쁘게 군적에 올려놓고 군포를 징수하였기 때문에 이를 일러 황구첨정이라 했던 것이다. 다산이 '애절양(哀切陽)' 시를 남긴 것도 이 까닭이었던 것이다.

낳기가 바쁘게 거두어들인 군포지만 장정이 죽기라도 하면 이내 군적에서 빼버려야 함에도 불구하고 그것만은 막무가내로 빼지 않고 거두어 갔기 때문에 이를 일러 '백골징포'라 했던 것이다. 산 사람도 아닌 죽은 사람의 뼈를 상대로 하여 군포를 징수해 간 행위를 비꼰 말이다.

이러한 엄청난 폐단이야 오늘날 우리들의 주변에서는 찾아볼 수 없는 하나의 옛 기록에 지나지 않지만 어쨌든 병무 행정은 국가를 방위해야 하는 장정의 생명과 고락에 직결되는 것이기 때문에 더욱 더 공정성이 요청된다.

흔히 징병 과정에서 뒤따를 수 있는 폐단의 하나가 다름 아닌 징병 기피 현상이다. 용병제가 아닌 국민개병제도에 뒤따르는 현상으로서 한때 금품 수수의 폐단이 사회 문제로서 노출되기도 하였지만 여기에는 항상 금력과 아울러 특권층의 권력이 작용하기가 쉽다. 오히려 솔선수범해야 할 계층이 도리어 징병을 기피하는 현상이 잔존한다면 그것은 국민 간의 위화감을 조장할 뿐만이 아니라 사병들의 사기 진작에도 크게 영향을 미치는 요소로 작용한다는 사실을 목민관은 명심해야 할 것이다.

2. 상시(常時) 임전(臨戰) 태세(態勢)를
― 연졸(練卒)

병졸 훈련은 국가 보위를 위한 긴요한 준비인 것이다. 군사 훈련하는 방법은 군기를 가르치는 기술이다. 요즈음 소위 병졸 훈련은 헛수고를 하고 있는 형편이다. 첫째 정규군, 둘째 별동대, 셋째 특수병, 넷째 해군인데 법이 제대로 되어 있지 않으니 훈련했자 보탬이 되지 않기 때문이다. 그나마도 조례대로 하면 됐지 지나치게 떠들썩할 필요는 없다. 기나 북으로 하는 호령에 따라 앞으로 뒤로 나누고 합치는 훈련은 익숙하게 익혀야 한다. 병졸들만 가르치자는 것이 아니라 공무원과 예비역 군졸들도 규례에 따라 훈련시키도록 해야 한다. 특수병의 훈련은 가장 중요한 일이니 전기 3일해서 미리 연습하도록 하라. 만일 태평 시절이 계속되더라도 국법으로 예행 연습의 정지령이 내리지 않는 한, 편대 조직과 장비 단속에 힘을 기울이지 않을 수 없다. 군대에서 돈을 거두는 일은 엄중히 막고 있으니 훈련에 따른 여러 가지 폐단은 샅샅이 가려내도록 하라. 해군 조련의 명령이 내리면 해군 조련의 방식을 따라 날마다 연습하여 빠뜨리는 일이 없도록 해야 한다.

[原文] 練卒者武備之要務也 操演之法敎旗之術也 今之所謂練卒虛務也 一曰束伍二曰別隊 三曰吏奴隊四曰水軍 法旣不具 練亦無益 應文而已 不必擾也 惟其旗鼓號令進止分合之法宜練習詳熟 非欲敎卒要使衙官列校

習於規例 吏奴之練最爲要務 前期三日宜預習之 若年豐備弛朝令無停以
行習操 則其充伍飾裝不得不致力 軍中收斂軍律至嚴 私練公操宜察是弊
(水軍之置於山郡 本是謬法) 水操有令宜取水操程式 逐日肄習倐無關事

[석의(釋義)] 특수병—이노대(吏奴隊)를 특수병이라 했는데……

병(兵)이란 병졸(兵卒)인 동시에 병기(兵器)를 의미한다. 그러므로
병졸의 훈련은 넓은 의미로서는 병졸을 병기로 만드는 훈련이라 할
것이다.

병졸의 훈련은 병졸 자체가 날카로운 병기로서 쓰일 수 있도록 하
는 훈련과 아울러 객체로서의 병기들을 어떻게 하면 구김살 없이 매
끄럽게 잘 다룰 수 있느냐의 두 가지 길이 있을 것이다. 그러므로 전
자는 체력단련과 단체훈련이 주가 되고 후자는 모든 군장비의 정비
와 조종법의 훈련이 될 것이다.

군졸의 체력단련이나 단체조련은 옛날이나 지금이나 군사훈련의
기본이 되는 것이어니와 군장비의 정비 및 조종법의 훈련은 근세에
이르러서는 더욱 복잡다단한 병과로 나누어졌다. 그것은 무기의 발
달과 정비례하는 현상으로서 옛날에 활이나 칼을 다루던 시대에서
미사일 시대를 거쳐 우주무기 시대에로까지 발전한 오늘에 있어서
는 병기의 개념도 크게 달라졌음을 새삼 인식하지 않을 수 없다. 그
러므로 현대에 있어서의 군사훈련은 고도의 지식과 기술을 요구하
고 있는 것이다.

2천여 년 전에 공자와 같은 평화론자도 군사훈련에 대하여는 다
음과 같은 두 가지 명구를 남기었다.

"좋은 인물이 백성을 가르치되 7년이 되면 전쟁에 내보냄 직하

다"(『논어』, 「자로」)고 한 것을 보면 7년이라는 교육 과정을 거쳐야만 전쟁에 내보낼 수 있음을 의미한다. 이는 병졸의 훈련이 얼마나 중요한 일인가를 설파한 것이 아닐 수 없다. 공자는 또다시 다음과 같이 언급하고 있다.

"교육하지 않은 백성을 데리고 전쟁을 한다면 그것은 백성을 죽음터에 버리는 것과 다름이 없다."(『논어』, 「자로」)

군사훈련의 중요성을 거듭 지적한 바이다.

병역의무는 국민의 3대 의무 중의 하나임은 이미 지적한 바 있거니와 그러한 의미에서 병역의무는 제도적인 강제규정이기는 하지만 전 국민의식이 이에 자진 입대하여 스스로의 의무를 다하도록 하는 기풍의 조성이 무엇보다도 바람직하다고 하겠다.

군사훈련 과정에 있어서 우리가 유의할 점은 군졸들에 대한 처우이다. 훈련은 엄격하게 하지 않으면 안 되지만 그들에 대한 처우는 최선을 다해야 한다.

처우의 측면도 두 가지로 나눌 수가 있으니 하나는 물질적인 측면이요 다른 하나는 정신적인 측면이다. 물질적인 측면에 있어서의 처우는 계획적인 내핍훈련을 제외하고서는 그들의 의식주에 대하여 적절한 처우가 베풀어져야 함은 물론이거니와 그들이 사용해야 하는 병기도 항상 새로운 개선이 이루어지도록 세심한 배려가 요청되는 것이다.

소위 정신적인 측면에서는 애국애족의 정신무장이 전력의 기본 조건이다. 쓸데없는 기합으로 군졸들을 괴롭히는 전근대적 정신훈련은 지양되어야 한다.

또 훈련에는 현역 훈련과 예비역 훈련의 두 가지 종별이 있는데 후자인 예비역 훈련에 있어서는 그들의 생업에 지장이 없도록 각별히 배려해야 할 것이다. 농경시대 또는 농경지대에서는 농번기를 피하여 훈련을 실시하는데 그것을 그 한 예로 받아들일 수 있겠다.

3. 군(軍)의 생명 — 수병(修兵)

군대란 군장비인 것이다. 군대는 백 년을 사용하지 않는 수도
있지만 하루도 준비가 없을 수 없는 것이니, 병기 정비는 담당
관의 직책인 것이다. 화살을 옮겨 놓는 일이나 다달이 화약을
보내 주는 일들은 그 입법의 취지를 생각하여 출납에 조심하여
야 한다. 상부의 명령이 엄중하다면 수시로 수리하고 보충하는
일을 그만둘 수는 없을 것이다.

[原文] 兵者兵器也 兵可百年不用 不可一日無備 修兵者土臣之職也 箭
竹之移頒者 月課火藥之分送者 宜思法意謹其出納 若朝令申嚴以時修補
未可已也

군비의 내용을 이루고 있는 군기의 개념은 옛날엔 총·칼·활 또
는 간단한 총포나 화약 등에 불과했으나 지금은 그 종류와 규모에
있어서 어마어마한 양적·질적 변화를 보이고 있다. 그러므로 이에
따른 병졸들의 효율적 훈련도 긴요하지만 그들이 다루어야 할 병기
들의 보관·이동·수리·교체 등의 문제도 결코 가볍게 다룰 수 없
는 과제 중의 하나인 것이다.

근세에 이르러서는 군기의 종류도 다양할 뿐만이 아니라 그들의 질적 변화의 속도도 빠르다. 오늘의 새로운 병기도 내일이면 묵은 병기 어쩌면 쓸모없는 병기가 되고 만다. 그러므로 이러한 변화의 추세에 발맞추자면 옛것을 새것으로 바꾸는 작업이 필요하다. 바꾸는 작업이 빠르게 되면 군기의 저장 개념도 달라져야 한다. 군비란 저장해 두어야 소위 유비무환의 효과를 거두게 되겠지만 실로 묵은 무기의 저장처럼 무의미한 것은 없을는지 모른다. 그러므로 무기의 저장능력과 아울러 교체능력도 가장 중요한 과제이며 그것에는 저절로 무기 이동의 개념이 수반된다고 해야 할 것이다.

그렇다면 이제 군비의 저장능력보다는 생산능력에 보다 더 비중을 두어야 한다. 군기생산에 따른 고도의 기술과 그것을 생산할 수 있는 공장의 시설이 더욱 중요한 의미를 갖는 시대를 우리는 맞고 있는 것이다. 이제 우리들에게는 소총이나 화약은 물론이거니와 탱크나 비행기나 전함에 이르기까지 나아가서는 전략적인 위성까지도 우리 손으로 만들 수 있는 생산능력이 중요한 것이다. 그러한 것들을 남에게서 얻어 쓴다거나 사다가 쓴다는 것은 그만큼 자체 역량의 취약점이 된다.

어쩌면 한 나라의 생산능력은 그것이 바로 전력(戰力)이 될는지 모른다. 그것이 평화산업의 형태를 갖춘 것이라 하더라도 일단 유사시에는 전시산업으로 탈바꿈할 수도 있기 때문이다. 그러나 때에 따라서 특정한 군비는 평화시나 전시를 불구하고 군비를 정비하기 위하여 소위 방위산업이라는 이름으로 가동되어야 할는지 모른다. 그러한 의미에서 국민들은 방위세를 부담해야 하며 특지가(特志家)들의 애국심이 방위성금으로 표출되기를 기대할 수 있는 것이다.

군비란 방위산업에 의하여 생산되고 확충되어야 하지만 거기에는 국민 전체의 정신력이 알파로서 뒷받침되어야 한다. 그러나 건전한 정신은 건전한 체력에 의하여 보장된다는 사실도 우리는 잊어서는 안 될 것이다. 그러므로 각양각색의 스포츠도 그것이 전시효과적이 아니라 국민체력 증강이라는 점에서 보편적으로 보급되어야 한다. 그것이야말로 눈에 보이지 않는 국력이요 나아가서는 전력이 되기 때문이다.

4. 시급(時急)한 국민(國民) 총무장(總武裝)
― 근무(勤武)

우리나라 풍속은 유약하고 근엄하여 무예라고는 좋아하지 않고 기껏해야 활쏘기뿐이었는데, 요즈음은 그것마저도 신통치 않으니 무술의 권장은 당면한 급선무이다. 수령의 자리도 오래면 6년에 이르는데, 그동안에 잘 헤아려서 권장한다면 백성들도 그 권장에 따를 것이다. 억센 활의 사용법도 불가불 익혀 두어야 한다. 호령하며 엎드리는 자세나 달리며 돌격하는 태세는 국난의 걱정이 있을 때 익혀 두는 것이 좋을 것이다.

[原文] 東俗柔謹 不喜武技 所習惟射 今亦不習 勸武者今日之急務也 牧之久任者或至六朞 揣能如是者勸之而民勸矣 强弩之張設發放不可不習 若夫號令坐作之法 馳突擊刺之勢 須有隱憂乃可肄習

유교의 창시자인 공자는 자공이 정치에 대하여 물은즉 "식량이 넉넉하고 군비가 충실하고 백성들이 믿게 되어야 한다"("논어』, 「안연」)고 대답하였다. 다시 말하면 식(食)·병(兵)·신(信)이 정치의 3요소임을 지적한 것이다. 이처럼 공자도 군비를 중요시하였음에도 불구하고 그 후의 유생들은 왜 숭문천무(崇文賤武)의 경향을 띠게 되었을까?

본시 양반이란 동서 양반을 가리키는데 문관은 동반이 되고 무반은 서반이 차지하여 문무 양반이 반반하였음에도 불구하고 조선조로 접어들면서 차츰 국속이 일변하여 문만을 숭상함으로써 문약한 시대를 맞게 된 것이다. 공자도 "군자는 다투지 않는다. 다툰다면 활쏘기 정도지……"(『논어』, 「팔일」)라 했듯이 활 쏘는 무예를 결코 경원하지 않았을 뿐 아니라 오히려 권장하고 있었다.

이러한 공자의 뜻은 그의 '육예론'에 그대로 함축되어 있다.

'육예'는 이미 지적한 바 있듯이 예·악·사·어·서·수로서 '사·어'는 스포츠이면서도 무예적 성격을 띠고 있음을 얼른 짐작할 수가 있다. 이러한 '사·어'의 교육을 철저하게 실시한다면 그것은 곧 바로 상무(尙武)의 정신으로 이어질 수 있음은 다시 말할 나위도 없다.

상무의 정신은 곧 상용(尙勇)의 정신과도 표리를 이루고 있음은 얼른 짐작하고도 남음이 있다. 그러므로 『중용』에서도 "지(知)·인(仁)·용(勇) 3자는 천하의 달덕(達德)이다"라 했던 것이다. 이렇듯 유교에서도 강용한 상무 정신을 곳곳에서 강조하고 있는 것이다.

특히 우리나라 한민족은 중국과는 달리 동북아시아 일대에서 살아오면서 활쏘기를 좋아했기 때문에 동이(東夷)족이라 불렸던 것이니 동이의 이(夷)자는 궁인(弓人)을 합한 자로서 활과는 뗄 수 없는 관계를 맺고 있는 민족이었음을 보여준다. 공자도 말했듯이 활쏘기란 군자의 경기로서, 길이 그 전통을 우리 한민족이 이어왔음을 단적으로 알 수가 있다.

이러한 한민족의 상용 정신을 고구려의 고주몽(高朱蒙)이 이어받았던 것이니 주몽이란 선사자(善射者)라는 의미를 가진 이름이라는 점 하나만으로도 짐작할 수 있다. 그러므로 고구려의 기풍은 삼국 중 그 어느 나라보다도 '무'를 숭상하였다고 하겠다. 그러나 고구려의 '문'은 '무'의 그늘 아래서 잘 자라지 못했기 때문에 덕치(德治)하지 못하게 되었다고 보아야 할 것이다. 그러므로 고구려의 약점은 숭무천문에 있었기 때문에 급기야 이러한 늪에서 헤어나오지 못하고 삼국 통일의 과업을 신라의 손에 넘겨주지 않을 수 없었던 것이다.

그러나 신라의 경우는 고구려와는 아주 달랐다. 고구려는 무강문약하였지만 신라는 화랑도를 통하여 문무겸전했기 때문이다. 그러므로 신라는 '무'로만 지나치게 치우치는 일도 없었으려니와 '문'에만 지나치게 치우쳐 문약한 사회를 만들지도 않았다. 화랑의 5계를 보면 다섯 조목 중에 '임전무퇴(臨戰無退)'가 들어 있다. 이러한 조목이야말로 상무(尙武) 상용(尙勇)의 용사가 아니면 실천에 옮길 수 없는 어려움이 뒤따르는 윤리규범이다.

그러던 고대의 상무 상용의 정신이 어찌하여 문약으로 기울게 되어버렸을까? 그 책임은 누가 져야 할 것인가? 그것은 다름 아닌 유교의 책임인 것이다. 본래 유교야 결코 '무'를 천시하지 않았지만 후세에 이르러 유교는 철학과 시문(詩文)만을 숭상함으로써 유약하게 되었을 뿐만 아니라 외형상의 형식주의로 빠져들게 됨으로써 근엄위주의 형식적인 기풍만이 되어버렸던 것이다. 그러므로 목민관은 '문'뿐만이 아니라 '무'도 자기 임무의 절반을 차지하고 있음을 알고 상무 기풍 조작을 위하여 힘을 기울여야 할 것이다.

5. 비상(非常) 사태(事態)의 조용한 수습(收拾)
— 응변(應變)

지방관은 지방 통솔의 중책을 진 관리인 것이다. 기밀에 속한
일이 뜻밖에 일어나는 수가 많다. 임기응변하는 방법을 미리 배
워 둘 필요가 있다. 허튼 소문이 근거 없이 나돌기도 하고 변란
의 기미가 엿보이기도 할 것이니, 목자로서 이에 대응할 적에는
조용히 진정시키거나 잠자코 살펴보도록 하여야 한다. 벽보나
투서 등은 불태워 없애 버리거나 잠자코 기미를 살펴보도록 하
라. 변란이 터지더라도 놀라서 허둥거리지 말고 조용히 귀추를
생각하면서 변란에 대처하도록 하여야 한다. 지방 풍속이 사나
와서 관장을 죽이려고 하는 수가 있거든 그들을 잡아 죽이거나
조용히 진압시키도록 하고, 내용을 밝혀 간흉한 기세를 꺾도록
할 일이지 떠들썩하게 해서는 안 된다.
강력범이나 깡패의 무리들이 떼를 지어 시끄럽게 굴거든 타일러
자수하게 하거나 계략을 써서 사로잡도록 하라. 지방 떼거리들
을 평정시켰는데도 인심이 그냥 설레고 있거든 성의를 다하여
믿고 따르도록 하며 불안한 마음은 안정시켜 주도록 해야 한다.

[原文] 守令乃佩符之官 機事多不虞之變 應變之法不可不預講 訛言之作
或無根而自起 或有機而將發 牧之應之也 或靜而鎭之或黙而察之 凡掛書
投書者 或焚而滅之 或黙而察之 凡有變亂宜勿驚動 靜思歸趣以應其變
或土俗獷悍謀殺官長 或執而誅之或靜而鎭之 炳幾折奸不可膠也 强盜流

賊相聚爲亂 或諭以降之或計以擒之 土賊旣平人心疑懼 宜推誠示信以安
反側

국가에서 양성한 병력은 크게 두 가지로 나누어 쓸 수가 있다. 하
나는 대내적으로 국내 치안을 유지하기 위한 경찰병력이요 다른 하
나는 대외적으로 외구의 침략을 방어하는 군대병력인 것이다. 그러
나 근세에 있어서의 경찰 병력은 전투경찰을 제외하고는 경찰행정
을 시행하는 문관으로 채워져 있으므로 그들은 무관은 아니다. 그러
므로 경찰력은 전투적 차원에서가 아니라 언제나 행정적 차원에서
처리되도록 하는 것을 원칙으로 삼아야 할 것이다.

소위 국내 치안을 교란하는 양상에는 여러 가지 형태가 있다. 그
러나 그 어느 경우를 막론하고 이를 처리하는 기본 원칙은 서두르지
말고 조용히 조치하도록 하는 데 있다고 해야 할 것이다.

허튼 소리인 유언비어는 구름처럼 바람처럼 둥둥 떠다닌다. 이를
묵묵히 살펴보면서 조용히 가라앉게 하지 않는 한 그들의 말꼬리를
잡아내기란 그리 손쉬운 일이 아니다. 함께 들떠서는 안 된다. 조용
히 그 진원의 소재를 밝히도록 하여 이에 대응해야 할 것이다.

벽보나 삐라와 같은 유인물은 대부분 선동적인 것이 많을 것이다.
이 사람 저 사람에게 읽혀지고 이 사람 저 사람의 손에 의하여 전달
이 된다면 유언비어보다도 더 큰 민심 소란의 불씨가 될 것이다. 누
구의 소행인가를 밝히기에 앞서 이들을 거두어 불태워 버리는 일을
서둘러야 할 것이다.

허튼 유언비어나 하찮은 종이 조각에 의한 선동이라 하더라도 이
에 따른 행동은 감정적인 변란으로 바뀌는 수가 있다. 그러한 변란

에도 두 가지 형태가 있을 수 있을 것이니, 하나는 평화적 데모가 될 것이요 다른 하나는 파괴적인 민란이 될 것이다.

이러한 변란을 목민관은 미리 예방하도록 해야 한다. 설득·대화·협상 등의 수단을 동원하여 극한상황에 이르지 않도록 하는 것이 상책이 되겠지만 그것이 만일 변란으로 화하더라도 목민관으로서는 결코 흥분하거나 갈팡질팡 날뛰어서는 안 된다. 조용히 생각을 가다듬어가면서 그의 진압책을 강구하도록 해야 할 것이다.

변란이 터졌을 때 가장 위험한 것은 민심의 호응이다. 그러므로 변란을 진압할 때는 결코 떠들썩하게 하여 민심을 술렁거리게 해서는 안 된다.

어느 사회에서나 강력범은 있게 마련이다. 그들은 개인으로서의 무뢰한이거나 아니면 끼리끼리 모인 깡패집단으로 존재하기도 한다. 이들을 일러 우리는 하나의 사회악이라 규정지을 수가 있다. 그러나 그들은 우리와 똑같은 밥을 먹고 옷을 입고 똑같은 말을 주고받는 우리의 형제요 자매이다. 그들의 잘못은 미워할지언정 그들의 사람됨까지 미워할 수 없는, 한 핏줄의 동포이다. 그러므로 우리는 그들의 새로운 인생의 재출발을 위한 우리의 노력을 포기하거나 게을리해서는 안 된다.

경찰행정은 그 어느 행정부서보다도 대민 관계에 있어서 가장 민감한 반응을 나타내는 부서이다. 그러므로 보다 더 친절해야 하며 교육적이어야 하고 봉사적이어야 한다. 한마디로 말한다면 보다 더 애민정신이 투철해야 한다. 그러므로 경찰행정에 있어서 만일 독선적이거나 강압적이거나 한다면 그것은 바로 민심 이탈의 근원이 된다는 사실을 목민관은 항시 명심해야 한다.

6. 외침(外侵) 그 허실(虛實)의 전략(戰略)
— 어구(禦寇)

때마침 외적이 침입했을 때에 지방관은 강토를 지켜야 하는데, 방어의 책임은 군관들과 같은 것이다. 병법에 '허하면 실한 체하고 실하면 허한 체하라' 하였는데, 이는 방어 책임자로서는 알아두어야 할 일이다. 수비만 했지 공격하지 않아 적으로 하여금 국경을 넘어서게 하면 나라를 적에게 떠맡기는 셈이 된다. 적을 추격하는 일을 어찌 그만둘 수 있겠는가? 위험을 무릅쓰고 나라에 충성을 다한 늠름한 절개로 사졸들을 격려함으로써 비록 조그마한 공이나마 세웠다면 그것은 아주 잘한 일이거니와 할 수 없이 세력이 꺾여 죽음으로써 사람의 도리를 다하는 데 도움이 되었다 하더라도 그것도 또한 그의 분수일 것이다. 쫓기어서 피난 나온 이들을 위하여 지방관은 지방 소산물로 극진한 정성과 애정을 베풀어야 할 것이니, 이도 또한 그의 당연한 직분이기 때문이다. 적병이 미치지 않는 곳의 지방민들은 잘 무마하여 생업에 안정시키고 인재를 길러 농사를 지도함으로써 군량 보급을 풍족하게 해 주는 것도 또한 지방관의 직책인 것이다.

[原文] 値有寇難 守土之臣宜守疆域 其防禦之責與將臣同 兵法曰虛而示之實 實而示之虛 此又守禦者 所宜知也 守而不攻使賊過境 是以賊而遺君也 追擊庸得已乎 危忠凜節激勵士卒以樹尺寸之功 上也 勢窮力盡繼之以死以扶三五之常亦 分也 乘輿播越 守土之臣進其土膳表厥忠愛 亦職分

之常也 兵所不及撫綏百姓 務材訓農以贍軍賦 亦守土之職也

국토보위는 국내 치안유지와는 달리 적성국가의 침략에서 국토를 보위하며 국민의 생명과 재산을 보호하는 행위이다. 이를 위한 일차적인 책임은 물론 일선장병이 져야 하겠지만 적과 대치하고 있는 지방관도 그 책임을 함께 분담해야 할 것이다. 그러한 의미에서 볼 때 근래에 있어서의 일선의 개념은 크게 달라졌다. 왜냐하면 근자에 있어서의 전쟁은 평면적인 것이 아니라 입체적인 것으로 바뀌어 있기 때문이다.

옛날에 있어서의 일선은 국경선으로 인접된 지역이거나 아니면 침투 가능한 해안선으로 되어 있었지만 지금은 대규모의 공중 투하가 가능하므로 후방 어느 지역이건 간에 일선 개념과 동일한 준비 태세가 필요하다. 그러므로 목민관은 언제나 무관들과 다름없이 군략적 지식을 갖추어야 하며 또한 그들과 함께 모난순절(冒難殉節)할 각오가 서 있어야 한다.

국난에 임하여 목민관으로서 해야 할 일들을 간추려 본다면

첫째, 일선장병들과 일심동체(一心同體)가 되어 주는 일이다. 흔히 적의 공격을 받았을 때 일선의 수비를 군관 장병들에게 맡기고 자기는 자기 자리를 비우는 수령의 사례가 없지 않다. 이러한 수령은 제 소임을 다하지 못하는 위인으로서 모름지기 용기 있는 수령이라면 민병을 조직 동원하여 일선 장병들의 방어전에 동참함으로써 모난순절할 각오를 보여 주면서 방위군의 사기를 진작시켜야 할 것이다.

둘째, 전란의 부산물로서는 피난민의 구호만큼 중요한 일이 없을 것이다. 피난민이란 일조일석에 생업의 근거를 빼앗겼을 뿐만 아니

라 생명의 위협마저 직면하고 있는 연약한 무리들이다. 그들은 갑자기 자활의 능력을 갖출 수 없다. 그러므로 그들이야말로 즉각적인 구호의 손길이 요구되는 자들이다. 목민관의 적절한 구호대책이 요구됨은 이 까닭인 것이다.

셋째, 국토방위의 개념을 둘로 나눈다면 일선과 후방이 될 것이다. 목민관은 국토 침범의 난을 당했을 때 일선장병과 일심동체가 되어야 하겠지만 아울러 후방에 있어서의 군량의 보급이라는 중책을 맡아야 한다. 더욱이 전란이 장기화하는 경우에는 식량 생산능력의 제고를 위해서도 총력을 기울여야 할 것이다. 식량뿐만이 아니라 모든 군장비의 보급에 있어서도 지방관의 책임은 결코 홀가분하지 않은 것이다.

옛날에 있어서의 국토 방위는 병농일치(兵農一致)제도에 의하여 운영되어 왔다. 그러나 근세에 이르러서는 소위 민방위 개념을 도입하여 병농일치(民兵一致)의 제도로 운영하기에 이르렀다. 민방위 개념은 국민 총력전의 개념과도 일치하는 것으로서 군장비를 위한 병기의 충실과 아울러 일력의 배양에도 큰 비중을 두고 있는 것이다. 그러므로 국민 전체가 상무정신에 투철하도록 훈련되어야 하며 국민 전체가 국토 방위의 책임을 다 함께 지도록 교육되어야 하는 것이다.

그러한 의미에서 민방위 훈련이 정기적으로 전 국토의 방방곡곡에서 실시되고 있으며 군비의 확충 쇄신을 위하여 방위세를 온 국민이 고루 부담하고 있는 것이다.

그러므로 수령으로서의 목민관은 어쩌면 국내외 치안과 방위의 총책이라 일컬을 수도 있겠다. 그러한 의미에서 목민관은 문무를 겸전해야 하며 출장입상(出將入相)의 자질을 갖춘 자이어야 할 것이다.

형전육조(刑典六條) ·
법제(法制)와
사회(社會) 정의(正義)
구현(具現)

1. 정상(情狀)의 추궁(追窮) — 청송(聽訟)

소송 청취의 근본은 성의에 있고 성의의 근본은 홀로를 삼감에 있다. 그다음은 자신을 가다듬도록 깨우쳐 주며 굽은 자를 바르게 해줌으로써 소송하는 일이 없도록 해야 할 것이다. 소송 청취를 흐르는 물처럼 쉽게 다루는 것은 천재나 할 수 있는 일이지만, 그런 방법은 위험한 것이다. 소송 청취는 사람의 마음을 속속들이 파헤쳐야만 법이 사실에 맞게 된다. 그러므로 민사 소송을 간결하게 하려면 판결은 반드시 늦추어야 한다. 한번 판결을 내린 다음에 다시 또 송사가 일어나지 않게 하기 위해서인 것이다. 막힌 심정이 트이지 못하면 백성들은 답답해할 것이니, 억울한 심정을 토로하려는 백성들로 하여금 제 부모의 집 드나들 듯 하게 한다면 잘하는 목민관일 것이다. 소송을 급히 서두르는 자가 있거든 그대로 믿지 말고 차근차근 사실을 살펴보도록 하라. 한마디로 형사 재판의 판결을 내리되 귀신같이 맞추는 것은 오직 천재만이 할 수 있다. 범인으로서 흉내 낼 수 있는 일이 아니다. 가족을 찾는 송사는 혈연에 관계되는 만큼 분명히 가려내어 주어야 한다. 친족끼리 서로 의리를 잊고 재물을 탐내는 자는 엄중히 처벌해야 한다. 토지 소송은 백성의 생업에 관계된 것이니, 오로지 공정해야만 백성들이 복종할 것이다. 가축 소송은 이름난 옛 사람들의 좋은 판결례가 많으니 그를 본뜸 직하다. 재화와 보물의 소송은 문서로 증거 댈 수 없으니, 정상의 잘잘못을 가려내면 피할 길이 없을 것이다. 허심 탄회하게 만물을 비추어 보면 애정이 새 짐승에게까지도 미칠 것이니, 특이한 판결의 소문이 퍼지면 그의 빛나는 명성이 사방에 떨칠 것이다. 묘지 송사는 이제 한 폐단이 되었다. 상해 사건의 절반은 이 때문이다. 묘를 파헤치는 사건도 제라서 효도 때문이라 하지만 소송 판결은 불가불 분명하게 해주어야 한다. 국가의 법전에도 한 마디로 끊는 법은 없으니, 관에서 하고 싶은 대로 이리도 저리도 된다. 그 때문에 백성들의 뜻이 갈팡질팡하여 소송 사건만 번거롭게 되는 것이다. 욕심은 더욱 깊어 가고 도둑은 날로 늘어가니 사리를 따지기 어려운 품이 그 어느 송사보다도 곱절이나 어렵다. 대차 관계 소송은 실정에 알맞아야 한다. 사납게 빚을 독촉해 주기도 하고 자애롭게 빚을 탕감해 주기도 하여, 고지식하게 법만 따질 것까지는 없다. 소송 판결의 근본은 오로지 증거 서류에 매이어 있으니, 농간을 들추어내고 속임수를 찾아내는 일은 오직 현명한 판관만이 할 수 있을 것이다.

[原文] 聽訟之本在於誠意 誠意之本在於愼獨 其次律身 戒之誨之 枉者伸之 亦可以無訟矣 聽訟如流由天才也 其道危 聽訟必核盡人心也 其法實 故欲詞訟簡者其斷必遲 爲一斷而不復起也 壅蔽不達民情以鬱 使赴愬之民如入父母之家 斯良牧也 凡有訴訟 其急疾奔告者 不可傾信 應之以緩徐察其實 片言折獄剖決如神者 別有天才 非凡人之所宜倣也 人倫之訟係關天常者 辨之宜明 骨肉之爭忘義殉財者 懲之宜嚴 田地之訟民産所係 一循公正民斯服矣 牛馬之訟 聲名所出古人遺懿 其庶效之 財帛之訟券契無憑 察其情僞物無遁矣 虛明照物仁及微禽 異聞遂播華聲以達 墓地之訟今爲弊俗 鬪毆之殺牛由此起 發掘之變自以爲孝 聽斷不可以不明也 國典所載亦無一截之法 可左可右惟官所欲 民志不定爭訟以繁 貪惑旣深攘奪相續 聽理之難倍於他訟 (奴婢之訟 法典所載繁瑣多文不可據依 參酌人情不可拘也) 債貸之訟宜有權衡 或尙猛以督債 或施慈以已債不可膠也 (軍簽之訟 兩里相爭 考其根脈 確然歸一) 決訟之本全在券契發 其幽奸昭其隱慝 唯明者能之

법치국가에 있어서 법은 만인에게 공평해야 함은 다시 말할 나위도 없지만 따지고 보면 법의 운영만큼 또한 까다롭고도 어려운 것은 없다. 선과 악이 서로 헐뜯는 아귀다툼 속에서 악마와 천사를 어김없이 가려내야 하는 작업이기 때문이다. 그러므로 공자는

"나는 소송쯤은 남처럼 다룰 줄 알지만 소송하는 일이 없도록 만들고 싶다"(『논어』, 「안연」)고 하였다. 오히려 시끄러운 소송 따위는 아무도 할 줄 모르는 태평세월이 바람직함을 의미한다. 그러나 속세에 있어서는 한시도 소송이 끊이지 않으니 이를 어찌하랴!

송사는 판결에 앞서서 제소자들로 하여금 스스로의 양식을 되찾도록 하는 노력이 필요하다. 그 방법으로서는 자기가 자기 자신을 속이지 않도록 되어야 한다. 사람이란 남을 속이기 전에 자기 자신을 속이게 되는 것이요, 자기 자신을 속일 줄 모르는 사람은 남도 속일 줄 모르기 때문이다. 그러므로 홀로를 삼갈 줄 아는 사람은 결코 속임수를 쓸 줄 모르기 때문에 억지 소송은 저절로 자취를 감추게 마련인 것이다.

어쨌든 소송은 한번 판결이 나면 잘잘못 간에 흑백이 분명해지기 때문에 신중을 기해야 하며 서두르지 말아야 한다. 그리고 판결은 언제나 증거를 존중해야 함은 예나 지금이나 다를 바 없다. 그러나 소송 판결에 있어서 명심해야 할 몇 가지 사실을 적기해 본다면

첫째, 판결은 권력이나 금력의 영향을 받아서는 안 된다. 자칫 잘못하면 법이 권력의 시녀로서 작용하게 되거나 아니면 금력의 유혹에 빠져 공정성을 잃는 수가 있다. 그렇게 되면 결과적으로는 법 자체를 망치게 될 뿐 아니라 법치국가의 근저마저도 뒤흔들어놓게 될 것이다.

둘째, 법은 강한 자보다는 약한 자의 편에 서 주어야 할 것이다. 법이란 약한 자의 울이 되고 보호벽이 되어 주어야 한다. 만일 법이

강한 자의 편이 된다면 그것은 도깨비에게 칼을 쥐어준 격이 되어 약한 자는 헤어날 길이 없게 된다. 그러므로 법이란 항상 억강부약 (抑强扶弱)해야만 제구실을 다하게 될 것이다. 좋은 목민관의 뜰에는 억울함을 호소하는 백성들이 제 집 드나들 듯 해야 한다는 것은 이를 두고 이른 말이다.

2. 하늘을 우러러 부끄럼 없이 — 단옥(斷獄)

판결의 요체는 명철하게 하고 또 신중을 기하는 데 있을 따름이
다. 사람의 생사가 내 한 사람의 관찰에 달렸으니 어찌 명철하
게 다루지 않을 수가 있겠는가? 사람의 생사가 내 한 사람의 생
각에 달렸으니 어찌 신중을 기하지 않을 수 있겠는가? 큰 사건
이 벌어지면 원통한 사람이 열에 아홉은 된다. 내 힘이 미치는
대로 남몰래 구해 준다면 덕을 심고 복을 맞는 일이 이보다도
더 큰 것은 없을 것이다. 괴수만 잡아죽이고 연루자는 풀어주어
야 원망이 없게 될 것이다. 의심쩍은 사건 내용을 밝히기 어렵
거든 재조사하거나 가볍게 다루도록 해야만 잘한 일이 될 것이
요, 공적의 터전이 될 것이다. 오래된 죄수를 풀어주지 않고 세
월만 끄는 것보다도 빚을 면제해 준 후, 옥문을 활짝 열어 놓는
것도 통쾌한 일이 될 것이다. 명쾌한 판결을 금방금방 내리되
거리낌이 없으면 먹구름에 벼락치듯 통쾌하고, 맑은 바람이 뜰
앞을 스치듯 시원할 것이다.

얼핏 잘못 생각하여 그릇 판결한 것을 깨닫거든 허물을 꾸며대
려 하지 않아야만 훌륭한 사람의 태도가 될 것이다. 법대로 따
질 때 용서 못 받을 죄는 의리도 따져 판결하는 것도 좋다. 죄
악을 빤히 보면서도 그 죄악을 모르는 체하는 것은 부녀자나 갖
는 마음씨이다. 혹독한 관리로서 각박한 짓을 일삼으며 법대로
만 따지면서 함부로 위세만 부린 자로서 제 명대로 사는 사람이

드물다. 사법 관리로서 법률책은 읽지 않고 문학과 시가나 즐기며 법률에 어두우니 이도 또한 이 시대의 폐단인 것이다. 사건만 터지면 아전들은 날뛴다. 그들은 집을 털고 마을을 족치니 살아날 길이 없다. 무엇보다도 먼저 이런 일이 없도록 걱정해 주어야 할 것이니, 부임하자마자 이런 일이 없기를 기약해야 한다. 중대 사건의 현장 검증 때는 본래 결코 형틀로 고문하는 법이 없다. 요즈음 조사관들은 그런 법례도 채 모르고 형틀과 뭇매질로 함부로 다루니, 이는 큰 잘못이다. 거짓말로 사건을 꾸며대는 자를 도뢰라 하는데, 이런 자는 엄벌에 처하여 용서하지 말고 도리어 법대로 처벌하도록 하라. 법정 심문 기일이 넘었는데도 제 날짜에 한 것처럼 기록하는 것은 마땅히 고쳐야 할 것이다. 대소 사건은 다 법정 처리 기한이 있게 마련인데, 해가 가고 세월이 흘러도 늙고 병든 채 내버려 두는 것은 법이 아닐 것이다. 사건 보류 기한은 범죄에 따라 같지 않을 것이니, 결정 기준이 흐리멍텅하면 혹 공평한 처리가 못 되기 쉽다. 살인하여 암매장한 자는 모두 파내어 검시하여야 한다. 법전의 주해가 잘못된 것이니, 구애될 필요가 없다.

[原文] 斷獄之要明愼而已 人之死生係我一察 可不明乎 人之死生係我一念 可不愼乎 大獄蔓延冤者什九 己力所及陰爲救拔 種德徼福未有大於是也 誅其首魁宥厥株連 斯可以無冤矣 疑獄難明平反爲務 天下之善事也 德之基也 久囚不釋淹延歲月 除免其債開門放送 亦天下之快事也 明斷立決無所濡滯 則如陰曀震霆而淸風掃滌矣 錯念誤決 旣覺其非 不敢文過 亦君子之行也 法所不赦宜以義斷 見惡而不知惡是又婦人之仁也 酷吏慘刻專使文法以逞其威明者 多不善終 士大夫不讀律 長於詞賦 闇於刑名亦今日之俗弊也 (人命之獄古疏今密 專門之學所宜務也) 獄之所起 吏校恣橫 打家劫舍 其村遂亡 首宜慮者此也 上官之初宜有約束 獄體至重 檢場取招 本無用刑之法 今之官長不達法例 雜施刑杖大非也 誣告起獄是名圖賴 嚴治勿赦照律反坐 檢招彌日錄之以同日 此宜改之法也 大小決獄咸有日限 經年閱歲任其老瘦非法也 保辜之限隨犯不同 認之不淸議或失平 殺人匿埋者皆常掘檢 大典之註本是誤錄 不必拘也

법의 판결은 한 사람의 생명과 재산과 나아가서는 명예를 좌우하는 것이기 때문에 명쾌하고도 신중해야 하는 까닭이 여기에 있다. 그러므로 설령 열 사람의 죄인을 놓치는 한이 있더라도 한 사람의 억울한 죄인은 만들지 말도록 경고하고 있는 것이다. 사형수로서 무죄 판결을 받는 사례가 없지 않은 것은 이러한 법의 정신을 역행하는 것이다. 그러므로 옛 사람들은 법은 죄를 미워할 따름이지 사람까지 미워해서는 안 된다고 가르치고 있다.

그럼에도 불구하고 고지식한 법관은 지나치게 법조문에 구애되어 각박한 판결을 내리는 수가 있다. 그러나 "법에도 눈물이 있다"는 말이 있다. 법도 인정의 눈물 앞에서는 너그러운 일면을 보여줄 줄 아는 여유가 있어야 할 것이다. 그러므로 법의 판결은 따지고 보면 엄격한 법과 따뜻한 인간미와의 조화에 의하여 이루어지는 묘리(妙理)라 할 것이다. 현철한 판관에 의한 멋진 판결을 때로는 기대하는 소이가 여기에 있다. 그러한 의미에서 멋진 판결이야말로 판단의 예술적 작품이라 이를 수 있겠다.

3. 형벌(刑罰), 그 경중(輕重)과 정상(情狀)
— 신형(愼刑)

목민관이 집행하는 형량에는 세 등급이 있다. 백성을 학대한 자는 상형이요, 공사 처리를 잘못한 자는 중형이요, 관사를 소홀히 한 자는 하형인데, 사사에 속한 자는 처벌하지 않는 것이 좋다. 형을 집행하는 사람을 그 자리에서 꾸짖는 것은 잘못이다. 평소에 약속을 굳게 하고 일이 끝난 후에 단속하기를 신의 있게 한다면 얼굴빛에 나타나지 않는다고 하더라도 처벌의 경중은 마음대로 집행될 것이다. 수령이 집행할 수 있는 형량은 볼기 50개 칠 권한밖에 없다. 이 이상의 짓은 다 월권 행위이다. 요즈음 어른들은 큰 곤장 쓰기를 즐겨하여 매나 회초리 두서너 개로는 만족하지 않는다. 형벌로써 백성들의 행실을 바로잡자는 것은 지엽적인 것이다. 자신을 가다듬고 법을 존중하며 떳떳하게 백성들을 대하면 그들은 죄를 짓지 않을 것이니, 그러면 형벌은 없애도 좋을 것이다. 옛날, 사람다운 목민관은 반드시 형벌을 너그럽게 늦추었으니, 그들은 역사의 기록 속에 빛나고 있다. 한때의 분함을 참지 못하고 함부로 형벌을 가하는 것은 큰 죄악이다. 훈계하는 말이 역대 사책에 기록되어 있다. 부녀자는 큰 죄가 아니면 형벌을 집행하지 않는 것이 좋을 것이다. 매질 정도면 모를까 볼기를 치는 일은 몹시 무람없는 짓이다.

늙은이나 어린아이를 매로 다스려서는 안 된다고 법조문에 실려 있다. 악형은 도둑놈들에게 가하는 것인데, 경솔하게도 평민들에게 가해서는 안 될 것이다.

[原文] 牧之用刑宜分三等 民事用上刑 公事用中刑 官事用下刑 私事無
刑焉 可也 執杖之卒不可當場怒叱 平時約束申嚴 事過懲治必信 則不動
聲色而杖之寬猛唯意也 守令所用之刑不過笞五十自斷 自此以往皆濫刑也
今之君子嗜用大棍 以二笞三杖 不足以快意也 刑罰之於以正民末也 律己
奉法 臨之以莊 則民不犯 刑罰雖廢之可也 古之仁牧必緩刑罰 載之史策
芳徽馥然 一時之忿濫施刑杖大罪也 列朝遺戒光于簡冊 婦女非有大罪不
宜決罰 訊杖猶可笞臀尤褻 老幼之不拷訊載於律文 惡刑所以治盜 不可輕
施於平民也

자고로 형을 집행하는 방법도 가지가지여서 신체적 자유를 구속
하는 구치(拘置)로부터 비롯하여 차츰 육체적 고통을 가하는 형벌로
진전하기에 이르렀다.

극단적인 형벌로서는 묵형(墨刑)·의형(劓刑)·월형(刖刑)·궁형
(宮刑)·대벽(大辟) 등 5형이 있었는데 지금은 다 없어지고 대벽, 곧
사형제도만 남아 있는 실정이다.

그리고 5형 외에 태(笞)·장(杖)·곤(棍) 등 일과성(一過性) 형벌이
있었는데 이는 소위 매질의 세 가지 종류로서 당시 수령의 임의 권
한에 속했고 피의자를 심문하는 한 방법으로 사용되었을 뿐 아니라
기결수의 형벌로써 이용되기도 하였다. 그러므로 옛날 죄수들은 피
의자거나 기결수거나를 물을 것 없이 관가로 끌려가면 으레 태곤의
세례를 각오해야 하는 실정이었다. 이러한 옛 제도의 잔영이 다름
아닌 고문(拷問)으로서 소위 민권을 존중하는 현대국가에 있어서도
아직 씻은 듯 그 자취를 감추고 있는 것은 아니다. 뿐만 아니라 옛날
의 매질에 그치는 것이 아니라 소위 고문의 방법도 놀랄 만큼 오히
려 지능적으로 발달되어 있는 실정인 것이 숨길 수 없는 오늘 우리

의 현실이다.

어쨌든 법의 판결에 따른 형의 집행은 불가피한 것이라 하더라도 마지막까지 정상을 참작하여 관용을 베풀 수 있는 기회를 포착하기 위한 노력을 게을리 해서는 안 될 것이다. 형벌이란 어디까지나 백성들을 다스리는 한 방법이라 하더라도 그것은 사회악으로부터 인민을 보호하자는 데 목적이 있을 따름이지 범법자에게 지나친 고통을 가중하자는 데 목적이 있는 것은 아니기 때문이다.

형벌을 집행함에 있어서 가장 경계해야 할 점이 있다면, 거기에는 추호라도 사사로운 감정이 개재해서는 안 된다는 사실이다. 거기에 만일 사사로운 감정이 개재한다면 보복적인 형의 집행이 되기가 쉽고 보복적인 형의 집행은 가혹한 형벌로 탈바꿈하기가 쉽기 때문이다.

어쨌든 형의 집행에 있어서 엄벌주의는 결코 바람직한 제도는 아닐 것이다. 소위 일벌백계(一罰百戒)를 내세우면서 엄중 처벌을 주장하는 경우도 있지만 그렇다고 해서 그 처벌이 가혹한 형벌이어야 함을 의미하는 것은 아닐 것이다. 그럼에도 불구하고 한때의 분노를 억누르지 못하고 함부로 가혹한 형벌을 가한다면 그야말로 천하의 대죄를 짓는 것이 된다는 사실을 명심해야 할 것이다.

그리고 여기서 우리의 주의를 환기시키고자 하는 것은 아직도 우리의 주변에는 고문이라는 단어가 완전히 사라져 버리지 않았다는 사실이다. 이는 인권을 존중해야 하는 민주주의 국가에서는 도저히 용납될 수 없는 일이다. 옛날에는 태·장·곤으로서 그중에서도 '곤'이 가장 무거운 형벌이었지만 근세의 고문은 보다 더 가혹한 것들로 알려져 있다. 모름지기 고문이란 인류사회에서 영원히 사라져야 하는 악질적 요소라 이르지 않을 수 없다.

4. 온정(溫情)의 형정(刑政) — 휼수(恤囚)

감옥은 이 세상의 지옥인 것이니, 죄수의 고통을 인정 있는 사람은 짐작해 주어야 한다. 목에 칼을 씌우는 것은 후세에 생긴 일이지 옛날 법은 아니다. 옥중에 집어넣고 금품을 토색질하는 것은 터무니없이 원통할 노릇이다. 이런 억울한 정을 살펴 내어 준다면 명철하다고 할 수 있다. 병들어 앓고 있으면 비록 편안한 제 집에서도 견디기 어려울 텐데 하물며 옥중에서야 오죽할까? 감옥이란 이웃 없는 집이요, 죄수는 걷지 못하는 사람이다. 만일 춥고 굶주리면 그저 죽게 마련인 것이다. 옥에 갇힌 죄수가 나가고 싶은 마음은 긴긴밤에 날 새기를 기다리는 것 같으니, 모든 괴로움 중에서도 갇혀 있는 괴로움이 가장 큰 것이다. 장벽이 허술해서 중죄수가 탈옥을 하면 상사의 꾸중을 들을 것이니, 이런 책임을 진 사람으로서는 염려하지 않을 수 없다. 설날 명절 때엔 집에 들르도록 특허를 주어 은혜와 신의로 미덥게 해준다면 도망가는 일이 없을 것이다. 장기 죄수로서 집 떠난 지 오래된 사람은 자녀 생산이 끊어질 것이니, 청원을 들어줌으로써 자애로운 은혜를 베풀 수도 있는 일이다. 늙고 약한 사람을 대신 가두는 일도 불쌍한 노릇인데 부녀자를 대신 가두는 것은 더욱 조심해야 할 일이다. 집 떠난 귀양살이의 애끓는 정상은 가련할 것이니, 집과 양식을 주어 편안히 살게 하는 것도 목민관의 책임일 것이다.

[原文] 獄者陽界之鬼府也 獄囚之苦仁人之所宜察也 伽之施項出於後世 非先王之法也 獄中討索覆盆之冤 能察此冤可謂明矣 疾痛之苦 雖安居 燕寢猶云不堪 況於犴陛之中乎 獄者無隣之家也 囚者不行之人也 一有 凍餒有死而已 獄囚之待出 如長夜之待晨 五苦之中留滯其最也 牆壁疎豁 重囚以逸 上司督過亦奉公者之憂也 歲時佳節許其還家 恩信旣孚其無逃 矣 久囚離家生理遂絶者 體其情願以施慈惠 老弱代囚尙在矜恤 婦女代囚 尤宣難愼 流配之人離家遠謫 其情悲惻 館穀安揷牧之責也

죄수는 미결수와 기결수로 구분할 수가 있다. 기결수는 물론 형의 집행을 받아 구속되는 것이 원칙이지만 미결수는 구류되거나 아니면 불구속 조사를 받게 되는 것이 하나의 통례로 되어 있다. 어쨌든 그들에 대한 처우는 인권과 직결되어 있는 문제이기 때문에 인도주의적 입장에서 다루어야 한다.

미결수는 조사 기간 중 법정 구류기간이 있다. 법정 구류기간의 갱신이 가능하지만 되도록이면 그러한 갱신은 피하는 것이 좋을 것이다. 그리하여 억류기간을 단축함으로써 미결수에 대한 불필요한 정신적 또는 물질적 손해를 끼치지 않도록 해야 한다.

부득이 구속 조사를 받게 되는 경우라도 그들의 의·식·거처에 대한 처우는 인간적이어야 한다. 한때 죄수의 유치장을 '돼지 굴'이라 표현했듯이 이는 곧 인권유린의 극단적 상황을 보여 주는 예가 아닐 수 없다.

인간의 생·로·병·사·별리 등 다섯 가지 고통 중에서 마지막 이별이 가장 큰 고통인 것이다. 죄수가 옥에 갇히는 것은 인생의 모든 상황에서 격리됨으로써 생이별을 만든다. 그것은 곧 자유의 구속으로서 인간세계의 지옥이라 이르는 소이가 여기에 있다.

그러나 죄수도 우리와 똑같은 '인간'임을 잊어서는 안 될 것이다.

그가 잘못하여 죄를 지은 대가로 형을 받게 되었을 따름이지 그도 죄의 허물을 벗고 나오는 날에는 우리와 조금도 다르지 않은 '인간'임을 알아야 한다. 그러므로 그들이 먹는 음식, 입는 옷, 그리고 잠자리에 이르기까지 목민관의 따뜻한 배려가 있어야 한다.

우리나라의 형정에 있어서도 감옥의 이름이 여러 차례 바뀌었다. 감옥이 형무소로 바뀌었는가 하면 또다시 교도소로 바뀌었다. 이렇듯 이름의 변천에 따라서 죄수에 대한 처우 개선도 저절로 바뀌었다.

감옥이라 한다면 지옥과는 백지장 한 장 정도의 차이밖에 없는 것으로 느껴진다. 높고 붉은 벽돌담과 철책으로 둘러싸인 감옥은 격리된 공포의 지역이다. 한겨울에도 마루방에서 자야 하고 먹는 것은 '콩밥'이어야 한다. 옛날 감옥에는 니옥(泥獄)까지 있었으니 지옥 바로 그것이라 이르지 않을 수 없다. 이는 바로 고통에 의한 처형인 것이다. 그러나 그러한 극단적인 처형에서 형량에 따른 형의 집행이라는 개념으로 전환되자 감옥은 형무소로 바뀌었다. 죄수는 형기를 채워야 하는 의무를 지고 있는 동시에 알맞은 노역에 봉사해야 한다. 또한 응분의 대가를 받아 수익을 저축할 수 있는 인간적 대우도 받게 된다.

그러나 시대 사조는 여기에서 한 걸음 더 나아가, 형 집행의 목적이 처형에 있는 것이 아니라 한 인간의 선도에 있음을 명백하게 하기 위하여 이름마저 교도소로 바꾸어 놓았다. 이로써 형정은 완전히 교화 형정으로 전환하기에 이른 것이다. 그러므로 이제 다산이 150년 전에 이미 제안한 이른바 모범수의 일시 귀가조치와 같은 획기적인 형정도 가능한 시책의 하나로 받아들여져야 할 것이다.

5. 난무(亂舞)하는 폭력(暴力) — 금포(禁暴)

폭력을 금하고 난동을 막아 냄으로써 백성을 편안하게 해 주기
위해서는 세력을 떠세하는 무리들을 쳐부수고 권리를 자랑하는
무리들도 두려워하지 않도록 백성의 목자는 힘써야 한다. 권문
세도가들이 부하들을 풀어 백성들에게 해독을 끼치는 일은 단
속해야 한다. 국가 원수의 경호원이 상사의 은총을 떠세하거나
국가 원수의 측근 비서가 이 핑계 저 핑계로 백성들을 괴롭히거
든 모조리 단속하도록 하라. 억지 짓을 잘하는 지방 권력자들은
연약한 백성들에게 승냥이나 호랑이인 것이다. 그들의 박해를
제거해 줌으로써 양떼를 살려 내야만 목자라 할 수 있는 것이다.
조무래기패들이 잔재주를 믿고 도둑질과 주먹질을 함부로 하고
다니면 속히 그들의 행동을 단속해야 한다. 단속하지 않으면 난
동을 부리게 되기 때문이다. 세력을 떠세하는 무리들이 애잔한
백성들을 괴롭히는 방법은 하도 많아서 일일이 주워 셀 수가 없
다. 간사하고 음탕하여 기생집이나 파고 드는 자는 단속하도록
하라. 시장 바닥에서 술주정하며 상품을 들치기하거나 저자거리
에서 술주정하며 윗사람에게 욕지거리하는 자는 단속하도록 하
라. 도박을 직업으로 삼고 무리를 모아 판을 벌이는 자는 단속
하라. 광대놀이·꼭두각시 춤·굿 등으로 돈을 긁어모으거나 요
술을 파는 무리들도 다 단속하도록 하라. 사사로이 마소를 도살
하는 자는 단속하고 돈으로 속죄하게 해서는 안 된다. 인장을

위조한 자는 그가 저지른 죄의 정상을 보아서 경중을 따지도록 하라. 족보를 위조한 자는 그 주모자를 처벌하고 추종자는 용서해 주도록 해야 한다.

[原文] 禁暴止亂 所以安民 搏擊豪强 毋憚貴近 亦民牧之攸勉也 權門勢家縱奴豪橫以爲民害者 禁之 禁軍怙寵 內官橫恣 種種憑藉 皆可禁也 土豪武斷 小民之豺虎也 去害存羊 斯謂之牧 惡少任俠剽奪爲虐者 亟宜戢之 不戢將爲亂矣 豪强之虐毒痛下民 其寶尙多不可枚擧 狹邪奸淫携妓宿娼者禁之 市場酗酒掠取商貨 街巷酗酒罵詈尊長者禁之 賭博爲業開場羣聚者禁之 俳優之戲傀儡之技儺樂募緣妖言賣術者 並禁之 私屠牛馬者 禁之 徵贓則不可 印信僞造者 察其情犯 斷其輕重 族譜僞造者 罪其首謀 宥其從者

민사나 형사 사건으로서 법적으로 판결을 내려야 하는 사건 외에 음성적인 사회악이 없지 않다. 그러한 음성적인 사회악 중에는 직접 남들에게 피해를 주는 것과 간접적으로 사회풍조에 악영향을 끼치는 것이 있다. 이러한 잡다한 사회악에 대해서도 목민관은 결코 무관심할 수 없다.

음성적으로 움직이면서 백성들에게 소리 없이 피해를 입히는 것들 중에 첫 손가락을 꼽게 되는 것은 아마도 집권층의 주변에서 일고 있는 세력이라고 해야 할는지 모른다.

첫째, 최고집권자의 친척을 빙자하여 사회의 각계각층에 침투하여 아는 듯 모르는 듯 영향력을 행사하는 부류를 지적할 수가 있다. 그들은 음으로 양으로 중요한 인사에 관여하기도 하고 때로는 금융계의 동향에도 깊이 작용하고 있음을 볼 수가 있다.

둘째, 강력한 지위를 보유하고 있는 강권자의 측근을 들 수가 있다. 이들도 위의 경우와 마찬가지로 인사문제에 관여할 뿐만 아니라 이권에 민감하고 성금 따위의 거출에도 깊이 관여하는 수가 없지 않다.

셋째, 최고 지도자나 강력한 세도가는 중앙에 집중되어 있지만 지방에 있는 권력자들도 결코 무시할 수 없을 것이다. 그들은 중앙의 세력가들과 선을 대고 있으면서 음성적인 영향력을 행사하는 경우가 없지 않다. 이들의 뒤에는 언제나 소위 이권에 민감한 재주꾼들이 도사리고 있다.

넷째, 간접적으로 작용하여 사회풍조를 어지럽히는 부류들이다. 거리의 깡패들이라거나 술주정뱅이라거나 도박꾼들이라거나 들치기·날치기라거나 하는 부류들이 적지 않다. 사소한 일이지만 흔히 권력가의 자가용이 거리질서를 유린하는 경우마저도 사회질서를 어지럽히는 요인의 하나로 지적될 수 있다.

이상과 같이 강력한 세도가에 의하여거나 아니면 조무래기패들에 의하여 저질러지거나 간에 그것이 사회악을 조장하는 요인이 된다면 모름지기 목민관으로서는 이에 대하여 단호한 척결이 있어야 마땅하다. 흔히 심약한 수령은 권력의 앞에 굴복하게 되고 혼매한 수령은 간사한 부하들의 속임수를 가려내지 못하고 급기야 백성들을 이리떼나 법의 앞에 방치해 버리는 결과를 빚게 되는 수가 많은 것이다. 현명한 목민관은 권문세도가의 횡포를 막아내고 그들로부터 백성들을 보호해야 할 책임이 있다는 사실을 깊이 명심해야 할 것이다.

6. 사회(社會) 정화(淨化)의 강행군(强行軍)
— 제해(除害)

백성들을 위하여 피해를 제거해 주도록 목자는 힘을 써야 할 것이다. 첫째는 도둑이요, 둘째는 귀신 나부랭이요, 셋째는 호랑이다. 이 세 가지가 없어져야 백성들의 걱정이 덜릴 것이다. 도둑이 생기는 이유에 세 가지가 있으니, 윗사람의 행실이 단정하지 못하고, 그 밑의 사람은 명령을 받들어 행하려 하지 않고, 아래 있는 백성들은 법을 두려워하지 않기 때문에 도둑 없기를 바라지만 어찌할 수가 없다. 국가의 좋은 정책을 선포하여 그들의 죄를 용서해 주고 전과를 씻고 새사람이 되어 각각 돌아가 생업에 충실하도록 만드는 것이 상책인 것이다. 이렇게 된 후라야 도둑들은 행실을 고친 후 자취를 감추고 길거리에 떨어진 물건도 주워 갖지 않으며 사람들은 진심으로 따를 것이니, 좋은 세상이 아니겠는가? 간악한 세도가들이 떼거리로 패를 지어 얄궂은 행패를 부리면서 뉘우칠 줄을 모르거든 법의 위력으로 단호히 처단하여 백성의 생활을 안정시켜 주도록 하는 것이 그다음이 될 것이다.

현상금을 내걸어 놓고 서로 잡아들이거나 서로 밀고하게 하여 도둑을 전멸시키는 방법은 또 그다음이 될 것이다.

지혜를 짜내고 꾀를 써서 숨은 도둑을 잡아내는 일은 유능한 수사관만이 할 수 있다. 사리를 따라 따지고 들어가면 거짓말을 못하는 법이니, 현명한 조사관만이 할 수 있는 일이다. 흉년이

들면 청소년들이 거칠어지기 쉬운 것이니, 자잘한 절도 같은 죄
는 너무 크게 다룰 필요가 없다. 잘못하여 평민을 잡아다가 두
들겨서 도둑을 만드는 수가 있는데 그의 원통한 사정을 조사하
여 양민이 되게 한다면 인정 있는 목자라 할 것이다. 거짓 죄를
꾸며 돈냥이나 있는 부자를 잡아다가 모진 형벌을 가하는 것은
도둑놈을 위해서 원수를 갚아 주고 아전 나부랭이들을 위하여 재
물을 벌게 해 주는 것이니, 이를 일러 얼빠진 목자라 할 것이다.
귀신 나부랭이가 변고를 일으키는 것은 무당이나 하는 짓이다.
무당을 처벌하고 당집을 헐어 버리면 요괴인들 발붙일 곳이 없
을 것이다. 부처님의 귀신이라고 거짓 꾸며낸 말로 대중을 미혹
하게 하는 자는 내쫓아 버리도록 하라. 그러저러한 사술로 어리
석은 사람을 속여 먹는 자도 없애 버리도록 해야 한다.

[原文] 爲民除害牧所務也 一曰盜賊二曰鬼魅三曰虎狼 三者息而民患除
矣 盜所以作厥有三繇 上不端表中不奉令下不畏法 雖欲無盜不可得也 宣
上德意 赦其罪惡 棄舊自新 各還其業上也 如是然後改行屛跡 道不拾遺
有耻且格 不亦善乎 奸豪相聚怙惡不悛 剛威擊斷以安平民 抑其次也 懸
賞許赦 使之相捕使之相告以至殘滅 又其次也 (朱墨之識 表其衣裾 以辨
禾莠 以資鋤拔 亦小數也) (僞譽運喪譎盜之恒例也 僞訃察哀訶盜之小數
也) 運智出謀鉤深發隱 唯能者爲之 察理辨物物莫遁情 唯明者爲之 凶年
子弟多暴 草竊小盜 不足以大懲也 枉執平民鍛之爲盜 能察其冤雪之爲良
斯之謂仁牧也 誣引富民枉施虐刑 爲盜賊執仇 爲吏校征貨 是之謂昏牧也
鬼魅作變巫導之也 誅其巫毀其祠 妖無所憑也 假託佛鬼妖言惑衆者 除之
憑依雜物邪說欺愚者 除之 (虎豹噉人數害牛豕 設機弩穽擭以絕其患)

권문세도가들의 횡포를 막는 것도 사회악의 제거라는 차원에서
볼 때 사회정화운동의 일환으로 간주할 수가 있다. 그러나 여기서는
오로지 도둑과 귀신과 호랑이만을 들고 있다. 이 세 가지 중 호환(虎
患)만은 실감이 나지 않지만 따지고 보면 현대판 호환이 없지 않다.
예컨대 거리의 자동차는 옛날 호환시절보다도 더 많은 인명을 앗아
가니 거리의 호랑이가 아닌가? 그것도 세계 제일의 기록을 갖고 있

으니 더욱 두렵지 않은가? 거리의 호랑이(자동차)뿐만이 아니라 크고 작은 공사장 또는 탄광 등에서 일어나는 사고에서 인명을 보호해야 하는 책임 또한 호환에서 인명을 보호하던 책임에 덜하지 않을 것이다.

도둑이라는 개념을 확대하면 결코 좀도둑에 국한되는 것이 아니다. 오히려 더 큰 도둑은 도둑이라는 이름조차도 부를 수 없는 정도의 것이다. 『대학』이라는 유교 경전에는 다음과 같은 글귀가 있다.

"취렴(聚斂)하는 신하를 갖느니보다는 차라리 도신(盜臣)을 갖는 것이 낫다."

여기서 취렴하는 신하란 가렴주구(苛斂誅求)를 일삼는 신하를 의미한다. 이러한 위인은 그의 벼슬자리가 제아무리 높다 하더라도 다산은 그의 「감사론(監司論)」에서 그를 일러 대도(大盜)라 하였다.

이러한 대도가 없어야만 비로소 백성들은 베개를 높이 하고 잠을 이를 수 있을 것이요 좀도둑도 없어지게 마련일 것이다. 나면서부터 도둑으로 태어나는 사람은 천하에 없을 것이니, 모름지기 선정(善政)의 효과는 제일차적으로 도둑이 없는 사회로 이루어질 것이요, 담을 무너뜨리고 대문을 활짝 열어놓는 세상으로 나타날 것이다.

사회정화를 위하여 좀도둑이나 거리의 깡패들이나 주정꾼·도박꾼 등 다양한 측면에서 이들을 잡아들여야 하겠지만 선악이 함께 살고 있으며 살고 있어야 하는 것이 바야흐로 현대사회라 한다면 현대사회에 있어서의 수령은 어디까지나 악인도 버리지 말고 그를 관대하게 포용하여 제가 사는 사회에 무엇인가 공헌할 수 있도록 덕화(德化)를 베풀어주어야 할 것이다. 그렇게 되면 사회악이 근원적으로 사라지게 되기 때문에 잡아들여 가지고 문초할 필요조차도 없어지게 될 것이다.

◇   ◇   ◇

모름지기 사회정화는 지도층으로부터 비롯해야 함은 천하 고금에
걸친 대원칙이 아닐 수 없다. 법질서의 수호만 하더라도 상탁하부정(上
濁下不淨)이 되어서는 백견하청(百年河淸)을 기약할 수 없기 때문이다.

그러한 의미에서 목민관은 사회정화의 기수로서 솔선수범하는 선
도자가 되어야 한다. 그러한 수령의 영내에서는 도둑도 사라지고 깡
패도 자취를 감추는 사회가 이루어질 것이다. 그러므로 사회정화를
위하여 지켜야 할 원칙으로서는 수령은 항상 억울한 자의 입장에 서
서 폭력을 일삼는 자들을 단호하게 제거하는 과단성을 지녀야 할 것
이다. 그러한 용기를 갖지 못한 수령에게서는 사회악을 과감하게 제
거해 주기를 기대할 수 없을 것은 물론이다.

공전육조(工典六條)·
국부(國富) 민리(民利)의
이정표(里程標)

1. 푸른 꿈의 자원(資源) ― 산림(山林)

산림은 국가 재정 염출의 자원이니, 치산 정책은 예로부터 소중히 여겨 왔던 것이다. 국유림은 양송을 위하여 벌채를 엄중히 단속해 오고 있으니 삼가 이를 준수하도록 하고, 이에 따른 폐단은 세밀히 살피도록 하라. 사유재산일지라도 마음대로 벌채를 못하게 하는 것은 국유림과 다름이 없다. 국유림은 차라리 썩어버리더라도 가져다 써서는 안 된다. 황장목을 하산시킬 때 생기는 갖가지 폐단은 가려내도록 해야 한다. 장사아치들이 벌채 금지된 산판의 솔을 몰래 베어다가 파는 수가 있는데, 이를 법대로 단속하고 재물 욕심은 버리도록 하는 것이 좋을 것이다. 나무는 심거나 가꾸도록 법으로 마련해 놓았지만, 자연생을 해치지만 않는다면 다시 심어서 무엇할 것인가? 여러 가지 묘목을 심게 하는 정책은 이제 쓸데없는 법처럼 되어 있을 따름이다. 재임 기간이 길 줄만 안다면 법대로 시행하는 것이 좋지만 속히 갈릴 것으로 짐작이 되거든 차라리 헛수고를 않는 것이 좋을는지 모른다. 양송하는 깊은 산골짜기에서는 벌채가 엄금되어 있으니, 법을 잘 지키도록 해야 한다. 산허리에서 경작하는 것을 금지하는 법이 있는데 기준을 잘 측정해야 하고, 법을 어겨서는 안 되지만 법을 너무 고지식하게 지켜도 안 될 것이다. 북서 지방의 삼과 돈피에 부과한 특수 물품세는 너그럽게 해 주어야 하고, 혹 탈세하는 수가 있더라고 관대하게 처리해 주는 것이 좋

을 것이다. 남동 지방에서 삼을 공납하게 하는 폐단은 날이 갈
수록 심해 가고 있으니, 실정을 속속들이 살펴서 과중한 부담이
되지 않도록 조처하라. 전부터 있어 온 금·은·동·철의 광산
에 대하여는 범법 여부를 살펴 내어야 하고, 새로 채광하는 자
는 불법 채굴을 못 하도록 하라. 지방 소산물을 함부로 채취하
여 지방민을 괴롭히는 일이 없도록 하라. 채광하는 방법은 날로
새로워지고 있으니, 설령 국법이 말리더라도 새 법은 시험해 보
는 것이 무방할 것이다.

[原文] 山林者邦賦之所出 山林之政聖王重焉 封山養松其有厲禁 宜謹守
之 其有奸弊 宜細察之 私養山之禁 其私伐與封山同 封山之松 寧適朽棄
不可以請用也 黃腸曳木之役 其有奸弊者察之 商賈潛輸禁松之板者禁之
謹於法而廉於財斯可矣 植松培松 雖有法條 能弗害之而已矣 何以植之
諸木栽植之政亦徒法而已 量可久任宜遵法典 知其速遞無自勞矣 嶺隘養
木之地 其有厲禁 宜謹守之 山腰禁耕之法 宜有測定 不可縱弛 亦不可膠
守也 西北蔘貂之稅 宜從寬假 其或犯禁宜從濶略 東南貢蔘之弊 歲加月
增 盡心稽察毋至重歎 金銀銅鐵舊有店者 察其奸惡 新爲礦者禁其鼓冶
土産寶物無煩採掘以爲民病 採金之法又有新方 苟有朝令試之無妨

　　우리나라의 산은 전 국토의 약 70%를 점유하고 있음에도 불구하
고 이에 따른 계획적 종합개발은 미흡한 상태를 면하지 못하고 있
다. 산악도 평야지대의 전답 못지않게 바다와 더불어 많은 특수 산
물의 보고인 것이다.

　　물론 산의 관리는 무엇보다도 먼저 푸른 산을 조성하는 데 역점을
두어야 한다. 우리나라에 있어서 그의 주종은 물론 소나무이다. 그
리하여 심어 놓은 소나무를 어떻게 관리하느냐 하는 과제는 목민관의
치산의 제일과가 아닐 수 없다. 공사유 간에 그의 벌채는 신중히 해야
하며 벌채 후의 보식에 대하여서도 철저한 관리가 뒤따라야 한다.

　　근자에 와서 농경지의 확장을 위하여 야산을 개간하는 사례가 점

차 늘고 있는 실정이다. 그리하여 과도한 남벌이 허용됨으로써 필요 이상의 산림을 파괴하는 일이 없도록 주의를 환기시켜야 할 것이다.

산악지대에는 지역에 따라서 특수 산물이 생산되는 예가 많다. 그 중에서도 인삼을 비롯한 야생 약재를 들 수가 있고 산짐승의 가죽 같은 것도 빼놓을 수 없는 특산물이다. 이러한 특수 산물에 대한 과세를 신중히 다루도록 한 것은 이들을 수집하는 과정에 있어서의 고난과 위험 부담을 고려한 것이다. 험악한 산악지대에서의 고난으로서는 침식의 불편, 맹수의 엄습, 여름철 독사의 위험 부담 등을 들 수 있다. 그러므로 가급적이면 장려금의 지급은 못 하더라도 세금 조정에 따른 혜택이라도 부여해 줌으로써 특산물의 생산을 돕도록 해야 할 것이다.

산악이야말로 국가의 보고라 이르는 이유의 또 하나는, 거기에는 금·은·동·철을 비롯하여 석탄과 아울러 특수 광물들이 소장되어 있기 때문이다. 그러므로 이러한 광산의 관리도 농토 관리에 못지않은 목민관의 중요한 직책 중의 하나이다.

근세에 와서 산악이 가지는 또 하나의 중요성은 그것이 지니는 관광자원으로서의 구실이다. 본래 금수강산으로서 표현되는 우리나라 산악미는 자연 그대로도 충분한 관광자원이 되겠지만 산악지대 구비 구비 깔려 있는 사찰 등을 중심으로 많은 문화재들을 간과해서는 안 될 것이다. 이렇듯 산악을 배경으로 하는 모든 관광자원의 개발을 위하여 목민관은 깊은 관심을 기울이도록 노력해야 한다.

2. 흐르는 물의 경제(經濟) ― 천택(川澤)

내와 못은 농사의 근본이 되는 것이니, 치수 정책은 예로부터 소중히 여겨 왔다. 냇물이 흘러 제 고을을 지나거든 그 물을 끌어다가 제논에 물을 대기도 하고, 공용수로 사용하기도 하여 백성들의 생업에 보탬이 되게 한다면 선정이 될 것이다. 작으면 웅덩이라 하고 크면 호수라 하고, 막은 것은 두덩 또는 제방이라 한다. 이는 물을 아껴 절약하자는 것이니, '연못 안에 있는 물'이란 절약하는 것이 된다는 이유가 여기에 있다. 우리나라에 이름 있는 호수란 겨우 7·8개밖에 없고, 나머지는 다 협착하고 작은 데다가 그나마도 잡초가 우거진 채 수리도 되어 있지 않다. 지방 권력자들이 수리를 제멋대로 하여 제 논에만 물을 대는 자는 엄중 단속해야 한다. 갯가에 둑을 쌓고 바닷물을 막음으로써 기름진 농토가 마련되는데 이를 일러 간척지라고 한다. 큰 강가의 둑이 무너져 해마다 큰 재난을 당하고 있으니 제방을 쌓아 이재민들의 생활을 안정시켜 주도록 하라. 뱃길을 소통시켜 줌으로써 장사아치가 모여들게 하여 주며, 물살이 넘쳐흐르는 곳에는 둑을 쌓아 주는 일도 잘하는 일이 될 것이다. 웅덩이에서 잡히는 물고기와 연못에서 자라는 갈대 같은 것을 엄중히 관리하여 백성들의 이익에 보탬이 되게 해 주고, 그것을 가져다가 내 것을 만들어서는 안 된다.

[原文] 川澤者農利之所本 川澤之政聖王重焉 川流逕縣鑿渠引水以漑以
灌 與作公田以補民役政之善也 小曰池沼大曰湖澤 其障曰陂 亦謂之堤
所以節水此澤上有水之所以爲節也 東土名湖僅有七八 餘皆窄小 然且苟
合而不修矣 土豪貴族擅其水利專漑其田者 嚴禁 若瀕海捍潮內作膏田 是
名海堰 江河之濱連年衝決爲民巨患者 作爲隄防以安厥居 漕路所通商旅
所聚 疏其汎溢 固其隄防 亦善務也 池澤所産魚鼈蓮茨葵蒲之屬 爲之厲
守以補民役 不可自取以養己

자고로 치산치수는 정치의 두 기둥이다. 그중에서도 치수는 흐르
는 물을 다루는 것이기 때문에 고요한 산보다는 다루기에 훨씬 많은
어려움을 수반하고 있다. 그러므로 공자도 "인자(仁者)는 요산(樂山)
하고 지자(知者)는 요수(樂水)한다" 했듯이 슬기로운 자라야 물을 다
루고 즐길 수 있다는 뜻으로 풀이된다.

물이란 밑으로 밑으로 쉬지 않고 흐르는 것이기 때문에 이를 막아
저수해놓지 않으면 쓰고 싶은 목에 이를 쓸 수가 없다. 그러므로 저
절로 된 자연의 호수라면 모를까 인위적인 공사에 의하여 저수지는
만들어야 하며 저수지를 만들기 위하여는 둑을 쌓아올려야 하는 것
이다. 이를 일러 요즈음은 댐이라 이르고 있다. 이렇듯 물의 관리는
둠병으로부터 댐에 이르기까지 긴 역정을 거쳐오면서 날로 발전하
고 있다. 왜 물의 관리는 날로 발전을 거듭하고 있는 것일까? 물의
수요는 문화의 척도라 이를 만큼 그 용도가 다양하게 날로 늘고만
있기 때문이다. 옛날 농경시대에는 오로지 물은 농업용수가 주종을
이루고 있었고 식수라야 우물을 파서 썼던 것이 고작이었지만 근대
국가가 형성되는 과정에서 물은 공업용수로서의 비중이 날로 늘고
있으며 상수도 시설에 따른 식수를 비롯하여 정수용에 이르기까지
그 수요량은 날로 증가하고 있는 실정이다.

현대적인 입장에서 둑, 곧 댐은 저수의 기능뿐만이 아니라 다목적 댐이라 이르듯이 그 기능도 이제는 다양화되어 가고 있다. 그중 가장 뚜렷한 것이 전력원(電力源)으로서의 댐이라 해야 할는지 모른다. 좀 더 구체적으로 표현한다면 수력전원으로서의 댐의 기능을 들 수가 있다.

　다음은 산악지대의 자연 풍광과 함께 인공 호수를 형성함으로써 중요한 관광자원으로서 이용할 수 있다는 것이다. 여기에 숙박 시설과 위락 시설을 곁들인다면 도시 생활인들의 휴식처로서도 활용되는 자원의 하나가 아닐 수 없다.

　또 다른 일면 저수지는 담수어의 양어장으로서 주말의 태공들이 모여드는 낚시터로서도 활용될 것이다.

　이렇듯 물은 농업용수라는 원시적인 이용에서 이제는 현대인의 모든 생활을 윤택하게 해 주는 천혜의 자원으로 이용된다는 점에서 목민관으로서는 한시도 물의 관리를 소홀히 다루어서는 안 될 것이다.

　그러나 물의 관리에 있어서 잠시도 소홀히 해서는 안 될 과제의 하나에 물의 오염 문제가 있다. 물의 오염은 공기의 오염과 함께 현대인의 생활을 좀먹는 천적(天賊)이다. 인류의 생존을 위하여 이 천적들은 하루속히 퇴치되어야 한다.

　물의 오염의 주범으로는 공장의 폐수와 하수돗물의 침투를 들 수 있다. 더러는 목장에서 흘러내리는 가축들의 오물도 이에 한몫을 끼는 수가 있다. 이를 자칫 잘못하여 상수도에라도 흘러들여 보내게 된다면 그것은 곧바로 온 시민의 생명수를 더럽히는 결과로 나타날 것이다. 모름지기 목민관의 물의 관리는 이렇듯 세밀한 데까지 미치지 않으면 안 된다.

3. 보수와 환경미화 ── 선해(繕廨)

청사가 기울거나 무너져서 비가 새고 바람이 스며드는데 수리
하지 않고 내버려 둔다면 목민관의 큰 잘못이다. 규정에는 함부
로 손대는 것을 금하는 조항이 있고, 사사로이 건축하지 못하게
하였지만 전 사람들은 아무렇지도 않은 양 이런 일은 처리했던
것이다. 유원지의 누대나 정각의 운치는 한 고을에 없을 수 없
는 시설이다. 재료를 모으고 기술자를 모집하여 실정에 맞도록
헤아려서 해야 하고, 뚫어진 구멍을 먼저 막아야 하며, 노임은
절약하도록 해야 할 것이다. 청사의 수리가 다 잘된 뒤에 꽃과
나무를 심는 것은 또한 맑은 선비의 발자취가 될 것이다.

[原文] 廨宇頹圮 上雨旁風 莫之修繕 任其崩毀 亦民牧之大咎也 律有擅
起之條 邦有私建之禁 而先輩於此自若修擧 樓亭閒燕之觀 亦城邑之所不
能無者 (吏校奴隷之屬 宜令赴役 募僧助事 是亦一道) 鳩材募工總有商
量 弊竇不可不先塞 勞費不可不思省 治廨旣善 栽花種樹 亦淸士之跡也

여기서는 청사를 수리하거나 누각이나 정자를 손질하는 정도의
환경 문제를 논하고 있지만 이는 지나치게 소승적인 입장에서의 이
야기라 할 수 있고 대승적 견지에서는 온 국토의 미화라는 입장에서
이 과제를 다루어야 할 것이다.

농촌의 도시화 과정이 급속도로 진행되고 있는 현대에 있어서는 도시민들의 휴식 공간의 문제가 크게 관심을 끌고 있다. 날로 빌딩이 고층화되어 가는 추세 속에서 살고 있는 도시민들에게는 무엇보다도 먼저 자연의 아름다움을 느끼게 해주며 자연의 품 안에서 호흡을 하게 해 주어야 한다. 그것이 다름 아닌 도시 공원의 시설이다. 이는 옛날 정자나 누각들이 관료나 학자들의 휴식 공간으로서의 구실을 했듯이 도시 공원은 도시민들에게 그러한 휴식 공간으로서의 구실을 할 수 있다는 데에서 그 존재 의의를 찾도록 해야 할 것이다.

옛날 정자나 누석의 확대 개념으로서의 도시 공원의 구조는 수목과 화초와 걸상만으로 꾸밀 것이 아니라 그 안에다 가능하다면 문화적 또는 역사적 내용이 담긴 시설물들을 곁들여 놓는다면 육체적 휴식과 함께 정신적 양식을 앉아서 얻을 수 있는 기회도 아울러 갖게 될 것이다. 뿐만 아니라 관광자원의 하나로 활용될 수 있을 것이다. 여기서 문화적 시설이란 다름 아닌 박물관·미술관·음악당 등을 의미한다.

근래에 와서 온 국토의 공원화라는 말이 번지기 시작하고 있다. 농촌과 도시화 과정에 있어서의 도시 공원의 문제뿐만 아니라 명산대천이나 명승지를 낀 국립공원 조성은 오래전부터 계획 추진되어 오고 있는 실정인 것이다. 그러나 요즈음은 거기에 만족하지 않고 온 국토의 공원화라는 개념을 도입하여 국민의 생활 환경 미화에 박차를 가하고 있다.

환경의 미화를 위해서는 무엇보다도 먼저 나무를 심고 꽃을 가꾸는 작업이 서둘러져야 한다. 나무와 꽃은 공원이나 집 안에 심는 것으로 그칠 것이 아니라 도심지의 도로변 좌우에 심어 도심의 아취를 돋우고 시외 도로변에도 줄지어 심음으로써 장거리 여행자들의 피로를 가시게 해주는 데 도움이 되도록 해야 할 것이다.

그러나 이렇듯 공공성을 띤 환경 미화를 위한 작업에 따른 비용의 염출에 있어서는 가급적이면 민간 부담을 삼가도록 하며 부득이한 경우라 하더라도 그 부담은 최소한에 그치도록 해야 할 것이다. 동시에 인위적인 시설이 필요한 경우라 하더라도 절대로 자연을 훼손하는 따위의 근시안적 시설은 피해야 한다. 자연의 훼손뿐만이 아니라 오랜 전통이 담긴 말없는 문화재의 훼손이 자연 환경의 미화라는 미명하에 이루어진다면 그것은 하나를 얻기 위하여 열을 잃는 결과를 빚게 된다는 사실을 잊어서는 안 될 것이다.

4. 유사시(有事時)의 안보(安保) 대책(對策)
— 수성(修城)

성터를 수리하고 참호를 파서 국방을 견고하게 하고 백성의 생활을 안정시키는 것도 또한 국토 방위 책임자의 직분인 것이다. 병란이 일어나 적의 침략을 받았을 때 갑자기 성을 쌓게 된다면 그 지세를 잘 헤아리고 민정에 순응하도록 해야 한다. 성을 쌓되 제 때에 쌓게 하지 않는다면 성을 쌓지 않는 것만 같지 못하다. 반드시 농한기에 쌓는 것이 옛날 법도였던 것이다. 옛날에 소위 성을 쌓는다는 것은 거의 토성이었던 것이다. 난리를 만나 적을 막아내는 데는 토성만 한 것이 없었기 때문이다. 보원 제도는 윤경보약대로 하는 것이 좋고 치첩이나 망루의 제도는 더욱더 윤색하는 것이 좋을 것이다. 평상시에 성터를 돌로 보수하면 좋을 것이다.

[原文] 修城浚濠固國保民 亦守土者之職分也 兵興敵至臨急築城者 宜度其地勢順其民情 城而不時則如勿城 必以農隙古之道也 古之所謂築城者土城也 臨難禦寇莫如土城 堡垣之制宜遵尹耕堡約 其雉堞敵臺之制宜益潤色 其在平時修其城垣以爲行旅之觀者宜 因其舊補之以石

[석의(釋義)] 치첩(雉堞)—성 위에 쌓은 성가퀴로서 성첩(城堞)·여장(女牆) 또는 여원(女垣)이라고도 하며, 성 위에 있는 얕은 담으로, 여기에 몸을 숨기고 적을 쳤다.

국토 관리에 있어서의 방어 시설의 완비는 실로 중요한 의미를 갖는다. 그러므로 중국에 있어서의 만리장성은 그러한 의미에서 방어 시설로서는 역사상 최대의 유물이 아닐 수 없다. 그러나 이제 방어 시설로서의 '성'은 하나의 역사적 유물로서의 존재 가치 외에 별다른 의미를 남겨놓고 있지 않기 때문에 만리장성과 같은 것은 그 기능이 이미 맹장화되었고 겨우 관광자원으로서의 존재 가치만을 논하게 될 따름이다.

그렇다면 현대에 있어서의 방어 시설은 어떠한 것들이 요구되고 있는 것일까? 이를 크게 둘로 나눈다면 일선 방어 시설과 후방 예비 시설을 손꼽을 수 있다. 그러나 일선 방어 시설도 적과의 직접적인 대결 외에 이를 보완하는 후방의 보충 시설이 복합적으로 뒤따르지 않으면 안 된다.

'성' 대신에 '탱크호'라거나 '지하도' 같은 것이 방어 시설로서 중요한 의미를 갖게 되며 산 위에 설치한 미사일 기지와 고속도로에 설치된 간이 비행장 같은 것들도 일단 유사시에는 옛날의 '성' 이상의 큰 구실을 담당하게 될 것이다.

우리나라에 있어서의 국토 방위의 취약성은 그의 해안선의 방어에 있다고 하겠다. 삼면이 바다로 둘러싸여 있기 때문에 야음을 이용한 적의 침투를 방어하는 데 있어서 많은 어려움을 겪고 있는 것이 사실이다.

이렇게 보면 옛날처럼 성 중심의 방어 개념에서 벗어나 이제는 일선이 따로 없고 오히려 전 국토가 일선이라는 개념으로 국토의 방어 시설을 갖추어야 할 것이다. 그러므로 이제 방어 시설에 있어서는 일선과 후방이 따로 없다. 동시에 전시나 평화시를 불문하고 유비무

환(有備無患)의 정신에 입각하여 시설되어야 한다.

눈에 뜨이는 방어 시설이 도시나 농촌을 가리지 않고 설치되는 경우에 있어서 전시가 아닌 평화 시에 있어서는 이해가 부족한 시민들 중에는 이를 백안시하는 사례가 없지 않다. 왜냐하면 그것을 쓸데없는 국가 재정의 낭비로 간주할 수 있기 때문이다. 그러므로 그러한 시설들은 보안상의 문제로 조용히 다루어져야 할 뿐만이 아니라 가급적이면 시민의 이해를 돕는 방향에서 방어 시설이 갖추어지도록 목민관은 노력을 기울여야 할 것이다.

그러나 후방 방어 시설에 있어서 유의해야 할 중요한 문제점은 다름이 아니라 시민들의 생업에 지장을 끼치는 시설이 되어서는 안 된다는 사실이다.

오히려 평화 시에는 시민 생활에 보완적인 시설로 활용되어야만 바람직한 방어 시설이다. 다시 말하면 그것이 산업·교통·관광 등의 자원으로서도 활용될 수 있어야 함을 의미하는 것이다. 다시 말하면 도심지의 지하도는 유사시에 있어서는 방공호의 구실을 하게 되지만 평화 시에 있어서는 교통의 교차로 구실을 함과 동시에 지하 상가의 구실을 하게 된다.

5. 선치(善治)의 척도(尺度) ― 도로(道路)

도로를 확장 수리하여 길손들로 하여금 그 길로 다니고 싶게 하는 것도 훌륭한 목민관의 정책이 될 것이다. 교량은 물을 건너는 도구이다. 날씨가 추워지면 곧장 놓아주어야 한다. 나루터에는 배가 없는 일이 없고, 정자마다 이정표가 빠지는 일이 없으면 길손들이 기뻐할 것이다. 여점(旅店)에서 전임(傳任)하는 일이 없고, 재에서 가마를 메게 하지 않으면 백성들은 어깨를 쉴 수 있을 것이다. 여점에서 간악한 도둑을 숨기지 않고, 참원에서 음란한 짓을 하지 않으면 백성들의 마음이 밝아질 것이다. 길에 황토를 깔지 않고 길가에 횃불을 세우지 않아야 '예를 안다'고 말할 수 있다.

[原文] 修治道路 使行旅願出於其路 亦良牧之政也 橋梁者濟人之具也 天氣旣寒宜卽成之 津不闕舟亭不缺堠 亦商旅之所樂也 店不傳任嶺不擡轎 民可以息肩矣 店不匿奸院不恣淫 民可以淑心矣 路不鋪黃畔不植炬 斯可曰知禮矣

[석의(釋義)] 여점(旅店)―길손이 주식(酒食)을 사먹기도 하고 쉬기도 하는 집. 객점
전임(傳任)―관료들이 백성들에게 사사로이 짐을 지워 보내는 일로서, 백성들을 몹시 괴롭히던 일 중의 하나

길이란 따로따로 떨어져 있는 것들을 이어주며 막혔던 장벽을 터주는 기능을 가지고 있다. 혈맥이 막힘 없이 전신에 피를 통해 주듯 길이란 나라의 혈맥이다. 그러므로 길의 소통이야말로 목민관의 중요한 직책 중의 하나이다.

그러나 길이란 이제 옛날처럼 육로만을 생각할 수 없다. 옛날 육로의 주개념이 되어 있던 인도는 차도에 밀려 버린 감이 짙다. 길이라면 대체로 포장된 고속도로를 생각하는 만큼 자동차가 달리는 차도를 우선적으로 생각하게 된다. 이제 사람이 걸어야 하는 길은 보도라 하여 따로 건설되기도 하지만, 오솔길은 그 이름만이 남아 전할 뿐이다. 구곡양장(九曲羊腸)으로 표현되던 옛날의 오솔길은 낭만적인 추억으로 기억될 따름이요 요즈음은 다투어 4·6차선이 건설되고 있다. 농촌 영농의 기계화 시대를 맞아 목민관은 농로의 개척에도 깊은 관심을 기울여야 할 것이다.

그러나 이제 길의 개념은 결코 육지에만 국한될 수 없다. 해로와 공로를 잊어서는 안 된다. 물길의 초보적인 것이 나룻배요 좀 더 긴 거리는 연락선을 띄워야 하지만 요즈음은 아마도 쾌속정 시대로 접어들었다고 해야 할는지 모른다. 육로에는 이미 고속도로가 개설되고 나아가서는 초고속 전철 시대를 전망하고 있는데 어찌 바닷길만이 툭 트이지 않고 나룻배 신세로 남아 있을 수 있겠는가? 섬지대의 목민관은 모름지기 해로의 고속화라는 과제를 제일차적으로 생각해야 할 것이다. 소위 공로(空路)의 개척도 우리의 현대 생활과 직결되어 있음을 알아야 한다. 좁은 국토 내에 있어서도 항공로의 개척은 생활 향상의 척도와 정비례하지만 국외선의 확충은 곧 국력과도 정비례하는 것으로 받아들일 수 있다.

이렇듯 다양하게 변천된 길의 개념은 옛날의 치산치수에다가 치로(治路)라는 또 다른 하나의 개념을 덧붙일 만큼 중요한 의미를 간직하고 있다. 현대로 접어들면서 길의 중요한 기능들이 점차 인식되어 가고는 있지만 지금도 선건설(先建設) 후도로(後道路)라는 전근대적 사고에서 완전히 벗어나 있지 않다. 그러므로 도로 행정을 다룸에 있어서 유의해야 할 점은 다름 아니라 선도로 후건설이어야 한다. 도심지는 날로 고층화하는 추세에 놓여 있고 농촌과 도시와의 상호의존도가 날로 높아가는 추세에 있어서는 모든 것에 우선하여 도로가 정비되어야 함은 행정의 제일과라 이르지 않을 수 없다.

이제 길과 관련된 몇 가지 문제를 들추어 본다면

첫째, 길의 소통과 안전을 들 수가 있다. 일정한 지역에 많은 차량이 폭주함으로써 일어나는 교통체증은 도시의 외곽도로의 개설이나 아니면 차선의 확장에 의하여 해결되어야 하며 차량 운행의 안전은 교통법규의 철저한 준수와 아울러 택시 운행의 제도적 개선에 의하여 이루어지도록 해야 할 것이다.

둘째, 길의 다양화 또는 대형화의 추세에 따라 시설되는 호텔 경영의 합리화를 들 수가 있다. 외국 관광객들을 위한 호텔의 위락 시설이 도리어 내국인들의 사치스런 소비처가 된다면 이는 실로 주객이 전도된 현상이라 이르지 않을 수 없다.

셋째, 고관대작의 행차 때 길가에 황토를 뿌린다거나 횃불을 밝히는 일이 지금은 없지만 그 대신 학생을 동원한다거나 아니면 시민을 동원하는 일이 없지 않다. 때로는 지나치게 통행 통제를 하는 수가 있는데 가급적이면 시민들의 생활에 지장을 주거나 아니면 불편을 주는 일은 피하도록 해야 할 것이다.

6. 개발(開發)과 이용후생(利用厚生)
— 장작(匠作)

공작 도구를 뻔질나게 만들고 기교 있는 일꾼들을 불러들이는
것은 한몫 보자는 속셈인 수가 있다. 비록 백공이 득실거리더라
도 내 것이라고는 만들지 않아야 청렴한 선비의 관청이 될 것이
다. 설령 도구를 만드는 수가 있더라도 비루한 욕심이 그릇에까
지 미치지 않도록 하라. 모든 기구를 만들 때는 당연히 통장 결
재가 있어야 한다. 농기구를 만들어서 농민들의 경작을 권장하
도록 하고, 베틀을 만들어서 부녀자의 길쌈을 권장하는 것은 목
민관의 직책일 것이다. 손수레를 만들어서 농사일을 권장하고,
병선을 만들어서 전쟁에 대비하는 것도 목민과의 직분일 것이
다. 벽돌 굽는 법을 가르치고, 따라서 기와도 굽게 하여 온 성안
을 기와집이 되게 한다면 그것도 잘하는 정책일 것이다. 집집마
다 쓰는 되나 거울이 각각 다른 것은 어찌할 길이 없지만, 창고
나 저자에서 쓰는 것은 규격에 맞추도록 해야 한다.

[原文] 工作繁興技巧 咸萃貪之著也 雖百工具備而絕無製造者 清士之府
也 設有制造 毋令貪陋之膓達於器皿 凡器用製造者 宜有印帖 作爲農器
以勸民耕 作爲織器以勸女功 牧之職也 作爲田車以勸農務 作爲兵船以設
戎備 牧之職也 講燒甓之法因亦陶瓦 使邑城之內悉爲瓦屋 亦善政也 量
衡之家異戶殊 雖莫之救 諸倉諸市宜令畫一

기술의 발달은 인류 문화 발전의 척도이다. 고대로부터 발달되어 온 기술로서는 농기구라거나 방직기구라거나 조선술이라거나 아니면 벽돌이나 기와를 굽는 기술에 이르기까지 인간 생활을 보다 더 편리하고 아름답게 꾸미는 기술들이 발달되어 왔지만 근자에 와서는 이러한 기술들은 대충 원초적인 기술로 치부되고 그 대신 고도로 발달된 소위 첨단기술 시대를 맞이하고 있다. 그러므로 기술에 따른 공업의 형태도 이제는 수공업에 의한 가내공업에서 비롯하여 조직적인 공업단지에 의하여 경공업이든 중공업이든 조성되어 가고 있는 추세이다. 그러므로 현시대는 농경시대에서 공업시대로 전환하는 과정에 놓여 있으며 그로 인하여 어쩌면 농공병진의 시대라 불러야 할 것이다.

기술의 도입에 따른 공업의 진흥은 국가의 지원에도 크게 힘입어야 하지만 지방 수령(목민관)의 협조 없이는 이루어질 수 없을 것이다. 지방 각지에 조성되고 있는 공업단지만 보더라도 부지의 매입, 도로의 개설, 수도나 전기 시설의 완비 등 갖추어야 할 기본 조건들이 많은 것이다. 이러한 것들의 시설 과정에 있어서 필요한 것은 목민관의 성심과 열의이다. 여기서 추호라도 방관자적인 사심이 끼어들어서는 안 된다.

옛날이나 지금이나 가장 경계해야 할 일의 하나는 탐관오리와 기술자와의 사이에서 일어날 수 있는 담합과 결탁이다. 더욱이 관급(官給)업자라거나 특수 기술에 따른 지정업자들의 독선적인 횡포를 막아내야 한다. 그렇지 못한 데에서 일어날 수 있는 가능성이 다름 아닌 부실공사로 나타나기 마련인 것이다.

기술의 진흥은 국리민복의 초석이요 국가 발전의 중추임에도 불구하고 전통적인 유교사상은 이를 '장이사상'으로 천시하여 국가의 발전에 기여하지 못했던 것이다. 소위 사농공상의 계급사상이 여기서 연유하였던 것임은 다시 말할 나위도 없다. 그러나 오늘날은 첨단기술자의 봉급이 그 회사 상위 간부의 보수보다도 높이 웃도는 시대이다.

그러므로 기술을 진작시키는 문제 앞에서는 이제 전통적인 유교사상은 발붙일 곳을 잃었다. 모름지기 목민관의 행정 초점도 이제는 농업에서 공업으로 전환해야 할 시점에 놓여 있음을 깨달아야 할 것이다.

날로 새로워가고만 있는 요즈음에 있어서 환경의 미화는 근대 지향에의 지름길이 아닐 수 없다. 지금까지는 농경시대의 치산치수가 정치의 요체였지만 공업시대의 도시화 과정에 있어서는 '길'의 정비가 가장 큰 문제의 초점이 아닐 수 없다.

환경 정비 문제로서 근래에 대두된 것으로서는 전신·전화 시설을 빼놓을 수가 없다. 옛날에는 겨우 서신 교환으로서 족했던 것인데 요즈음 와서는 기록이나 요식을 갖추는 경우를 제외하고는 대체로 직통 전화로 세계 어느 곳과도 통화할 수 있는 시대가 된 것이다. 뿐만 아니라 어떠한 벽지나 낙도에서도 전화기만 들면 통신이 가능하다.

이러한 모든 시설은 자연 조건인 산이나 물을 다스리는 데 그칠 것이 아니라 기술의 개발이라는 개념을 도입하여 지방에 있어서도 민간 기업을 진흥시키는 데 관심을 기울여야 한다. 그것은 환경의 미화 또는 생활의 근대화에 기여할 뿐 아니라 민간의 소득 증대에도 크게 도움이 되는 문제이기도 한 것이다.

"옛 나라이언만 날로 새롭게 하리라"라는 말이 있다. 나라는 날로 새롭게 발전해가야 함을 의미한다. 그렇지 않으면 나라는 모든 부면에서 침체되고 약화되게 마련인 것이다. 그런 의미에서도 목민관은 국가 발전의 기수가 되어야 한다.

진황육조(賑荒六條)·구호(救護) 정책(政策)의 수립(樹立)

1. 흉년(凶年) 대책(對策) — 비자(備資)

흉년 대책은 옛사람들도 마음 쏟던 일이니, 목민관의 재능은 여기서 나타날 것이다. 흉년 대책만 잘 세우면 목민관의 일은 끝났다고 할 수 있다. 흉년 대책으로서는 예비하는 것만 같은 것이 없을 것이니, 예비한 것이 없으면 모든 것이 구차할 따름이다. 양곡 장부에는 구호 양곡이 있을 것이니, 그 고을에 저장된 곡식의 유무를 속히 조사해야 할 것이다. 흉작의 사실이 판명되면 속히 감독 상사에게 달려가서 구호 양곡의 이송을 논의하고 조세의 감면도 의논해야 한다. 구호 양곡을 이송해 오는 것보다는 보낼 세곡으로 충당하는 것만 같지 못할 것이니, 이 두 가지 정책이 함께 이루어지도록 청원하는 것이 좋을 것이다. 특별 구호 물자는 중앙에서 배정하는 것인데, 이런 정책은 계속되어 한 관례가 되었다. 상부의 배려가 공평하다 하더라도 유능한 목민관은 이를 잘 얻어 내야만 이어받을 수 있게 될 것이다.

이웃 고을에 양곡이 있을 때는 바로 사재로 쌀을 사도 좋을 것이니, 모름지기 국가의 명령으로도 이를 막지는 못할 것이다. 항구에 있어서는 감독 관청을 잘 살펴서 그들의 횡포를 막아야 상선들이 모여들게 될 것이다. 상부의 지시를 기다리지 않고 창고의 문을 여는 것은 옛사람들이 하던 일이었지만, 이는 상부의 특사만이 할 일이지 지방관으로서야 어찌 감히 그럴 수 있을 것인가?

[原文] 荒政先王之所盡心 牧民之才於斯可見 荒政善而牧民之能事畢矣 救荒之政莫如乎預備 其不預備者皆苟焉而已 穀簿之中別有賑穀 本縣所儲有無虛實 亟宜查驗 歲事旣判 亟赴監營 以議移粟 以議蠲租 與其移粟於遠道 莫若留財於本地 兩便之政宜議仰請 補賑諸物厥有內頒 繼述之政遂以成例 上恩雖均 亦唯良牧克獲承受 (御史下來管賑監賑 亟宜往謁 以議賑事) 鄰境有粟宜卽私糴 須有朝令乃毋遏也 其在江海之口者須察邸店 禁其橫暴使商船湊集 不俟詔令便宜發倉古之義也 使臣之行也 今之縣令 則何敢焉

자공이 공자더러 정치에 대하여 물은즉 공자는 "식량이 넉넉해야 하고 군비가 충실해야 하고 백성들이 믿게 되어야 한다"고 대답하였다. 이처럼 식량이란 국정의 3대 요소 중의 하나인 것이다. 농경국가에 있어서 양곡은 세금인 동시에 국민의 식량이다. 그러므로 양곡 관리란 곧 식량 관리와 상통하는 것이다. 그러므로 흉년을 대비한 식량의 비축이나 이송도 그것은 곧 양곡의 비축이나 이송과 다름이 없는 양곡 행정의 일부가 아닐 수 없다.

옛날에 있어서의 흉년의 원인은 한재나 수재나 더러는 풍재 또는 충재 등이 그의 주원인으로 꼽힌다. 그러나 이러한 재해는 옛날처럼 극심하지 않고 수리 시설의 완비는 한해나 수해도 미연에 방지하고 있기 때문에 그로 인한 양곡의 비축이나 이송이 따로 고려될 것까지는 없다. 인마나 선박에 의한 옛날의 수송난도 이미 극복된 지 오래된 오늘에 있어서는 기차나 트럭에 의한 수송 능력이 놀랄 만큼 향상되어 있다. 그러므로 식량의 문제는 흉년 대책이 아닌 각도에서 문제 삼지 않으면 안 될 것이다.

첫째, 촌락의 도시화 과정에서의 인구의 집중 현상은 그만큼 많은 식량의 소비를 수반하고 있다는 사실을 지적하지 않을 수 없다. 그렇다고 해서 도시 안에다가 다량의 식량을 한꺼번에 비축할 만한 시설을 일조일석에 건설할 수는 없는 것이다. 그렇다면 도시인들에게의 식량 공급은 어떻게 해야 할 것인가? 그것은 쌀의 생산지에서 적시적기에 이를 수송 공급해 주는 길밖에 없다. 다시 말하면 흉년이 들지 않는다 하더라도 도시민들에게는 식량 수송이라는 방법으로 식량이 공급되지 않으면 금방 식량난이라는 현상이 도시민들을 불안하게 만들고 말 것이다.

둘째, 흉년이 아니라 하더라도 일정량의 식량의 비축은 만일의 유사시를 대비하여 절대로 필요한 것이다. 그러나 비축의 방법으로서 노적(露積)이 있기는 하지만 그것은 장기 계획일 수 없고 본격적 시설로서는 창고 시설이 바람직하다고 해야 할 것이다. 그러나 창고의 시설도 집중적으로 시설하는 것보다는 지역 단위로 배치하여 생산·비축·출하하여야 할 것이다. 다시 말하면 분산 비축이 되어야 함을 의미한다.

셋째, 근세의 흉년은 국민 전체의 식량 소비량의 총체적 부족에서 나타나게 마련이다. 다시 말하면 국민의 식량 소비량의 절대적 부족에서 나타난다고 할 수 있다. 그리하여 이를 보충하기 위한 대책에 두 가지가 있으니 하나는 식량의 증산이요 또 다른 하나는 외미의 도입이다. 그러나 우리는 가능한 한 외미의 도입을 절감하고 국내 식량 증산에 총력을 기울이지 않으면 안 될 것이다.

넷째, 식량 절감의 방법으로서는 주식인 쌀 소비의 절감과 아울러 잡곡 소비를 더욱 권장하는 것도 식량 대책의 하나로 고려되어야 할 것이다. 동시에 국토의 공업화 과정에서 점차 시설 부지에의 편입으로 인하여 감소된 농토를 보완하기 위하여 야산의 개간과 아울러 간척지를 조성하여 농경지의 확장에도 노력을 기울여야 할 것이다.

이렇듯 근세의 흉년 대책은 다양하게 고려되어야 한다.

2. 재해(災害) 의연(義捐)의 장려(獎勵)
── 권분(勸分)

재해의 의연을 권장하는 법은 아득한 옛날부터 있어 왔지만, 시대가 바뀜에 따라 점차 그 내용이 달라지고 말았다. 이마저 재해 의연의 권장은 옛날 재해 의연의 권장과는 다르다. 중국에서 재해 의연을 권장하던 법은 다 쌀을 풀어내도록 권장했지 쌀을 바치도록 권장하지 않았고, 다 은혜를 베풀어 주도록 권장했지 쌀을 내놓도록 권장하지 않았고, 다 몸소 먼저 실행했지 말로만 하는 체하지 않았고, 다 상을 주면서 권장했지 위협하면서 권장하지 않았다. 요즈음 재해 의연의 권장은 지극히 예법에 어긋나 있다. 우리나라에서 재해 의연을 권장하는 법은 백성들이 양곡을 내놓게 하여 그것을 이재민들에게 나누어주니, 비록 옛 법은 아니지만 관례가 이미 그렇게 되어 있다. 찰방이나 별좌 같은 벼슬을 주어 갸륵한 뜻에 보답한 옛 기록이 역사에 실려 있다. 부자들을 골라서 세 등급으로 나누고 그것을 또 잘게 쪼개도록 하라. 지방에서 명망이 있는 사람을 뽑아서 날을 받아 모이게 한 후 공정한 의견을 채택하여 부자들의 등급을 정하도록 해야 한다. 재해 의연의 권장은 자진 의연을 권장하는 것이다. 자진 의연을 권장한다면 관의 힘은 그만큼 많이 덜릴 것이다. 재해 의연의 권장령이 반포되면 부자들은 생선 눈알처럼 놀라고 가난한 선비들은 파리떼 모양 덤벼들 것이니, 긴요한 대목을 잘 삼가지 못하면 하늘같은 은혜를 탐내어 내 것을 만드는 자도 있

을 것이다. 재물을 굶주린 자의 입속에서 도둑질하는 자의 소문
은 하늘 끝까지 널리 퍼질 것이요, 재앙은 자손들에게까지 내려
갈 것이니, 조금이라도 그런 생각이 마음속에서 싹터서는 안 될
것이다.

[原文] 勸分之法遠自周代 世降政衰名實不同 今之勸分非古之勸分也 中
國勸分之法皆 是勸糶不是勸餼 皆是勸施不是勸納 皆是身先不是口說
皆是賞勸不是威脅 今之勸分者非禮之極也 吾東勸分之法 使民納粟以分
萬民 雖非古法 例已成矣 察訪別坐酬之以官 厥有故事載於國乘 將選饒
戶分爲三等 三等之內又各細剖 乃選鄕望排日敦召 採其公議以定饒戶 勸
分也者勸其自分也 勸其自分而官之省力多矣 勸分令出 富民魚駭 貧士蠅
營 樞機不愼 其有貪天以爲己者矣 竊貨於飢吻之中 聲達邊徼 殃流苗裔
必不可萌於心也 (南方諸寺或有富僧 勸取其粟 以瞻環山 以仁俗族 抑所
宜也)

[석의(釋義)] 권분(勸分)—고을 원이 관내(管內)의 부자(富者)를
권하여 가난한 사람을 구제하게 하던 일
찰방(察訪)—조선 시대에 각 도의 역참(驛站) 일을 맡아 보던 외
직(外職)으로서, 요즈음으로서는 우체국장의 일과 직책이 흡사
하다. 종6품(從六品)
별좌(別坐)—교서관(校書館)·상의원(尙衣院)·군기시(軍器寺)·
예빈시(禮賓寺)·수성금화사(修城禁火司)·전설사(典設司)·풍저
창(豊儲倉)·내수사(內需司)·빙고(氷庫) 등의 관청에 속했던 정5
품(正五品) 또는 종5품(從五品)의 벼슬

재해 의연의 모집 형태도 옛날과 지금은 많이 달라졌다. 옛날의
물납제가 오늘에는 금납제로 바뀌었음은 다시 말할 나위도 없지만
그 규모에 있어서도 옛날에는 지방적이던 것이 지금에는 전국적인
규모로 이루어지고 있으며, 대체로 중산 이상의 부농(富農)을 그 대
상으로 했던 것이 요즈음에 와서는 단체모금의 형식으로 대형화되
고 있다.

그러나 이렇듯 외형상의 변화는 엄청나게 달라졌지만 재해 모금에 따르는 근본적인 문제점은 조금도 달라지지 않았다.

첫째, 재해 의연은 어디까지나 자진납부를 원칙으로 해야 한다는 점을 지적하지 않을 수 없다. 여기에는 조금도 강제성을 띠어서는 안 된다. 그러므로 재해 의연은 권장할 수는 있을지라도 강요할 수는 없는 것이다.

둘째, 재해 의연은 자진 의연을 원칙으로 하기 때문에 솔선수범하는 기풍을 조성해 주도록 유도해야 할 것이다. 자진 의연을 하기는 하지만 남의 눈치를 보아가면서 뒷전으로 처지는 태도는 바람직하지 못한 태도이다. 어디까지나 동포애에 기반을 둔 솔선수범만이 올바른 재해 의연인 것이다.

셋째, 옛날에는 부자들을 등급별로 나누어 공정하게 재해 의연을 부담하도록 하였지만 요즈음은 단체의연이라는 명목으로 할당 모금하는 경우가 없지 않다. 그러한 경우에는 각자의 부담에 있어서 불공정한 일이 없도록 세심한 배려가 있어야 할 것이다.

넷째, 모금된 금품이나 물자의 관리에 있어서 조금도 소홀함이 있어서는 안 된다. 관리상의 문제점으로서는 금품이나 물자가 횡류되어 몰지각한 관리자에 의하여 착복되는 경우와 분배과정에 있어서 정실이 개재하기 쉽다는 사실을 지적하지 않을 수 없다.

다섯째, 재해 의연의 모금이 언론기관에 의하여 공포되는 과정에서 일기 쉬운 폐단을 경계해야 할 것이다. 재해 의연은 본질상 음덕(蔭德)이어야 함에도 불구하고 지나치게 양성화(陽性化)됨으로써 국민 감정 속에 지나친 경쟁의식을 조장시키는 감이 없지 않다. 이렇듯 각 언론기관을 통하여 표출된 경쟁의식은 모금 창구의 다변화라는 혼란을 빚고 있기도 한 것이다.

　모금 창구의 일원화만이 창구의 다변화에 따른 모금의 혼란을 막
아낼 수 있는 길이다.

3. 응급(應急) 조처(措處) 및 난민(難民) 구제책(救濟策) ─ 규모(規模)

난민 구호에는 두 가지 관점이 있다. 첫째는 시기를 맞추어야 하고 둘째는 규모가 있어야 한다. 불에서 구원해 내야 하고, 물에서 건져내야 하는데 어찌 기회만을 노리고 있을 수 있겠는가? 대중을 어거하면서 주고받는 물자를 공평하게 처리해야 하는데 어찌 규모가 없을 수 있겠는가? 저 난민 구조법이 국법으로 제정되지는 않았지만, 구호 대책은 지방관이 자의로 시행해도 좋을 것이다. 구호 사업장을 작은 고을에는 한두 군데 설치하고 큰 주에는 여남은 곳에 두는 것이 옛 법이었던 것이다. 인정 있는 사람이 난민을 구호할 적에는 불쌍히 여길 따름이다. 다른 곳에서 들어오는 난민은 받아 주어야 하고 내게서 나가는 난민은 만류해야 할 것이니 내 고장이니 네 고장이니가 없는 것이다. 요즈음 난민은 이동했자 갈 곳이 없다. 진심으로 권유하여 경솔한 행동을 못하도록 하라. 의연을 받아서 분배해 주는 법은 널리 옛 글을 참고하여 한 법식을 만들도록 하라. 절량 농민을 골라 3등으로 나누되, 그중에서도 상등은 또 3급으로 나누고 중등·하등은 각각 1급으로 만들라.

[原文] 賑有二觀 一曰及期二曰有模 救焚拯溺 其可以玩機乎 馭衆平物 其可以無模乎 若夫賑糶之法國典所無 縣令有私糶之米 亦可行也 其設 賑場 小縣宜止一二處 大州須至十餘處 乃古法也 仁人之爲賑也哀之而已

自他流者受之 自我流者留之 無此疆爾界也 今之流民往無所歸 唯宜惻怛
勸諭 俾勿輕動 其分糶分饋之法 宜博考古典 取爲楷式 乃選飢口分爲三
等 其上等又分爲三級 中等下等 各爲一級

난민의 발생은 긴급을 요하는 경우가 많다. 천재로서는 화재·수
재·지진·해일 등을 들 수가 있고 인위적인 것으로서는 전란·교
통·광·축대붕괴 등의 경우를 들 수가 있다. 어느 경우이건 간에
그들에게 긴급하게 필요한 것은 식량이요 의복이요 천막이요 의약
품 등이다. 사고의 규모가 대형일 경우에는 집단 이재민을 내게 됨
으로써 그들을 수용할 수용소의 마련도 절실한 대책 중의 하나가 아
닐 수 없다. 그러므로 어떠한 원인 때문이든 간에 일차 난민이 발생
하고 보면 목민관으로서는 우선 '살려놓고 보자'는 긴급 대책을 서
둘러 세워야 한다. 이렇듯 긴급 대책을 수립 시행하는 과정에 있어
서는 행정적 수속 절차 같은 것은 후결로 미루더라도 조금도 허물될
것이 없다.

그러나 밑 빠진 독에 물을 붓듯 한도 끝도 없이 구호 물자만을 공
급해 줄 수만은 없는 것이 긴급 대책이다. 긴급 대책은 언젠가는 항
구 대책으로 바뀌어야 한다. 항구 대책은 난민들에게 삶의 의욕을
돋우어 주며 재생의 길을 내디디게 해주는 데 초점을 맞추어야 할
것이다.

항구 대책에서는 물에 씻긴 농토를 다시 일구며 불에 탄 잿더미
위에 다시금 공장을 세우는 노력을 돕는 대책인 것이다. 다시 말하
면 난민들의 자생력을 돕는 대책이다. 그러므로 긴급 대책과는 달리
많은 자금이 필요하기 때문에 무상일 수는 없다. 유상이기 때문에
난민에게는 가중된 부담이 될는지 모르지만 그것의 상환 조건을 가

능한 한 관대하게 베풀어 줌으로써 국가 사회의 은혜 속에서 재생할 수 있도록 해 주어야 할 것이다.

긴급 대책과 항구 대책과의 중간에는 소위 난민 구호의 취로사업이 있다. 이는 일거양득의 시책으로서 난민들의 자활능력을 배양시킴과 동시에 인력 공급에 따른 공사 시술의 원활을 기할 수 있기 때문이다. 이러한 사업들은 비교적 규모가 작은 사업으로서 길을 고친다, 다리를 놓는다, 저수지를 마련한다 하는 것들에 의하여 이루어지기 때문에 일시적이나마 실업자도 구제하며 예산도 절감할 수 있는 부수적 효과도 기대할 수 있다.

소위 천재지변에 따른 난민 외에 근세에 와서 사회 문제로서 대두된 것이 실업자이다. 현대는 이미 농경시대에서 상공시대로 전이되었기 때문에 직업의 종류도 다양할 뿐 아니라 직업에 귀천이 있을 수도 없다. 그러나 이렇듯 다양한 상공시대에서도 제자리를 얻지 못한 실업자의 수는 공식 통계에 의하여 집계되기는 하지만 사회정책적 측면에서 다루지 않을 수 없는 중요한 문제 중의 하나이다.

소위 실업자의 구호 대책은 결코 단순하지 않다. 실업자라는 명목을 갖춘 국민의 개별적 성분은 성별·학벌·특기 등 다양하기 때문에 그들의 취업도 천편일률적으로 해결시킬 수 없기 때문이다. 이들의 취업은 어쩌면 국가 산업의 발전 추세와 정비례하여 해결될 수 있는 문제에 속한다고도 할 수 있다.

4. 구호(救護) 기관(機關)의 운영(運營)
── 설시(設施)

구호 대책 본부를 설치하고 거기에 주무 감독관을 배치하며, 가마솥이며, 소금·간장·미역·마른 새우 같은 것도 갖추어 놓아야 한다. 양곡을 까불러서 실지 수량을 확인하고, 난민의 수를 조사하여 실수를 확정하도록 하라. 진패를 만들고, 진인을 만들고, 진기를 만들고, 진두를 만들고, 혼패를 만들고, 진력을 작성해야 한다. 소한절 10일 전에 구호 조례와 그에 따른 구호자 명부를 각 고을에 나누어 주게 한다. 소한날에는 목민관이 아침 일찍 일어나 패전에 나아가 첨례를 행하고 구호 본부에 나아가 음식과 양곡을 나누어 준다. 입춘날에는 구호자 명부를 수정하고 진패도 새로 만들어서 그 규모를 크게 넓힌다. 경칩날에는 대여 양곡을 나누어 준다. 춘분날에는 판 쌀을 나누어 준다. 청명날에는 종목을 대여해 준다.

유리 걸식하는 자는 천하의 궁민으로서 호소할 곳이 없는 사람들이다. 인정 있는 목민관이라면 정성을 다할 것이요, 소홀히 해서는 안 될 것이다. 사망자의 명단은 평민과 아사자를 따로 작성하도록 하라. 기근이 든 흉년에는 반드시 전염병이 따르는 법이니, 진료 예방 대책과 시체 매장 정책 시행에도 정성을 다 바치도록 해야 한다. 갓난애를 버리면 거두어 양자나 양녀로 삼게 하고, 떠돌이 아이들은 길러서 종으로 삼되, 아울러 국법을 거듭 밝히면서 부자들을 계몽하도록 하는 것이 좋을 것이다.

[原文] 乃設賑廳 乃置監吏 乃具錡釜 乃具鹽醬海帶乾鰕 乃籤穀粟以知
實數 乃筭飢口以定實數 乃作賑牌 乃作賑印 乃作賑旗 乃作賑斗 乃作閽
牌 乃修賑曆 小寒前十日 書賑濟條例及賑曆一部頒于諸鄕 小寒之日 牧
夙興 詣牌殿瞻禮 仍詣賑場饋粥頒餼 立春之日改曆修牌大展其規 驚蟄之
日頒其貸 春分之日頒其糶 淸明之日頒其貸 流乞者天下之窮民而無告者
也 仁牧之所盡心不可忽也 死亡之簿平民飢民各爲一部 饑饉之年必有癘
疫 其救療之方收瘞之政 益宜盡心 嬰孩遺棄者養之爲子女 童穉流離者
養之爲奴婢 立宜申明國法 曉諭上戶

[석의(釋義)] 진패(賑牌)—구호민의 명단으로서 4·5가구가 연합
하여 1패를 만들기도 한다.
진인(賑印)—목각한 작은 도장으로서 진패에 찍는다.
진기(賑旗)—10패가 연합하여 1대(一隊)를 조직하고, 5대가 1기
(一旗)가 된 조직체다. 여러 진기일 경우 색깔로 각 진기를 구별
한다.
진두(賑斗)—구호 양곡용으로 만든 통일된 되와 말. 옛날에는 도
량형법에 의하여 만들어진 도량형기가 아니었기 때문이다.
혼패(閽牌)—양곡 배급 날에 출입을 엄중히 단속하기 위하여 발
부된 출입증이다.
진력(賑曆)—전체 구호자 명부로서 수시로 이동 사실을 기재하
는 장부이다.
패전(牌殿)—국왕의 위패를 모셔 놓은 곳인데, 대개 지방관들이
매월 초하루·보름이면 이 패전에 나아가 절을 하는 예로써 대
궐에서 조회하는 것과 같이 했다.

구호의 긴급 대책이 항구 대책으로 전환하게 되면 이를 다루는 기
관의 설치가 필연적으로 요구되지 않을 수 없다. 동시에 구호 대상
자의 파악이 맨 먼저 이루어져야 함은 다시 말할 나위도 없다.
구호 대상자 중에서 옛날에는 유리걸식하는 유랑민이 차지하는
비중이 컸지만 근세에 와서는 세궁민이라 부르는 유동인구(浮動人口)
를 손꼽을 수 있을 것이다. 이들의 주거지는 대체로 도시 변두리에

깔려 있는 소위 판잣집 집단으로서 국가의 돌봄이 없이는 자활할 수 없는 무리들이다. 때로는 식량을, 때로는 의복을, 때로는 무료 진료를, 때로는 취로사업을 벌여 그들로 하여금 살아날 길을 찾도록 해 주어야 한다.

구호기관이 설치되어 구호 대상자가 파악이 되면 이들을 조직화하여 영구정착지를 마련해 주는 것도 이 기관의 중요한 임무의 하나가 아닐 수 없다. 새로운 간척지나 개간지의 불하를 받아 이들로 하여금 자활 농장을 조성하게 한다면 국가적으로나 개인적으로나 일거양득의 결과를 가져오게 될 것이다. 구호기관은 성격상 시혜기관으로서 때로는 많은 물자와 금품을 다루게 된다. 그러므로 이를 다루는 인원들은 누구보다도 청렴결백해야 하며 뿐만 아니라 가장 공정한 인물들이어야 함은 다시 말할 나위도 없다. 게다가 마음이 어질고 착한 성품을 가진 사람이 맡아서 운영하는 것이 바람직하다고 해야 할 것이다.

구호기관의 운영은 물론 보건사회부와 같은 국가기관에서 운영되어야 하겠지만 부유층의 성원과 협조를 기대하지 않을 수 없다. 돌발적인 천재지변을 당했을 때에는 많은 독지가들의 의연금이 쏟아져 나오는 사례를 우리는 경험하고 있거니와 이러한 따뜻한 동포애는 구호기관 운영의 밑거름이라 이르지 않을 수 없다.

5. 재화(災禍)의 고비를 넘기며 — 보력(補力)

시절이 이미 한재로 판정이 나면, 논을 밭으로 만들도록 지도하고, 다른 곡식의 씨를 뿌리게 하며, 가을이 되면 보리갈이를 권장하도록 하라. 봄날이 길어지면 공사를 일으키는 것이 좋다. 관사의 허물어진 곳을 손보고, 모든 기관의 보수도 이때에 하는 것이 좋으며, 이엉도 이도록 하라. 흉년에 먹을 수 있는 풀로서 백성들의 식량에 보탬이 됨 직한 것은 관에서 쓸 만한 것을 고르고, 학교 선생들더러 몇 개를 추려서 뽑아내게 하여, 각각 소문이 퍼지게 하라.

흉년에 도둑을 없애는 방범 정책은 특히 노력해야 하며, 조금이라도 소홀히 해서는 안 된다. 사정을 듣고 보면 차마 죽일 수는 없을 것이다. 배고픈 사람들이 불을 지르는 수가 있는데, 엄중히 단속해야 한다. 곡식을 소모하는 것 중에 술과 식초만 한 것이 없으나 양조 금지는 어찌 할 수 없는 일이다.

세금을 적게 하고 빚을 탕감해 주는 일은 옛날 어진이들이 시행하던 정책이다. 겨울에 양곡을 거두어들이는 일이거나 봄에 세금을 받아들이는 일이거나 지방에서 받는 여러 가지 잡부금이라거나 중앙에서의 할당금 같은 것들도 다 관대하게 늦추어 주고 재촉해서는 안 될 것이다.

[原文] 歲事旣判 宜飭水田坌爲旱田 早播他穀 及秋申勸種麥 春日旣長

可興工役 公廨頹圮須修營者 宜於此時補葺 救荒之草可補民食者 宜選
佳品 令學宮諸儒抄取數種 使各傳聞 凶年除盜之政在所致力不可忽也 得
情則哀不可殺也 飢民放火者宜亦嚴禁 糜穀莫如酒醴 酒禁未可已也 薄征
己責先王之法也 冬而收糧 春而收稅 及民庫雜徭 邸吏私債 悉從寬緩 不
可催督

재해민에 대한 구호 대책에는 직접적인 것과 간접적인 것의 둘이
있다. 직접적인 것은 부족 물자를 보급한다거나 임시 거처할 수용소
를 마련해 준다거나 하는 것들이지만 간접적인 것은 재해 자체를 극
복하여 생의 재생을 꾀하게 하는 일이라 할 수 있다. 다시 말하면 재
해에서의 재기를 돕는 일이다.

근래에는 수리사업이 발달하여 가뭄을 사전에 극복한 셈이 되었
지만 수리사업이 발달되기 전의 옛날에 있어서의 봉천답(奉天畓)은
가뭄을 만나면 논을 밭으로 만들어 밭곡식을 파종하는 일을 서둘러
야 했던 것이다. 그러므로 목민관은 미리 이러한 천재에 대비하여
밭곡의 종자도 준비해 두는 슬기가 필요했다.

여기서도 이재민의 구호를 위한 취로공사가 춘궁기를 맞아 이루
어지도록 권장하고 있다. 재해민들에 대한 구호에 있어서도 무상보
다는 역시 노력의 대가로 지급되는 것이 바람직하다는 사실을 여기
서 재확인해 주고 있는 것이다.

그러나 근래에 와서는 농작물의 풍흉보다도 경제적 경기의 부침
에 따른 사회적 불안을 들 수가 있다. 경기가 호황을 이루고 있을 때
는 자동적으로 안정된 사회적 기풍이 조성됨으로써 범죄 또는 범법
자들의 수도 줄어들게 마련이지만 경기가 침체되어 불황이 계속될
때에는 자동적으로 실업자의 수가 늘 뿐만 아니라 이에 따른 범죄자

의 수도 증가되게 마련인 것이다. 이러한 시기에 있어서의 사회 불안의 요소들을 어떻게 제거하며 다스릴 것인가는 목민관의 또 하나의 고심거리가 아닐 수 없다.

이들을 다스림에 있어서는 결코 잡아 가두거나 중벌에 처하거나 하는 것만을 능사로 생각할 수는 없다. 물론 일벌백계주의로 이들을 치죄하는 것이 마땅하겠지만 그러한 외길만으로는 결코 사회악 자체가 뿌리 뽑히지 않는다. 왜냐하면 그들에게는 그들대로 악에 빠지지 않을 수 없는 이유가 있기 때문이다. 그러므로 슬기로운 목민관은 그들을 치죄하기 전에 아니면 그들을 치죄하면서도 그들이 죄에 빠질 수밖에 없었던 그 원인을 다스리는 데에도 힘을 기울여야 할 것이다.

그리고 재해민들이 다시금 생활력을 갖게 하는 간접적인 방법으로서는 세금의 감면과 부채의 탕감을 들 수가 있다. 뿐만 아니라 모든 부담금의 징수를 중지하거나 아니면 연기해 주는 조치도 취해 주어야 할 것이다. 설령 이를 강행한다 하더라도 그들에게는 이를 소화할 만한 능력이 없기 때문이다.

6. 결산(決算), 유종(有終)의 미(美)를
― 준사(竣事)

구호 사업이 끝나면 시종을 점검하고 범한 잘못이 있으면 낱낱이 가려내도록 하라. 자변한 양곡을 상사에게 보고하려거든 스스로 실정을 조사하여 과장하는 일이 없도록 해야 한다. 잘했나 잘못했나, 공을 세웠나 죄를 범했나 법령을 자세히 살펴보면 가히 짐작할 수 있을 것이다. 망종날에 구호 사업이 끝나면 이내 사업 종결의 잔치를 베풀되 가무 음곡은 쓰지 말도록 하라. 이 날로 공적에 따라 상을 주고, 그 이튿날 장부를 정리하여 상사에게 보고하라. 큰 흉년의 뒤끝은 마치 큰 병을 앓고 난 뒤처럼 원기가 회복되지 못했을 것이니, 그들을 달래어 모여 살게 하는 일도 소홀히 해서는 안 될 것이다.

[原文] 賑事將畢 點檢始終 所犯罪過 一一省察 自備之穀將報上司 自査情實毋敢虛張 善與不善其功其罪 詳觀法令 斯可以自知矣 芒種之日旣罷賑場 乃設罷賑之宴 不用妓樂 是日論功行賞 厥明日修簿報司 大饑之餘 民之綿綴如大病之餘元氣未復 撫綏安集不可忽也

어느 일치고 유종의 미를 기대하지 않는 것이 있으랴마는 구호사업에서 더욱 이 점에 유의하도록 한 이유는 어디에 있는 것일까.
첫째, 구호사업은 아사 직전에 있는 천하의 궁민(窮民)을 다루기 때문이다. 이들을 다룸에 있어서 추호라도 소홀함이 있다면 안 되겠기 때문인 것이다. 그러므로 이 일의 시종을 일일이 점검하여 얼마만큼의 성과를 거두었는가에 따라 상을 주기도 하고 잘못이 있었다면 그의 잘못의 소재를 밝혀야 하겠기 때문이다.

둘째, 구호사업은 누차 언급한 바 있듯이 물자와 금품을 취급하기 때문에 그 공정성 여부를 점검할 필요가 있기 때문이다. 만일 점검을 소홀히 하여 잘잘못을 엄격하게 가려내지 않는다면 지각없는 탐관오리의 온상이 될 우려가 없지 않다.

진실로 구호사업을 맡아 이를 처리하는 과정에 있어서는 백성을 두려워하기를 하늘처럼 두려워해야 한다. 백성들에게 죄를 짓는다면 그것은 바로 하늘 앞에 죄를 짓는 것이 되기 때문이다. 목민관의 일거일동은 백성들의 마음속에 거울처럼 비치게 마련이다. 그러므로 목민관의 일거수일투족을 백성들은 모르는 것 없이 환하게 알고 있는 것이다. 어찌 속일 수 있을 것인가? 백성들과 하늘 앞에 부끄럼 없는 유종의 미를 거두었을 때 비로소 목민관의 마음은 활짝 열리게 될 것이다.

다산의 목민사상을 우리는 애민사상으로 이해하고 있다. 애민사상을 달리 말해 휼민(恤民)사상이라 이르기도 한다. '휼민'이란 곧 백성들을 불쌍히 여기는 사상이다. 그들이 곤궁할 때 이를 불쌍히 여기는 마음을 갖지 않는다면 그 정치는 인정(仁政)이라 이를 수 없을 것이다.

휼민 정책은 구호기관이 청산된다고 해서 그대로 종지부를 찍어서는 안 된다. 그것은 마치 병든 환자를 위하여 그 치료 과정을 일단 끝낸 것에 지나지 않는다. 급한 병을 일단 이각했을 따름이지 아직 원기는 회복되지 않은 상태인 것이다. 병을 이각한 환자가 다시금 원기를 회복하기까지의 길은 어쩌면 멀고도 아득할는지 모른다. 그러나 목민관은 끈질기게 그들의 뒤를 돌보아 주어야 할 책임이 있다.

◇   ◇   ◇

구호사업은 국가의 중요한 정책 사업 중의 하나이기는 하지만 그 규모를 미리 짐작할 수도 없으려니와 그에 따른 예산도 유동적이라는 데 문제가 있다. 왜냐하면 구호를 요하는 천재지변이란 미리 예고되는 것도 아니려니와 그것이 돌발적인 경우가 많기 때문에 그에 따른 예산의 규모도 미리 추정할 수 없기 때문이다. 그러므로 그 예산은 대체로 예비비의 지출에 의존하거나 아니면 국민의 모금에 기대는 경우가 많다. 그러므로 언제나 구호 사업에 있어서는 전 국민의 정성 어린 동포애가 거기에 서려 있게 마련이다.

그러나 평상시에 우리가 생각해 두어야 할 일은 재해의 미연방지이다. 재해 후의 구호보다는 재해 없는 안전이 무엇보다도 절실한 우리의 요청이다. 그것은 마치 병이란 발병 후의 치료보다는 예방의학적 건강이 보다 더 바람직한 것과 다름이 없는 것이다. 모름지기 우리의 이상세계는 구호사업이 필요 없는 낙원이어야 하지 않을까? 따라서 걱정 없이 흐늘흐늘 노닐 수 있는 낙원은 구호사업이라는 단어마저도 없는 사회이어야 함은 다시 말할 나위도 없다. 구호의 대상자는 결국 낙원을 잃은 궁민(窮民)을 상대로 하는 사업이기 때문이다.

애오라지 목민관은 언제나 베개를 높이 하고 편안한 잠을 이룰 수 있을 것인가?

해관육조(解官六條)·목민(牧民), 그 영광(榮光)의 결실(結實)

1. 부운(浮雲) 같은 벼슬길 — 체대(遞代)

벼슬이란 반드시 바뀌는 법이다. 바뀌더라도 놀라지 않고, 잃더라도 안타까워하지 않으면 백성들은 그를 존경할 것이다. 벼슬을 버리기를 신짝 버리듯 하는 것이 옛날 사람의 하던 버릇이다. 기왕 갈릴판인데 슬퍼한다면 부끄러운 일이 아니겠는가? 장부 정리도 평소처럼 하다가 이튿날 훌쩍 떠나는 것이 청렴한 선비의 기풍이요, 문서를 깨끗이 마감하여 후환을 남기지 않는 것은 지혜 있는 선비의 행동인 것이다. 부로들이 송별연을 베풀고 교외까지 전송해 주며 어린애가 어미를 잃은 듯 석별의 정이 말씨에 나타난다면 역시 이 세상의 지극한 영광일 것이다. 떠나가는 길에 원한 맺힌 사람을 만나 욕지거리를 당하고 좋지 않은 소문이 사방으로 퍼진다면 역시 이 세상의 지극한 치욕이 될 것이다.

[原文] 官必有遞 遞而不驚 失而不戀 民斯敬之矣 棄官如蹝古之義也 旣遞而悲不亦羞乎 治簿有素 明日遂行 淸士之風也 勘簿廉明俾無後患 智士之行也 父老相送飮餞于郊 如嬰失母情見于辭 亦人世之至榮也 歸路遘頑 受其叱罵 惡聲遠播 此人世之至辱也

자고로 벼슬이란 나아가기를 좋아하고 물러서기를 싫어하는데 이는 인지상정(人之常情)인지도 모른다. 벼슬이란 아마도 사람마다 욕심내는 부귀에의 지름길이 되기 때문일 것이다. 그럼에도 불구하고 벼슬처럼 허무한 것도 다시없을 것이다. 왜냐하면 벼슬이란 뜬구름처럼 만인이 쳐다볼 수는 있지만 눈깜빡할 사이에 자취를 감추면 다시금 찾아볼 수 없는 것이 벼슬이기도 하기 때문이다. 그러므로 벼슬자리처럼 허무맹랑한 것은 없다.

벼슬자리란 누구나 앉으면 그 사람의 것이요 앉게 되면 임자가 따로 없는 것이 벼슬이기도 하다. 그러나 빼앗기면 그처럼 허무한 것은 없다. 물러서면 그대로 아무것도 남는 것이 없는 것이 바로 벼슬자리인지도 모른다. 그럼에도 불구하고 사람들은 왜 그런 자리에 연연하는 것일까?

벼슬자리에는 두 가지 상반된 속성이 얽혀 있다. 하나는 지극히 영광된 자리요 다른 하나는 지극히 굴욕적인 자리인 것이다. 청렴결백한 벼슬아치가 되어 백성들을 아끼고 사랑하여 훌륭한 치적을 남긴다면 지극히 영광된 자리가 되겠지만 탐욕에 눈이 어두워 백성들의 재물을 빼앗고 굶주리게 한다면 끝내는 탐관오리라는 굴욕적인 칭호를 받게 될 것이다.

그러므로 공자는 벼슬자리에 연연하지 않고

"벼슬 삶 직하면 벼슬 살고, 그만둠 직하면 그만두고, 오래 있음 직하면 오래 있고 속히 물러섬 직하면 물러서라"(『맹자』,「공손추」) 하였던 것이다.

그러면서 공자는 "의 아닌 부나 귀는 내게 있어서는 뜬구름 같아"라 하여 조금이라도 벼슬자리에 연연한 기색이 없음을 술회하고 있다.

그러므로 벼슬아치가 되면 부임할 때부터 정신적으로는 이미 떠날 준비가 되어 있어야 하는 것이다. 매일매일 오늘 당장 떠나더라도 사무적으로도 거리낄 것이 없을 뿐만 아니라 재정적으로도 포흠진 일이 없어야만 만일 이임 발령이 난다 하더라도 홀가분한 마음으로 떠날 수 있을 것이다.

그럼에도 불구하고 어리석은 벼슬아치는 자기가 앉은 벼슬자리가 천 년이나 만 년이나 보증된 자리로 착각하고 할 짓 못할 짓 가리지 않고 권세를 부리다가 급기야 천추에 치욕을 남기는 경우를 우리는 흔히 볼 수가 있다. 그러므로 벼슬을 떠나되 신짝 버리듯 하라는 교훈이 얼마나 어려운 일인가는 짐작하고도 남음이 있다.

2. 청풍(淸風)을 한 수레 싣고 — 귀장(歸裝)

청렴한 선비의 퇴임 행장은 산뜻하고 깨끗하여 해어진 수레와
여윈 망아지일망정 청풍이 회오리쳐 사람을 엄습한다. 고리짝
속에는 새로 만든 기구가 들어 있지 않고, 귀중품과 지방 토산
물이 섞여 있지 않아야 청렴한 선비의 행장일 것이다. 만일, 못
속에 던지고 불에 태워 버림으로써 값진 물건을 아끼지 않고 자
기의 청렴한 명성만을 드날리려고 하는 사람은 도리어 하늘의
뜻에 엇나가는 사람이라 해야 할 것이다. 돌아온 후로도 새로운
것 없이 씻은 듯 청빈하기가 예나 다름없다면 으뜸일 것이요,
형편 따라 일가·친척들을 넉넉하게 돌보아 준다면 그것은 그
다음이 될 것이다.

[原文] 淸士歸裝 脫然瀟灑 蔽車羸馬 其淸飇襲人 筐籠無新造之器 珠帛
無土産之物 淸士之裝也 若夫投淵擲火暴殄天物以自鳴其廉潔者 斯又不
合於天理也 歸而無物淸素如昔上也 設爲方便以贍宗族次也

청백리와 탐관오리의 구별은 어디에 두어야 할 것인가. 그것은 아
마도 물욕의 유무에 두어야 할는지 모른다.

벼슬자리는 이권과 함수관계가 있기 때문에 많은 물질적인 유혹
이 뒤따르게 마련이다. 탐관오리는 이를 기화로 하여 사욕을 채우는

기회로 삼지만 청렴한 선비는 이를 씻은 듯 물리칠 수 있다는 데에 그의 참모습이 서려 있는 것이다.

그가 청백리였던가 아니면 탐관오리였던가 하는 구분은 그가 벼슬을 그만두고 떠나올 때의 행장을 보면 알 수 있을 것이다. 청백리의 행장은 부임 당초의 행장에 조금도 더 보탬이 없이 홀가분한 그대로이지만 탐관오리의 행장일수록 토산품으로 가득 차 있기 때문에 부피나 무게도 이만저만 늘어나 있지 않을 것이다.

그러나 근래에 있어서는 그의 행장이 이렇듯 겉으로 나타나는 것이 아니라 그것이 음성적으로 이루어지는 데에 문제의 심각성이 깃들여 있다. 돈은 눈에 보이지 않는다. 더욱이 수표는 아무리 많은 거액이라 하더라도 손바닥만 한 종이 한 장이면 서로 주고받을 수 있는 것이 오늘의 현실인 것이다. 그러므로 외형적인 행장의 문제가 아니라 떠날 때 주고받는 전별금의 봉투가 오히려 문제라고 해야 할 것이다.

씻은 듯이 청렴한 벼슬아치라 하더라도 때로는 분에 넘치는 선물을 받는다거나 아니면 차마 거절할 수 없는 전별금이나 사례금을 받는 수가 있다. 선물 중에는 여러 가지 희귀한 기념품 같은 것도 섞이는 수가 없지 않을 것이다. 그러한 것들을 적당한 시기에 한데 묶어서 박물관이나 기념관에 기증할 수도 있고 그 양이 많은 경우에는 독립된 전시관을 마련할 수도 있을 것이다.

본의 아닌 거액의 사례금은 특수한 사회복지 기관에 기부함으로써 자신의 맑은 마음을 다시금 다짐하는 기회로 삼는 것도 청렴한 벼슬아치의 기품으로 받아들여져야 할 것이다. 여기서 특수한 사회복지 기관으로서는 장학재단이나 문화재단이나 아니면 노인당·양로원 그리고 고아원 같은 기관들을 생각할 수가 있다. 형편이 어려운 일가친척도 여기서 빼놓을 수 없을는지 모른다.

3. 귀로(歸路)를 막는 추모(追慕)의 정(情)
― 원류(願留)

못내 떠나는 것이 아쉬워 길을 막고 만류하게 되면 그의 영광됨이 역사에 빛나 후세에 미칠 것이나, 말과 태도만으로 그렇게 되는 것은 아니다. 상사 앞에 달려가 그대로 있기를 빌거든 허락하여 민정에 따르는 것이 옛날 사람들이 선을 권하던 기본 방침이기도 하였다. 명성이 멀리 퍼져 이웃 고을에서 그를 원하기도 하고, 혹 두 고을이 서로 다투어 가면서 그를 원한다면 이는 현명한 목민관의 빛나는 가치 때문이다. 혹 오래도록 머물러 서로 안정을 가져왔거나 혹 이미 늙었더라도 애써 만류하면 그대로 민심에 따르며 법에 구애하지 않는 것이 평화 시절의 일인 것이다. 백성들이 그의 명성과 공적을 아끼고 사모하여 다시 그 고을에 재임하게 된다면 길이 역사에 빛날 일이 될 것이다.

몰래 부하와 서로 짜놓고 간사한 무리들을 충동시켜 상부에 나아가 유임하기를 청원한다면, 이는 백성을 속이고 상사를 속이는 것이니, 그 죄가 이만저만이 아니다.

[原文] 惜去之切 遮道願留 流輝史册以照後世 非聲貌之所能爲也 奔赴闕下 乞其借留 因而許之 以順民情 此古勸善之大柄也 聲名所達 或鄰郡乞借 或二邑相爭 此賢牧之光價也 或久任以相安 或旣老而勉留 唯民是循 不爲法拘 治世之事也 因民愛慕以其聲績得再莅斯邦 亦史册之光也 (其遭喪而歸者 猶有因民不舍 或起復而還任 或喪畢而復除) 陰與吏謀誘

動奸民 使之詣闕而乞留者 欺君罔上厥罪甚大

수령(목민관)의 자리는 언젠가는 떠나는 자리이지만 떠날 때 이를 아쉬워하는 민심이 한데 뭉쳐 그가 떠나는 길을 막고 만류하는 경우가 있다. 이는 마치 기르던 어린애들이 부모를 잃는 것과 같은 심정에 비유할 수가 있다. 이런 일이야말로 당사자가 남긴 선정에 대한 보람이라는 점에서 지극히 영광된 일이 아닐 수 없다.

이러한 민심의 적극적인 행동화를 우리는 유임 운동이라 이르거니와 그것도 본인이 서둘러서 행한 것이 아니라 민심에 의한 타의적이라는 점에서 보람과 영광을 느껴야 할 것이다. 옛날에는 이러한 참된 민의는 가능한 한 받아들이는 것을 원칙으로 하였지만 근자에 있어서는 한번 발령된 인사의 번복이란 거의 불가능한 것으로 보아야 한다. 그러나 때로는 직급을 달리하여 같은 고을에 재임하는 경우도 없지 않다. 그러한 경우에는 전임 시절의 경험이 크게 도움이 될 뿐만 아니라 민심에 미치는 친근감이 행정의 실을 거두는 데에도 크게 보탬이 될 것으로 기대된다.

그러나 때로는 민심을 가장하여 스스로 유임 운동을 벌이는 경우가 있다. 이러한 몰지각한 행동은 결코 바람직한 행동이 아닐 뿐만 아니라 도리어 관기를 문란하게 하고 선의의 민심을 동요하게 하여 찬반 양론의 민심 분열을 초래하게 되는 수가 많다. 이렇게 되면 그의 행동은 민심을 배반했을 뿐만 아니라 하늘의 뜻을 거역하는 죄를 범했다는 사실을 알아야 할 것이다.

4. 구명(救命)을 호소(呼訴)하는 민심(民心)
― 걸유(乞宥)

법에 걸린 자를 백성들이 불쌍히 여겨 서로 모여 하늘에 호소하
면서 그의 죄를 용서해 주도록 비는 것은 오랜 옛날부터의 좋은
풍속인 것이다.

[原文] 文法所坐 黎民哀之 相率籲天 冀宥其罪者 前古之善俗也

다스리는 수령과 다스림을 받는 백성들과의 관계는 애민정치를
잘하면 부모 형제나 다름없이 친근한 사이가 되겠지만 잘못하면 남
남 정도가 아니라 심하면 원수 사이가 될 수도 있는 것이다. 그러므
로 전자는 목민관으로서의 도리를 다하여 선정을 베풀었을 때의 결
과지만 후자는 가렴주구(苛斂誅求)하여 백성들을 곤궁하게 만들었을
때의 결과라는 사실을 알아야 할 것이다. 목민관도 다 같은 사람이
기 때문에 때로는 잘못을 저지르는 경우도 없지 않을 것이다. 많은
선정의 치적을 남겨놓고서도 사소한 부주의로 말미암아 조정의 기
위에 저촉함으로써 응분의 치죄를 받아야 할 경우가 있다. 법대로
치죄한다면 살아날 궁기라고는 조금도 없지만 그러한 법조문 같은

것은 아랑곳없이 그가 남긴 선정의 치적만은 잊을 길 없는 백성들이 하늘에 호소하며 그의 죄를 탕감해 주도록 빌면서 청원하는 경우가 적지 않다. 이러한 사례가 있다면 이는 각박하고 딱딱한 현실 속에서도 한 가닥 훈풍으로 받아들여져야 할 것이다. 그러한 사면 운동 같은 것은 시종일관 자의적이어야지 거기에 조금이라도 타적인 사촉(私囑)이 끼어들어서는 안 될 것이다. 흔히 구명 운동은 대다수를 가장하기 위하여 연판장의 형식으로 만드는 경우가 많다. 그러나 연판장 구명 운동은 대중을 배경으로 한다는 이점이 있기는 하지만 그의 형식은 대중적이요 선동적이라는 점에서 자칫 잘못하면 진실성이 결여될 우려도 있다.

5. 벼슬길에서의 선종(善終) ── 은졸(隱卒)

순직하여 그가 남긴 맑은 향기가 드높게 풍기며, 모든 사람들이
그의 영전에 엎드려 흐느껴 울고, 오래도록 잊지 못해 한다면 현
명한 목민관의 최후라고 할 수 있다. 오랜 병으로 누워 있으면
곧장 옮겨 앉도록 해야 한다. 현직에서 순직함으로써 여러 사람
의 눈살을 찌푸리게 해서는 안 된다. 장의를 국가에서 치르게 되
면, 백성들의 부의 돈은 받을 필요가 없으니, 유언을 해 두는 것
이 좋을 것이다. 치적의 명성이 이미 사방으로 울려 퍼지면 항상
색다른 소문이 들릴 것이니 사람들은 그를 칭송할 것이다.

[原文] 在官身沒而淸芬益烈 吏民愛悼攀輀號咷 旣久而不能忘者 賢牧之
有終也 寢疾旣病 宜卽遷居 不可考終于政堂以爲人厭惡 喪需之米旣有公
賜 民賻之錢 何必再受 遺令可矣 治聲旣轟 常有異聞 爲人所誦

    사람이란 언젠가는 죽는 것이지만 그가 직책을 수행하던 도중에
죽는 것을 우리들은 순직이라 이른다. 그런데 순직에는 두 가지 경우
가 있다. 하나는 갑작스런 순직으로서 사고사라거나 과로에 따른 졸
도의 경우를 들 수가 있고 다른 하나는 병고로 인하여 치료 도중에
사망하는 일로서 유언이 가능한 상태에서의 순직이라고 할 수 있다.

전자의 경우는 돌발적인 순직이기 때문에 모든 사람들이 한결같이 애도하며 그의 죽음을 애석하게 여길 것은 너무도 당연하다 이르겠지만 경우에 따라서는 폭군의 죽음을 노래로 재촉한 고사도 있듯이 그의 순직에 대하여 백성들은 오히려 하늘에 감사하는 심정을 갖기도 한다. 그러한 순직은 도리어 치욕만을 남기는 죽음이 될 것이다. 민심은 곧 천심이니 두렵지 아니한가?

재직 중에 병을 얻게 되면 직책에 지장이 생기는 것은 너무도 당연하다. 치료의 전망이 밝을 때에는 굳이 사임할 필요가 없지만 전망이 어두울 때는 자리를 물러서는 것이 현명한 처신이라 하겠다. 자칫 잘못 생각하여 장기치료 도중에 순직하게 된다면 결과적으로는 그가 다스리던 고을 백성들에게 누를 끼치는 결과를 빚게 되기 때문이다.

이렇듯 현명한 목민관은 마지막 죽음에 임하기까지 스스로의 처신을 깨끗하게 함으로써 그의 맑은 정신만은 길이 청사에 빛나도록 해야 할 것이다.

6. 송덕(頌德)의 선정비(善政碑) ─ 유애(遺愛)

죽은 뒤에 사당을 세워 그를 추모한다면 그가 남긴 공적은 짐작할 수 있다. 산 사람을 추모하는 것은 예가 아니다. 어리석은 사람들이 서로 본받아 한 풍습으로 되어 있다. 덕을 칭송하는 뜻을 돌에 새겨 길이 본보기가 되게 하는 것이 소위 선정비라는 것이다. 마음속 깊이 부끄러운 일이 없기가 어려운 것이다. 목비에 새겨 은혜를 칭송하는 것 중에는 찬양하는 것도 있지만 아첨하는 것도 있다. 세우는 대로 없애 버리고 다시는 못 하게 엄금하여 치욕을 남기지 말게 하라. 그가 떠난 뒤에 사모하여 나무를 심어 놓는 것은 못내 사람들이 그를 아끼는 정에서 그런 것이니, 이는 감당시의 유풍인 것이다. 그리운 마음 잊을 길 없어 그의 성을 따다가 아들의 이름으로 짓는다면 소위 백성의 정이 어디에 있는가를 알 수 있을 것이다. 떠나간 지 오랜만에 다시 또 그 고을을 지날 때 백성들이 술병과 도시락을 가득 싣고 나와서 환영한다면 심부름꾼의 영광도 되는 것이다. 비천한 사람들의 칭송이 오래도록 그치지 않는다면 그가 다스린 솜씨를 짐작할 수 있다. 있을 때는 별로 뛰어난 명예가 없다가도 떠난 뒤에 생각하는 사람은 아마도 자랑할 줄은 모르고 남몰래 좋은 일만 한 분일 것이다. 인정 있는 분이 가는 곳에는 따르는 사람이 저자를 이루고 돌아갈 때도 따라 나서는 것이니 사람됨의 증험인 것이다. 훼방과 명예의 진부라거나 선과 악의 갈림길이라거나는 반드시 군자의 말을 기다려 공정한 결정을 내리도록 해야 한다.

[原文] 旣沒而思廟以祠之 則其遺愛可知矣 生而祠之非禮也 愚民爲之相沿而爲俗也 刻石頌德以示悠遠 卽所謂善政碑也 內省不愧斯爲難矣 木碑頌惠有誦有詔 隨卽去之 卽行嚴禁 毋底乎恥辱矣 旣去而思樹木猶爲人愛惜者 甘棠之遺也 愛之不諼 爰取侯姓以名其子者 所謂民情大可見也 旣去之久 再過玆邦 遺黎歡迎 壺簞滿前 亦僕御有光 輿人之誦久而不已 其爲政可知已 居無赫譽 去而後思 其唯不伐而陰善之乎 仁人所適 從者如市 歸而有隨 德之驗也 若夫毁譽之眞 善惡之判 必待君子之言以爲公案

[석의(釋義)] 유애(遺愛)—인애(人愛)의 덕(德)이 후세(後世)에 남음. 감당시(甘棠詩)—소공(召公)이 남국을 순행하면서 문왕의 정치를 펼 때 간혹 감당나무 밑에서 쉬기도 하였기 때문에 백성들이 소공의 덕을 칭송하면서 그 감당나무를 두고 읊은 시이다.

벼슬이 끝나면 과연 남는 것은 무엇일까. "인생은 짧되 예술은 길다"고 하지만 어쩌면 "벼슬은 짧되 인생은 길다"고 해야 할는지 모른다.

옛말에 "범은 가죽을 남기지만 사람은 이름을 남긴다"는 말이 있다. 이름이란 형체도 맛도 없는 것이지만 지란의 향기처럼 천 리에 뻗고 자손만대에 그의 유풍은 길이 계승되게 마련인 것이다.

이처럼 한 벼슬아치가 지나간 자취에는 그가 남긴 유덕이 그림자처럼 서려 있고 백성들의 가슴 깊이 새겨져 있게 마련이다. 이로써 그를 기리는 기념사업 같은 것들이 자생적으로 마련되기에 이르는 것이다. 그러한 표식으로서 가장 손쉽게 다루어진 것이 송덕비 또는 선정비이다. 여기에는 그의 덕을 입은 지방민들의 간절한 정이 서려 있다. 다년간 벼슬아치의 지극한 영광이 아닐 수 없다.

그러나 근래에 있어서는 선현들의 유덕을 기념하는 방법으로서 비석뿐만 아니라 동상이라거나 기념관과 같은 것들이 마련되기도 한다. 그러나 이러한 사업들이 한 인간이 아직 살아 있어 아직 인생이 끝나지 않은 시기에 이루어진다거나 그의 행적의 기술에 있어서 지나치게 과장된 내용일 경우에는 오히려 본인에게 치욕을 남기는 결과를 빚게 된다.

벼슬자리를 버리고 떠나갈 때 서운한 생각을 하지 않고 오히려 큰 짐을 버린 듯 홀가분하게 생각하는 사람은 얼마나 될까? 수령의 발령을 받고 "재목이 아닌 사람을 천거하여 주어 감당할 수 있을지 모르겠다" 하면서 떠나온 벼슬길이기 때문에 더욱 두려운 마음이 앞섰던 것이다.

하늘이 내게 맡겨준 천직으로 알고 성심성의를 다하여 힘을 기울이기는 하였다. 그러나 어디 그의 자취가 손에 잡히듯 훤하게 보이는 것인가? 그러나 오히려 떠나는 자리에서는 그것이 백성들의 마음속 깊이 서운한 정으로 남게 되는 것인지도 모른다. 그러한 정이 뭉치면 송덕비도 되고 선정비도 되는 것이다.

어쨌든 떠날 때 뉘우침이 없고 하늘 앞에 부끄러움이 없으면 된다. 시원한 바람이 스치듯 훌훌 떠날 수 있으면 된다. 어쨌든 미련을 남기고 머뭇거리는 길이어서는 안 된다는 것이다.

"벼슬이란 나아가기보다는 물러서기가 더 어렵다"는 말이 있다. 이는 한번 얻은 벼슬자리를 시원스럽게 내놓고 떠나기란 그리 손쉬

운 일이 아니기 때문이다. 이 목에서 비로소 한 인간의 참된 모습이
그대로 나타나게 마련이다.

13

총결

천명(天命)을 지각하는 목민관

　이상에서 우리는 한 사람의 벼슬아치가 목민관이 되어 백성들의 일을 돌보며 다스리는 길이 어떠한 것인가를 살펴보았다. 우리는 목민의 윤리니 또는 목민의 도니 하는 말로 총괄하여 이를 이해하고 있지만 다산의 목민윤리의 사상적 배경은 과연 어디에 있는 것일까? 목민윤리를 더욱 깊이 이해하기 위해서 이 글의 끝맺음을 이 점에 대하여 한 마디 곁들이는 것이 좋을 것 같다.

　앞서 본론의 서두에서 목자상을 수기치인의 전인적 인간상으로 파악한 바 있다. 물론 다산의 성리학적 인간상보다는 실천윤리학적인 인간상으로서의 수기치인의 인간상을 강조하였지만 우리는 그런 대로 그의 바닥에 깔려 있는 그의 철학사상을 간과해서는 안 된다. 왜냐하면 그의 수기치인의 전인적 인간상은 물론 공자나 요순의 도로 이해되고는 있지만 그의 밑바닥에는 음양설적 우주론이 뿌리 깊이 깔려 있다는 사실을 알아야 한다.

　다산은 '하늘'을 두 가지로 이해하고 있다. 하나는 자연현상으로서 형질을 갖춘 '푸른 하늘'인데 이를 그는 창창유형지천(蒼蒼有形之天)이라 이르고 있다. 그리고 다른 하나는 형질을 갖추어 있지 않지만 영명한 능력으로 만물을 주재하는 '하느님'으로서 이를 다산은 영명주재지천(靈明主宰之天)이라 이르고 있다. 그러므로 전자를 자연과학적이요 이법(理法)적이라 한다면 후자는 신앙적(종교적)이요 관념적이라 하겠다.

과학적인 자연천은 그것이 비록 물리화학적인 형질로 구성되어 있고 거기에는 일월성신이 존재하며 춘하추동 사시절을 통하여 우로상설(雨露霜雪)을 생성하고 있는 것이기는 하지만 다산은 이에 그치지 않고 동양, 특히 중국 철학의 기본원리인 음양설적 이법(理法)으로 이를 이해하고 있다.

'음양'이라고 하면 이를 양의(兩儀)라 이르듯이 두 개의 상반된 개념, 곧 음과 양을 하나의 양상으로 관계지어진 태극으로 이해하는 원리인 것이다. 이렇듯 음양의 상반관계는 대대관계라 하여 서로 한쪽이 없이는 존재할 수 없는 관계로 이해되고 있으며 이들이 하나의 완전히 조화된 형태를 이루고 있을 때 이를 태일지형(太一之形)이라 이른다.

이러한 음양설적 원리를 다산은 그의 목자상의 이해에 원용하고 있다. 다시 말하면 목자상에 있어서의 수기와 치인은 음양설에 있어서의 음과 양과의 관계와 같은 것으로 다산은 이해했던 것이다. 그러므로 달리 말한다면 목자상에 있어서의 음과 양은 그것이 곧 수기와 치인인 것이다. 수기와 치인은 음과 양과 같이 대대관계로 이해되는 두 개의 상반된 개념이지만 음양의 태일지형처럼 그것들은 결코 따로따로 떨어져서 존재하는 것이 아니라 그것이 전인적 인격인 목자상을 통하여 하나의 태일지형을 형성하고 있는 것으로 다산은 이해했던 것이다. 그것은 곧 음과 양은 언제나 태극이라는 태일지형으로 이해되듯이 수기와 치인도 언제나 전인적 인격이라는 하나의 태일지형으로 이해됨을 의미한다. 그러므로 태일지형의 입장에서는 독음(獨陰)·독양(獨陽)은 인정할 수가 없다. 마찬가지로 전인적 인격에서는 수기 또는 치인만의 인격은 인정할 수 없으며, 만일 인정한다면 그것은 조각 인간에 지나지 않을 것이다. 여기서 우리는 다산의 목자상도 결국 그의 음양설적 원리를 기초로 하여 이해되고 있음을 알 수가 있다.

다음으로 다산은 형질을 초월한 주재자로서의 상제천(上帝天)의 존재를 긍정적으로 받아들이고 있다. 전통적인 송대의 유학자들은 아무도 인정하지 않았던 상제천을 다산은 인정하고 있다.

상제천의 존재는 보이지 않는 불가시적인 세계에서의 존재이다. 그러므로 아무도 그를 볼 수 없으려니와 그의 소리도 들을 수 없다. 그러나 수기군자는 그의 소리도 들을 수 있을 뿐만이 아니라 미세한 그의 존재도 살필 수가 있다. 이를 일러 『대학』이나 『중용』에서는 신독(愼獨)의 경지라 이르고 있다. 다시 말하면 신독군자만이 상제천의 존재를 깨달을 수 있으며 상제천의 말을 들을 수 있다는 것이다.

다산은 『맹자요의(孟子要義)』에서 "하늘의 주재자를 상제라 한다" 하였고 『중용자잠(中庸自箴)』에서는 "하늘은 영명하여 곧 바로 사람의 마음을 뚫어 보나니 숨겨져 있으되 살펴보지 않음이 없고 미소하지만 밝혀내지 않음이 없다" 하기도 하였다.

이상과 같은 다산의 상제천은 종교적 신앙의 대상으로 발전할 수 있는 소지를 우리들에게 보여 주고 있다. 이러한 다산의 유신론적 견해가 비록 유교로 하여금 신앙적인 근대 종교로 발전하도록 하지는 못했다 하더라도 전인적인 인격을 추구하는 목자로 하여금 '하느님'을 두려워하고 그를 성심으로 섬기는 길을 가르쳐 준 점에 있어서는 새로운 의미를 우리들에게 깨닫게 해주었다고 이르지 않을 수 없다.

이로써 우리는 수기군자는 어디까지나 '하느님'을 두려워하며 성심으로 그를 섬길 줄 아는 자라야 함을 알아야 할 것이다. 그러한 목자라야 진실로 인민을 아낄 줄 알며 청렴한 목민관으로서의 구실을 다할 수 있을 것이다. 그러므로 목민윤리의 실천도 결국에 가서는 상제천의 윤리적 계명의 실천에 지나지 않는다고 해야 할 것이다. 이를 일러 우리는 상제천의 윤리적(倫理的) 천명(天命)이라 이른다.

실로 종교와 윤리는 손의 안팎처럼 떨어질 수 없는 관계로 밀착되어야 할는지 모른다. 다시 말하면 '하느님'을 두려워하며 그의 윤리적 천명을 성심으로 받들 줄 아는 종교(신앙)적인 목자만이 그가 맡은바 목민의 윤리를 충실하게 실천할 수 있으리라는 것을 의미한다. 종교적 경지는 눈에 보이지 않는 세계요, 목민의 윤리는 현실적 실천에 의하여 이루어지는 도(道)인 것이다. 그러므로 흔히 우리들은 보이지 않는 '하느님'의 윤리적 천명을 간과하기가 쉽다. 이를 깨닫지 못했거나 아니면 알면서도 이를 무시했을 때 인간은 물욕의 세계에서 벗어나지 못하게 된다. 여기에 인간의 함정이 있으며 목민관으로서 청백리가 되느냐 아니면 탐관오리가 되느냐의 갈림길이 가로놓여 있는 것이다.

이에 단적으로 말하라 한다면 목민관은 적어도 윤리적 종교인이 되어야 할 것이다. 종교적 신앙을 몸소 간직하고 목민윤리의 실천을 사명으로 자각해야 할 것이다. 그렇게 함으로소 비로소 일신의 사욕에서 멀리 벗어날 수 있을 것이다.

인간이란 본래 신(神)처럼 완전무결한 존재는 못 된다. 악인이 될 수도 있고 선인이 될 수도 있는 가능적(可能的) 혹은 가변적(可變的) 존재라 해야 할는지 모른다. 이렇듯 선악의 두 갈래 길에서 어느 쪽을 선택하느냐의 결단은 스스로 자율적 판단에 맡기는 수밖에 없다. 이 점이야말로 인간에게 지워진 선택의 자유이다.

목민관도 그러한 의미에서는 한 사람의 인간에 지나지 않는다. 그가 타고난 벼슬의 품계가 설령 제아무리 높다 하더라도 알몸으로서의 자신은 한 '인간'에 지나지 않음은 다시 말할 나위도 없다. 그러므로 우리는 그에게도 한 '인간'으로서의 자각을 촉구하지 않을 수 없다. 다시 말하면 윤리적 천명을 충실하게 실천하는 신앙인으로서의 자각을 기대하지 않을 수 없다.

그러므로 다산은 그의 『목민심서』의 서문 마무리에서

이를 심서(心書)라 한 것은 무슨 까닭인가? 목민하려는 마음은 있지만 몸소 이를 실천할 수는 없기 때문이다. 그러므로 심서라 하였다.

라고 하였다. 여기서 심(心)이란 마음의 자세, 곧 윤리적 천명의 자각을 의미하는 것이다. 그러나 그에게는 이를 실천에 옮길 만한 기회가 주어지지 않았다. 그러므로 그는 그의 심서만을 기록에 남겼던 것이다. 그러나 그가 남겨놓은 심서는 그의 뒤를 잇는 모든 목민관들에게 하늘이 그에게 타일러 주는 '윤리적 천명'이 무엇인가를 자각하게 해주는 정신적 양식으로 길이 남게 될 것이다.

부록 — 다산 정약용 연보

1762 임오(영조 38): 6월 16일 사시에 경기도 광주군 초부면 마현 (마재), 지금의 양주군 와부(瓦阜)면 능내리에서 아버지 나주 정씨 재원, 어머니 해남 윤씨(고산 윤선도의 후손)의 사남으로 태어남. 초자는 귀농, 관명 약용, 자는 미용·송보, 호는 삼미·다산·사암·자하도인·태수·문암일인 등. 당호는 여유당, 천주교명은 요안. 이해에 사도세자의 변으로 아버지가 시골로 돌아가기를 결심하였는데 마침 아들이 출생하니 귀농이라 이름 지음.

1763 을유(영조 41): 4세. 천자문을 배우기 시작함.

1767 정해(영조 43): 6세. 아버지 임소인 연천에 따라감.

1770 경인(영조 46): 9세. 11월 9일 어머니 숙인 윤씨를 사별함.

1771 신묘(영조 47): 10세. 관직을 물러나 집에 있게 된 아버지에게 경서·사서를 수학함.

1776 병신(영조 52): 15세. 2월 22일, 무승지 홍화보의 딸 풍산

홍씨와 결혼함. 아버지가 다시 복직됨에 서울로 이사 감.

1777 정유(정조 원년): 16세 처음으로 성호 이익의 유고를 봄. 가을에 아버지의 임지인 화순으로 따라감.

1781 신축(정조 5): 20세 서울에서 과거시를 봄. 7월에 딸을 낳았으나 닷새 만에 죽음.

1782 임인(정조 6): 21세 서울(창동)에 처음으로 집을 사서 삶.

1783 계묘(정조 7): 22세 2월 세자 책봉 경축 증광감시의 경의초시에 입격, 4월 회시에 생원 입격함. 회현방에 이사하여 재산루에 거처함. 9월 장남 학연 출생함.

1784 갑진(정조 8): 23세 여름에 정조에게 『중용강의』를 바침. 이해 형 약전의 처남인 이얼에게 서교에 대해 듣고 책 한 권을 봄.

1786 병오(정조 10): 25세 7월에 이남 학유 출생함.

1789 기유(정조 13): 28세 5월에 부사정, 6월에 가주서가 됨 겨울에 주교(배다리) 역사의 규제를 만들어 공을 이룸.

1790 경술(정조 14): 29세 2월에 예문관 검열이 됨. 3월 8일에 서산군 해미현에 정배되어 13일에 배소에 이르고 19일에 귀양이 풀림. 9월에 정언 잡과감 대진을 이어서 사헌부 지청 무과감 대진을 제수받음.

1791 신해(정조 15): 30세 5월에 사간원 정언, 10월에 사헌부 지평을 제수받음. 겨울에 『시경의』 800여 조를 바쳐 크게 임금의 칭찬을 받음.

1792 임자(정조 16): 31세 3월에 홍문관록에 피선되고, 이어 홍문관 수찬이 됨. 4월 9일 아버지가 임지 진주에서 죽음. 겨울

에 명을 받들어 「수원성제」를 지어 올림.

1794 갑인(정조 18): 33세 상을 마침. 7월 성균관 직강, 10월에 홍문관 수찬을 거쳐, 10월 29일 경기 암행어사의 명을 받들고 11월 15일 복명함. 12월 홍문관 부교리.

1795 을묘(정조 19): 34세 1월에 동부승지, 2월에 병조참의, 3월에 우부승지를 제수받음. 주문모사건에 이형 약전의 연좌로 7월 26일 충청도 금정찰방으로 외보됨. 이때 「서암강학기」, 「도산사숙록」을 작성하고, 성호유고도 정리함. 12월에 용양위 부사직에 체임됨.

1796 병진(정조 20): 10월에 규영부 교서가 되고 12월에 병조참지, 다시 우부승지, 이어서 좌부승지를 제수받음.

1797 정사(정조 21): 36세 윤6월에 황해도 곡산 도호부사로 나가서 치적을 올림. 겨울에 『마과회통』 12권을 편찬함.

1798 무오(정조 22): 37세 4월 「사기전주」를 정조에게 올림.

1799 기미(정조 23): 38세. 2월 황주영위사로 봉지하고 4월에 내직으로 발령 이조참지, 5월에 동부승지, 부호군, 서울에 돌아와서 형조참의를 제수받음. 6월에 반대파의 무고에 대해 「자명소」를 올리고 사직하려 함.

1800 경신(정조 24): 39세. 봄에 처자를 데리고 하향, 왕명으로 다시 상경했으나 6월 28일 정조가 급서함. 이해 『문헌비고간오』가 이룩됨.

1801 신유(순조 원년): 40세. 2월 9일, 정원의 논계로 옥에 갇힘. 3월에 경상도 장기에 유배됨. 이때 이형 약전은 신지도에 유배, 삼형 약종은 옥사함. 『이아술』 6권과 『기해방례변』 등

을 지었으며, 여름에는 「백언시」를 이룩함. 10월 황사영사건으로 다시 체포되어 11월 전라도 강진현에 귀양 감.

1803 계해(순조 3): 42세. 봄에 『단궁잠오』, 여름에 『조전고』, 겨울에는 『예전상의광』 17권을 저술함.

1804 갑자(순조 4): 43세. 봄에 2,000자로 된 「아학편훈의」 이룩됨.

1805 을축(순조 5): 44세. 여름에 『정체전중변』(기해방례변) 3권을 완성함. 겨울에 학연이 와 근친함. 이에 보은산방에서 『주역』 『예기』를 가르치며 「승암문답」 52칙을 이룩함.

1807 정묘(순조 7): 46세. 겨울에 『예전상구정』 6권이 이룩됨.

1808 무진(순조 8): 47세. 봄에 강진 도암면 만덕동(귤동) 다산의 산 밑에 있는 윤박의 산정으로 옮겨 「다산문답」 1권을 만들고, 여름에 「가계」를 쓰고, 겨울에 『제례고정』이 이룩됨. 겨울에 『주역심전』 24권·「독역요지」 18칙·「역례비석」·「주역전해」 그리고 『주역서언』 12권을 저술함.

1809 기사(순조 9): 48세. 봄에는 「예전상복상」을, 가을에는 「시경강의산록」이 이룩됨.

1810 경오(순조 10): 49세. 「가계」를 씀. 봄에 『시경강의보』·『관례작의』가 이룩됨. 『가례작의』를 씀. 겨울에 『소학주관』 3권이 이루어짐.

1811 신미(순조 11): 50세. 봄에 『아방강역고』 10권, 겨울에 『예전상기별』을 저술함.

1812 임신(순조 12): 51세. 봄에 「가정공행장」을 짓고, 『민보의』 3권, 겨울에 『춘추고징』 12권을 저술함.

1813 계유(순조 13): 52세. 겨울에 『논어고금주』 40권이 이룩됨.

1814 갑술(순조 14): 53세. 여름에『맹자요의』9권, 가을에『대학
공의』3권·『중용자잠』3권 그리고『중용강의보』, 겨울에『대
동수경』2권이 저술됨.

1815 을해(순조 15): 54세. 봄에「심경밀험」·「소학지언」이 이룩됨.

1816 병자(순조 16): 55세. 봄에『악서고존』12권이 이룩됨.

1817 정축(순조 17): 56세. 가을에「상의절요」가 이룩됨.『방례초
본』(후의『경세유표』)은 40권으로 미완성인 채『목민심서』
의 저술에 착수

1818 무인(순조 18): 57세. 봄에『목민심서』48권이 완성됨. 여름
에『국조전례고』를 저술. 8월에 귀양이 풀려서 다산을 떠나,
9월 14일에 마현 고향 집에 돌아옴.

1819 기묘(순조 19): 58세. 여름에『흠흠신서』30권을, 겨울에는『
아언각비』3권을 저술함.

1821 신사(순조 21): 60세. 봄에『사대고례산보』가 이룩됨.

1822 임오(순조 22): 61세. 회갑을 맞아 스스로「광명」을 지음.

1827 정해(순조 27): 66세. 10월 윤극배가 무함하는 상소를 올렸
으나 마침내 무고함이 드러남.

1830 경인(순조 30): 69세. 5월 5일 약원에서 탕서할 것을 아뢰어
부호군 단부가 되었으나, 약을 쓰기 전에 효명세자가 죽어 6
일 하향함.

1834 갑오(순조 34): 73세. 봄에『상서고훈』과『지원록』을 개정하
여 21권으로 합편함. 가을에『매씨서평』을 개정 보완하여
10권으로 함. 11월에 임금의 환후로 인해 다시 부르는 명령
을 받고 서울로 올라갔으나 이미 때가 늦어 이튿날 시골로

돌아옴.

1836 경신(헌종 2): 75세. 2월 22일 진시 초에 마현 자택 정침에서 조용히 서거함. 4월 1일 여유당 뒷동산, 곧 지금의 양주군 와부면 능내리의 자좌지원에 안장됨.

1883 계미(고종 20): 『여유당전서』가 전사되어 내각에 비장됨.

1910 경술(순종 4): 7월 18일 정이품 정헌대부 규장각 제학을 증직하고 시호를 문도공이라 함.

1911: 1902년간 절략본 『목민심서』 3책이 일역됨. 『경세유표』가 일역됨.

1934~36: 정인보·안재홍·김춘동 교정으로 『여유당전서』 76책이 간행됨.

발문

이 책을 발행하게 된 것은 <이을호 전서> 초간본이 품절되어 찾는 독자들이 많았고, 전서의 증보와 보완이 있었으면 좋겠다는 여망에 따른 것입니다. 전서가 발행된 이후에도 특히 번역본에 대한 일반 독자의 수요가 많아서 『간양록』을 출간하였으며, 『한글 사서』(한글 중용·대학, 한글 맹자, 한글 논어)는 비영리 출판사 '올재 클래식스'가 고전 읽기 운동의 교재로 보급하였고, 인터넷에서도 공개하고 있습니다. 『한글 논어』는 교수신문에서 '최고의 고전번역'으로 선정되기도 하였습니다.

그간 선친의 학문에 대한 관심의 고조와 함께 생전의 행적을 기리는 몇 가지 사업들이 있었습니다. 서세(逝世) 이듬해에 '건국포장'이 추서되었습니다. 선친께서는 생전에 자신의 항일활동을 굳이 내세우려 하지 않으셨기 때문에, 일제강점기에 임시정부를 지원하고 영광만세운동과 관련하여 옥고를 치렀던 일들을 사후에 추증한 것입니다.

향리 영광군에서도 현창사업이 있었습니다. 생애와 업적을 기리는 사적비(事績碑)가 영광읍 우산공원에 세워졌습니다. 그러나 금석(金石)의 기록 또한 바라지 않으신 것을 알기에 영광군에서 주관한 사적비의 건립 역시 조심스러웠습니다.

서세 5주년 때는 '선각자 현암 이을호 선생의 내면세계'를 주제로 한 학술심포지엄이 영광문화원 주최로 영광군에서 열렸습니다. 그의 학문이 "한국의 사상과 역사를 새롭게 연구하고, 우리 문화의 미래적 방향을 제시한 것"이었음이 알려지자, '한국문화원연합회 전남지회'에서는 『현암 이을호』라는 책을 간행하여 여러 곳에 보급하기도 하였습니다. 이후 영광군에서는 전국 도로명주소 전환 사업 시 고택(故宅) 앞 길을 '현암길'로 명명하였습니다.

학계에서는 전남대학교가 '이을호 기념 강의실'을 옛 문리대 건물에 개설하여 그곳에 저서를 전시하고, 동양학을 주제로 하는 강의와 학술모임을 하고 있습니다. 선친의 학문 활동은 일제시대 중앙일간지와 『동양의학』 논문지 등에 기고한 논설들이 그 효시라 할 수 있지만, 그 이후 학문의 천착은 일생 동안 몸담으셨던 전남대학교에서 이루어졌음을 기린 것입니다. 지금은 생전에 많은 정성을 기울이셨던 '호남의 문화와 사상'에 대한 연구도 뿌리를 내리게 되어 '호남학'을 정립하려는 노력들이 활발하게 이루어지고 있습니다. 또한 한국공자학회에서 논문집 『현암 이을호 연구』를 간행하였고, 최근 출간한 윤사순 교수의 『한국유학사』에서 그 학문적 특징을 '한국문화의 새로운 방향을 제시한 업적'으로 평가하였습니다.

이제 하나의 소망이 있다면, 그 학문이 하나의 논리와 체계를 갖춘 '현암학'으로 발전하는 것입니다. 이 출간이 '책을 통하여 그 학문과 삶이 남기'를 소망하셨던 선친의 뜻에 다소나마 보답이 되었으면 합니다. 덧붙여서 이 전집이 간행되기까지 원문의 번역과 교열에 힘써 준 편집위원 제위와 이 책을 출간하여준 한국학술정보(주)에도 사의를 드립니다.

2014년 첫봄
장자 원태 삼가 씀

편집 후기

　2000년에 간행된 <이을호 전서>는 선생의 학문과 사상을 체계적으로 이해하도록 편찬하였었다. 따라서 다산의 경학을 출발로, 그 외연으로서 다산학 그리고 실학과 한국 사상을 차례로 하고, 실학적 관점으로 서술된 한국 철학과 국역 『다산사서(茶山四書)』, 『다산학제요』 등을 실었던 것은, 다산학을 중심으로 형성된 한국적 사유의 특징을 이해하도록 한 것이었으며, 그 밖의 『사상의학』과 『생명론』은, 선생이 한때 몸담았던 의학에 관계된 저술이었다.

　지금은 초간본이 간행된 지 14년의 세월이 흘러, 젊은 세대들은 원전을 이해하지 못하는 사람들이 늘어나고, 그 논문의 서술방식 또한 많이 바뀌어 가고 있다.

　이러한 상황의 변화에 따라 새로운 전집의 간행이 이루어졌으면 하는 의견들이 많아 이번에 <현암 이을호 전서>를 복간하게 된 것이다.

　이 책의 편차는 대체적으로 선생의 학문적 흐름을 쉽게 이해할 수 있다는 점에서 이미 간행되었던 <이을호 전서>의 큰 틀은 그대로 유지하면서도 각 책을 따로 독립시켜 각자의 특색이 드러나도록 하였다. 특히 관심을 기울인 것은 원문의 번역과 문장의 교열을 통하여 그 내용을 쉽게 이해할 수 있도록 한 것이다.

그 과정에서 가장 중점을 둔 것은 원문의 국역이었다. 저자는 문장의 서술과정에서 그 논증의 근거를 모두 원문으로 인용하였다. 그러나 이번에 인용문은 모두 국역하고 원문은 각주로 처리하였다. 또한 그 글의 출처와 인명들도 모두 검색하여 부기함으로써 독자들의 이해를 돕도록 한 것이다.

또한 이전의 책은 그 주제에 따라 분책(分冊)하였기 때문에 같은 주제에 해당하는 내용은 모두 한 책으로 엮었으나 이번 새로 간행된 전집은 다채로운 사상들이 모두 그 특색을 나타내도록 분리한 것이다. 이는 사상적 이해뿐 아니라 독자들의 이용에 편의를 제공하고자 하는 뜻도 있다.

또 한 가지는 서세 후에 발견된 여러 글들을 보완하고 추모의 글도 함께 실어서 그 학문세계뿐 아니라 선생에 대한 이해의 폭을 더욱 넓히는 데 참고가 되도록 하였다.

이제 이와 같이 번역·증보·교열된 <현암 이을호 전서>는 선생의 학문이 한국사상연구의 현대적 기반과 앞으로 새롭게 전개될 한국 문화의 미래적 방향을 제시하는 새로운 이정표로서 손색이 없기를 간절히 기대한다.

갑오년(甲午年) 맹춘(孟春)

증보·교열 <현암 이을호 전서> 복간위원회

안진오 오종일 최대우 백은기 류근성 장복동 이향준 조우진
김경훈 박해장 서영이 최영희 정상엽 노평규 이형성 배옥영

『현암 이을호 전서』 27책 개요

1. 『다산경학사상 연구』

처음으로 다산 정약용의 철학을 체계적으로 연구한 저서이다. 공자 사상의 연원을 밝히고 유학의 근본정신이 어디에서 발원하였는가 하는 것을 구명한 내용으로서, 유학의 본령에 접근할 수 있는 지침서이다(신국판 346쪽).

2. 『다산역학 연구 I』

3. 『다산역학 연구 II』

다산의 역학을 체계적으로 연구한 책으로서 다산이 밝힌 역학의 성립과 발전적 특징을 시대적으로 제시하고 다산이 인용한 모든 내용을 국역하였다(신국판 上, 下 632쪽).

4. 『다산의 생애와 사상』

다산 사상을 그 학문적 특징에 따라서 현대적 감각에 맞도록 정치, 경제, 사회, 문화 등 각 방면의 사상으로 재해석한 책이다(신국판 260쪽).

5. 『다산학 입문』

다산의 시대 배경과 저술의 특징을 밝히고, 다산의 『사서오경(四書五經)』에 대한 해석이 그 이전의 학문, 특히 정주학(程朱學)과 어떻게 다른가 하는 것을 주제별로 서술하여 일표이서(一表: 經世遺表 / 二書: 牧民心書, 欽欽新書)의 정신으로 결실되기까지의 과정을 서술한 책이다(신국판 259쪽).

6. 『다산학 각론』

다산학의 구조와 경학적 특징, 그리고 그 철학 사상이 현대정신과 어떤 연관성이 있는가에 대해 상세하게 논한 저서이다(신국판 691쪽).

7. 『다산학 강의』

다산학의 세계를 목민론, 경학론, 인간론, 정경학(政經學), 『목민심서』 등으로 분류하여 다채롭게 조명하여 설명한 책이다(신국판 274쪽).

8. 『다산학 제요』

『대학(大學)』, 『중용(中庸)』, 『논어(論語)』, 『맹자(孟子)』의 사서(四書)는 물론 『주역』, 『시경』, 『악경』 등 모든 경서에 대한 다산의 이해를 그 특징에 따라 주제별로 해석하고 그에 대한 특징을 서술한 방대한 책이다(신국판 660쪽).

9. 『목민심서』

다산의 『목민심서』를 현대정신에 맞도록 해석하고, 그 가르침을 현대인들이 어떻게 수용하여야 할 것인가 하는 것을 재구성한 책이다(신국판 340쪽).

10. 『한국실학사상 연구』

조선조 실학의 특징을, 실학의 개념, 실학사상에 나타난 경학(經學)에 대한 이해, 조선조 실학사상의 발전에 따른 그 인물과 사상 등의 차례로 서술한 것이다.(신국판 392쪽)

11. 『한사상 총론』

단군 사상에 나타난 '한' 사상을 연구한 것이다. 단군사상으로부터 '한' 사상의 내용과 발전과정을 서술하고, 근대 민족종교의 특성에 나타난 '한'의 정신까지, 민족 사상을 근원적으로 밝힌 책이다(신국판 546쪽).

12. 『한국철학사 총설』

중국의 사상이 아닌 한국의 정신적 특징을 중심으로, 한국철학의 형성과 발전과정을 서술한 것이다. 이 책은 한국의 정신, 특히 조선조 실학사상에 나타난 자주정신을 중심으로 서술한 것으로서 이는 중국의 의식이 아닌 우리의 철학 사상의 특징을 밝혔다(신국판 611쪽).

13. 『개신유학 각론』

조선조 실학자들의 사상적 특징, 즉 윤휴, 박세당, 정약용, 김정희

등의 사상을 서술하고 실학자들의 저서에 대한 해제 등을 모은 책이
다(신국판 517쪽).

14. 『한글 중용·대학』

『중용』과 『대학』을 다산의 해석에 따라 국역한 것이며, 그 번역
또한 한글의 해석만으로서 깊은 내용까지 알 수 있도록 완역한 책이
다(신국판 148쪽).

15. 『한글 논어』

다산이 주석한 『논어고금주』의 내용을 중심으로 『논어』를 한글화한
책이며 해방 후 가장 잘된 번역서로 선정된바 있다(신국판 264쪽).

16. 『한글 맹자』

『맹자』를 다산의 『맹자요의』에 나타난 주석으로서 한글화하여 번
역한 책이다(신국판 357쪽).

17. 『논어고금주 연구』

『여유당전서』에 있는 『논어고금주』의 전체 내용을 모두 국역하고,
그 사상적 특징을 보충 설명한 것이다. 각 원문에 나오는 내용과 용
어들을 한(漢)나라로부터 모든 옛 주석에 따라 소개하고 다산 자신의
견해를 모두 국역하여, 『논어』에 대한 사상적 본질을 쉽게 알 수 있
도록 정리한 책이다(신국판 665쪽).

18. 『사상의학 원론』

동무(東武) 이제마(李濟馬, 1838～1900)가 쓴 『동의수세보원』의 원문과 번역, 그리고 그 사상에 대한 본의를 밝힌 것으로서 『동의수세보원』의 번역과 그 내용을 원론적으로 서술한 책이다(신국판 548쪽).

19. 『의학론』

저자가 경성약학전문학교를 졸업한 후 당시의 질병과 그 처방에 대한 자신의 견해를 밝힌 의학에 대한 서술이다(신국판 261쪽).

20. 『생명론』

저자가 만년에 우주에 대한 사색을 통하여 모든 생명의 근원이 하나의 유기체적 관계로서 형성되고 소멸된다는 사상을 밝힌 수상록이다(신국판 207쪽).

21. 『한국문화의 인식』

한국의 전통문화에 나타난 특징들을 각 주제에 따라서 선정하고 그것들이 지니는 의미를 서술하였으며 또한, 우리 문화를 서술한 문헌들에 대한 해제를 곁들인 책이다(신국판 435쪽).

22. 『한국전통문화와 호남』

호남에 나타난 여러 가지 특징들을 지리 풍속 의식과 저술들을 주제별로 논한 것이다(신국판 415쪽).

23. 『국역 간양록』

정유재란 때 왜군에게 포로로 잡혀갔다가 그들의 스승이 되어 일본의 근대 문화를 열게 한 강항(姜沆)의 저서 『간양록』을 번역한 것이다(신국판 217쪽).

24. 『다산학 소론과 비평』

다산의 사상을 논한 내용으로서, 논문이 아닌 조그마한 주제들로서 서술한 내용과 그 밖의 평론들을 모은 책이다(신국판 341쪽).

25. 『현암 수상록』

저자가 일생 동안 여러 일간지 및 잡지에 발표한 수상문을 가려모은 것이다(신국판 427쪽).

26. 『인간 이을호』

저자에 대한 인품과 그 학문을 다른 사람들이 소개하여 여러 책에 실린 글들을 모은 책이다(신국판 354쪽).

27. 『현암 이을호 연구』

현암 이을호 탄생 100주년을 기념하는 논문집으로서 그 학문과 사상을 종합적으로 연구하고 그 업적이 앞으로 한국사상을 연구하는 기반을 닦았다는 것을 밝힌 책이다(신국판 579쪽).

현암 이을호 전서 9
목민심서

초판인쇄   2015년 6월 19일
초판발행   2015년 6월 19일

지은이   이을호
펴낸이   채종준
펴낸곳   한국학술정보㈜
주소   경기도 파주시 회동길 230(문발동)
전화   031) 908-3181(대표)
팩스   031) 908-3189
홈페이지   http://ebook.kstudy.com
전자우편   출판사업부 publish@kstudy.com
등록   제일산-115호(2000. 6. 19)

ISBN   978-89-268-6883-6 94150
        978-89-268-6865-2 94150(전27권)